GOLDMANN
A R K A N A

Buch

Dieses Buch enthält die Essenz von Kurt Tepperweins Lebensphilosophie. Nach über dreißig Jahren erfolgreicher Arbeit fasst der berühmte Lebenslehrer in konzentrierter Form all das zusammen, wofür ihn Millionen von Lesern lieben.

»Alles steht in Ihnen zur Verfügung, es schlummert schon lange in Ihnen, Sie müssen es nur wecken. Wenn Sie bereit sind, kann Wandlung geschehen. Sie werden dadurch selbst zu einer Kostbarkeit, die mit ihrer Schönheit und Reinheit auch andere verzaubert.«

Kurt Tepperwein

Autor

Kurt Tepperwein, geboren 1932, früher erfolgreicher Unternehmer, zog sich 1973 aus dem Wirtschaftsleben zurück, um die wahren Ursachen von Krankheit und Leid zu erforschen. Ausbildung als Heilpraktiker, heute einer der bekanntesten Lebenslehrer Europas. Dozent an verschiedenen internationalen Institutionen, Gründer und Schirmherr der Internationalen Stiftung Lebensschule, Autor von mehr als 50 Büchern, zahlreichen Videos, Audiotapes und CDs. Die von ihm entwickelte Technik des Mental- und Intuitionstrainings ist heute für viele Menschen unverzichtbarer Bestandteil ihres Lebens. Wenn er sich nicht auf Vortragsreise befindet, lebt der Autor auf Teneriffa.

Von Kurt Tepperwein sind bei Arkana außerdem erschienen:

Die Geistigen Gesetze (21610)
Geistheilung durch sich selbst (11738)
Kraftquelle Mentaltraining (12141)
Jungbrunnen Entsäuerung (14207)
Der Weg zum Millionär (21551)
Bewusstseinstraining (21549)
Wunder vollbringen durch schöpferische Imagination (21642)
Gesund für immer (21703)
Von Angst zur Lebensfreude (21734)
Verwirklichen (21735)
Gelassenheit (21738)
Erfinde dich neu (21752)
Die hohe Schule des Lebens (21762)
Selbstheilungskräfte aktivieren (21769)
Das Buch der Erfolgsgesetze (21789)
Die Kraft der positiven Psychologie (21793)
Glücks-Gesetze (21814)
Erwachen zum wahren Sein (21834)
Die Praxis der geistigen Gesetze (21867)

Kurt Tepperwein

Perlen der Weisheit

Liebe · Glaube · Synergie · Heil-Sein
Verwirklichung · Manifestation
Fülle · Sinn

GOLDMANN
ARKANA

Die Originalausgabe erschien 2010 bei Arkana, München.

Verlagsgruppe Random House FSC-DEU-0100
Das für dieses Buch verwendete FSC®-zertifizierte Papier
Super Snowbright liefert Hellefoss AS, Hokksund, Norwegen.

1. Auflage

Vollständige Taschenbuchausgabe Februar 2011
© 2010 Arkana, München,
in der Verlagsgruppe Random House GmbH
Umschlaggestaltung: UNO Werbeagentur, München
Umschlagmotiv: mauritius images 001380011091
Lektorat: Ralf Lay
SB · Herstellung: cb
Satz: Fotosatz Amann, Aichstetten
Druck: GGP Media GmbH, Pößneck
Printed in Germany
ISBN 978-3-442-21862-2

www.arkana-verlag.de

Inhalt

Die dritte Perle: Manifestation

Die vierte Perle: Glaube

Die fünfte Perle: Heil sein

Die sechste Perle: Liebe

Die siebte Perle: Synergie

Die achte Perle: Verwirklichung

Vorwort

> Ganz gleich, was er tut, jeder Mensch auf
> Erden spielt die Hauptrolle in der Weltge-
> schichte. Aber gewöhnlich weiß er nichts da-
> von!
>
> *Paulo Coelho*

Wenn ein Sandkorn in eine Muschel gerät, ist dies für das
Weichtier wahrscheinlich alles andere als angenehm. Das
Korn reibt in ihm. Doch die Muschel tut nun das Beste,
was sie kann: Sie überzieht den Eindringling mit einer
Perlmuttschicht und macht daraus eine Perle.

Die Beziehung zwischen Sandkorn und Perle können
wir vergleichen mit der Beziehung zwischen der Welt und
unserer Seele. Unsere Seele entstammt einer feineren Dimension. Sie empfindet sich als »Bürger« einer »höheren«
Welt. Das Irdische ist dahingegen eher grob.

Vor diesem Hintergrund ist es verständlich, dass sen-
sible Menschen dazu neigen, vor den Herausforderungen
zu fliehen und von einer »besseren Welt« zu träumen. Andere verfallen ins Gegenteil: Sie sind versessen auf materiellen Wohlstand und opfern ihre Empfindungsfähigkeit,
um Macht, Reichtum und Anerkennung zu erlangen.

Doch keines der Extreme bringt die »Perlen der Weisheit« hervor, die wir in Wahrheit suchen. Erst wenn wir – wie die Muschel – bereit sind, mit der Unvollkommenheit und Grobheit dieser Welt so vollkommen und einfühlsam wie möglich umzugehen, wachsen in uns »Perlen der Weisheit« heran. Und nur sie haben für uns ewigen Wert.

Nichts von dem, was wir auf der Erde an Materiellem erworben haben, können wir behalten – außer unseren »Perlen der Weisheit«. Unsere Sinneseindrücke und Besitztümer müssen wir spätestens mit dem Tod wieder loslassen. Aber die Erkenntnisse, die wir im Laufe des Lebens gemacht haben und die uns positiv verändert haben, werden wir auch nach dem Tod behalten.

Unser wahres Selbst ist nicht an Bequemlichkeit interessiert, sondern an Fortschritt. »Perlen der Weisheit« haben deshalb einen unschätzbaren Wert für den Teil von uns, der ewig ist: unser wahres Selbst. »Perlen der Weisheit« sind jedoch keineswegs nur für die »jenseitige Welt« entscheidend. Sie bringen uns bereits im Diesseits einen großen Gewinn. Wenn wir sie einmal in unserem Inneren etabliert haben, können wir damit in jeder Situation »bezahlen«.

»Perlen der Weisheit« sind vergleichbar mit Kreditkarten, mit denen wir unbegrenzt immer und überall liquide sind. Wenn wir sie in uns tragen, werden wir damit automatisch zu »Ehrenbürgern« unserer Welt. Ehrenbürger einer Stadt dürfen die öffentlichen Verkehrsmittel benutzen, ohne zu bezahlen, sie haben kostenfreien Zugang zu Museen und Galerien und erhalten viele Sondervorteile.

In Zahlung geben können Sie die »Perlen der Weisheit« vielleicht nicht bei einzelnen Personen, die ihren Wert nicht zu schätzen wissen. Aber Sie werden immer wieder erfahren, dass das Schicksal wie durch wundersame Fügung auf Ihrer Seite ist und ungewöhnliche Hilfen auf Sie zukommen, wenn Sie Ihre Weisheitsperlen »zücken«. Die Tatsache, dass nicht jeder Ihre Perlen zu schätzen weiß, ist kein Hindernis, sobald Sie sich an den richtigen »Zahlmeister« wenden – das Leben selbst. Eine kleine Geschichte soll dies verdeutlichen:

»Ein Schüler wurde von einem Meister gebeten, für ihn ein Juwel zu verkaufen. Daraufhin ging er in den Basar zu einem Gemüsehändler. Der warf einen kurzen Blick auf den Edelstein und sagte: ›Hier sind ein paar Rettiche, nimm sie als Tausch dafür.‹ Der Schüler ging weiter zu einem Tuchhändler. Dieser warf ihm einen Lumpen hin und sagte: ›Hier ist ein Lumpen, damit hast du ein gutes Geschäft gemacht.‹ Zum Schluss gelangte er zu einem Juwelier. Der betrachtete den Edelstein von allen Seiten, öffnete den Tresor, nahm hundert Golddukaten heraus, legte das Juwel auf das Geld und gab dem Schüler beides zusammen zurück mit den Worten: ›Die hundert Golddukaten sind für das Anschauen, ich habe kein Geld, den wahren Wert dieses Juwels zu bezahlen.‹ Erst in diesem Augenblick verstand der Schüler, wie wertvoll der Stein wirklich war. Allein das Anschauen kostete hundert Golddukaten – und wer hatte diese hundert Golddukaten bezahlt? Nur ein Juwelier, der den wahren Wert erkannte. Die anderen hatten praktisch nichts dafür geboten, weil sie den wahren Wert nicht erkannt hatten.«*

Buddha betonte immer wieder den unschätzbaren Wert der menschlichen Geburt, weil wir nur durch sie »Perlen der Weisheit« gewinnen können. Dieses Buch möchte Sie motivieren, sie zu finden und zum Ausdruck zu bringen. Die Keime dazu, ebenjene »Sandkörner«, tragen Sie bereits in sich, denn Reibung gibt es sicherlich genug auch in Ihrem Leben. Selbst wenn es zeitweise einmal nicht so optimal läuft, sollten Sie es also wie einen kostbaren Schatz behandeln.

Alles steht Ihnen zur Verfügung; es schlummert schon lange in Ihnen, Sie müssen es nur wecken. Wenn Sie bereit sind, kann Wandlung geschehen. Sie werden dadurch selbst zu einer Kostbarkeit, die mit ihrer Schönheit und Reinheit auch andere verzaubert. Und selbst wenn wir alle letztlich das gleiche Ziel haben, ist Ihr Weg einzigartig.

Ich wünsche Ihnen das Allerbeste für diese Reise.

Ihr Kurt Tepperwein

---

* Christel Puchner und Barbara Leibnitz: *Gute Geschichten machen uns gut*, Edition Naam 1996.

12

Einleitung

> Das Ziel der Weisheit ist, dass man den Dingen nur so viel Macht über sich einräumt, als man selbst es will, und dass man sein Schicksal nicht mehr von außen empfängt, sondern es nimmt als Atemzug aus dem eigenen Interesse.
>
> *Hermann Hesse*

Da alle Menschen unterschiedlich mit Informationen umgehen, fällt die Wirkung eines Buches bei jedem anders aus. Entscheidend ist zum Beispiel, aus welchem Blickwinkel heraus Sie dieses Buch lesen. So ist es sinnvoll, sich etwa folgende Fragen zu stellen: Überwiegt Ihr Verstand, der neues Wissen erwerben will? Oder erfassen Sie Informationen mit allen Sinnen, um eine ganzheitliche Erfahrung zu machen?

Bei vielen Menschen ist es das Ego, die Persönlichkeit, der Verstand. An dieser Barriere scheitern sie beim Verständnis, da die Ratio allein nicht in der Lage ist, Informationen auch energetisch umzusetzen. Selbst wenn der Verstand das Geschriebene bis zu einem gewissen Grad versteht, bewertet er sie doch nach einer begrenzten Zahl von Maßstäben. Wesentliches wird so oftmals als irrelevant für die Persönlichkeit ausgefiltert und gelangt erst gar nicht ins Bewusstsein. Darum ist es entscheidend, das Gesagte bewusst und ganzheitlich auf sich wirken zu lassen und umzusetzen. Etwas wirklich erleben kann nur unser wahres Selbst, das über die Beschränkungen des logisch-rationalen Verstands weit hinausgeht.

Einen optimalen Nutzen schöpfen Sie aus dem Buch, wenn Sie die Informationen als »in Form Gebrachtes« innerlich und äußerlich umsetzen. Dies bedeutet auf der energetischen Ebene, dass Sie die Aussagen als Änderung der Frequenz Ihres Bewusstseins-Energiefeldes nutzen und (nach)wirken lassen. »Vollziehend lesen« bedeutet, zuzulassen, dass die Informationen nicht nur faktisches Bücherwissen bleiben, sondern zum Inhalt Ihres Bewusstseins werden. Diesem Zweck dienen zum Beispiel viele der Übungen und Meditationen, die Sie an verschiedenen Stellen dazu einladen, innezuhalten und das Gesagte tiefer auf sich einwirken zu lassen.

Wir beschreiben *acht* Perlen der Weisheit. Lassen Sie mich deswegen einige Beispiele für die Symbolik dieser Zahl aufführen. Das Wort »acht« geht auf das althochdeutsche *ahto* zurück, was ursprünglich so viel wie »die beiden Viererspitzen« hieß; und das meint die ausgestreckten Finger der beiden Hände, ohne die Daumen, wie sie zum Zählen benutzt wurden. Wenn wir davon ausgehen, dass der Daumen in diesem Bild symbolisch für das Ego steht, finden wir in der Zahl Acht bereits ein sehr beredtes Bild für ein »ichfreies Leben« (im Sinne von »egofrei«). Sobald wir die egozentrierte Weltsicht verlassen, gelangen wir zu einer umfassenderen Anschauung, die mehr und mehr Weisheit hervorbringt.

Alle Spinnentiere (Arachnida) haben acht Beine, das Weben ihrer Netze können wir mit dem Weben an einem weltweiten Netz der Verbundenheit assoziieren. Die Windrose ist das Symbol für die acht Haupthimmelsrichtungen. Acht Menschen werden in Noahs Arche gerettet.*

Frühe Kirchen, wie zum Beispiel die Pfalzkapelle des Aachener Doms oder die Gnadenkapelle in Kevelaer, und Moscheen wurden als Achtecke (Oktogone) gestaltet. Auch bei dem Grundriss des Castel del Monte in Apulien, das in der Zeit des Stauferkaisers Friedrich II. errichtet wurde, spielt die Zahl Acht eine besondere Rolle. Sie wird dort als Symbol für den Kaiser gedeutet.

Im *I Ging*** dienen 64 Hexagramme, die wiederum aus acht verschiedenen Trigrammen zusammengesetzt sind, dazu, Weissagungen zu machen. Diese acht Trigramme sind auch Bestandteil des Bagua (einer Art Kompass), des vielleicht wichtigsten Werkzeugs im Feng-Shui, mit dem zum Beispiel die optimalen energetischen Bedingungen für unsere Gebäude ermittelt werden.

---

* 1. Mose 6,18.
** Das Buch der Wandlungen, ein chinesisches divinatorisches Werk, das etwa aus dem Jahr 1000 v. Chr. stammt oder noch älter ist. Die Trigramme sind Kombinationen von durchgehenden oder unterbrochenen Strichen, die Yin oder Yang (weibliches oder männliches Prinzip) symbolisieren.

15

Seit jeher gilt der Buddhismus als Lehre der Weisheit. Dieser kennt den »Achtfachen Pfad«, der zur Erlösung vom Leiden führen soll. Die Glieder des Pfades sind:

1. *Vollkommene Erkenntnis:* die Erkenntnis der Vier Edlen Wahrheiten (die Wahrheit vom Leiden, von der Entstehung des Leidens, von der Aufhebung des Leidens und von dem Weg, der zur Aufhebung des Leidens führt) sowie der Unpersönlichkeit des Daseins.
2. *Vollkommener Entschluss:* der Entschluss zur Entsagung, Wohlwollen und Nichtschädigung von Lebewesen.
3. *Vollkommene Rede:* das Vermeiden von Lüge, übler Nachrede und Geschwätz.
4. *Vollkommenes Handeln:* das Vermeiden von Handlungen, die gegen die Sittlichkeit verstoßen.
5. *Vollkommener Lebenserwerb:* das Vermeiden eines andere Wesen schädigenden Berufs.
6. *Vollkommene Anstrengung:* das Fördern von karmisch Heilsamem und Vermeiden von karmisch Unheilsamem.
7. *Vollkommene Achtsamkeit:* die beständige Achtsamkeit auf Körper, Gefühl und Denken.
8. *Vollkommene Sammlung:* die Sammlung des Geistes, die ihren Höhepunkt in den Vier Versenkungen (Dhyana) findet (das Loslösen von Begierden und unheilsamen Gegebenheiten, das Zur-Ruhe-Kommen von Nachdenken und Überlegungen, das Sicheinstellen

16

von Gleichmut sowie das Verharren in Gleichmut und Wachsamkeit).*

Die Zahl Acht soll auch in diesem Buch eine besondere Rolle spielen. Hier werden Ihnen acht »Perlen der Weisheit« und damit ebenfalls acht Pfade angeboten, die wir in den einzelnen Kapiteln besprechen werden:

1. Sinn,
2. Fülle,
3. Manifestation,
4. Glaube,
5. Heil sein,
6. Liebe,
7. Synergie und
8. Verwirklichung.

Auch wenn die Verwirklichung (Erleuchtung/Erwachen) in dieser Aufzählung auf den ersten Blick als das höchste Ziel erscheint, ist der Begriff »Pfad« im Buddhismus wie auch hier nicht im Sinne eines linearen Fortschreitens von Stufe zu Stufe gemeint. In Wahrheit sind alle Komponenten von gleicher Wichtigkeit und werden daher immer gleichzeitig gelebt, selbst wenn uns dies unterschiedlich gut gelingt. Entsprechend sind auch die Grenzen fließend, sodass viele der einzelnen Themen sich in mehreren oder

---

* Vgl. *Lexikon der östlichen Weisheitslehren*, O. W. Barth 1986.

allen Bereichen wiederfinden und aus einem jeweils anderen Blickwinkel beleuchtet werden.

Betrachten Sie die acht Pfade oder Perlen, mit deren Beschreibung wir nun gleich beginnen, am besten wie acht Zimmer eines Hauses, die Sie gleichermaßen bewohnen und pflegen.

Die erste Perle: Sinn

Was wär' ein Gott, der nur von außen stieße,
Im Kreis das All am Finger laufen ließe!
Ihm ziemt's, die Welt im Innern zu bewegen,
Natur in Sich, Sich in Natur zu hegen,
So daß, was in Ihm lebt und webt und ist,
Nie Seine Kraft, nie Seinen Geist vermißt.

Johann Wolfgang von Goethe

Was ist der Sinn meines Lebens?

Jeder Mensch stellt sich früher oder später die Frage nach dem Sinn. »Warum bin ich überhaupt da?« Besonders vor dem Hintergrund eines rapiden Wertewandels bzw. -verlusts vermissen viele eine deutliche Antwort auf Fragen wie die folgenden:

– Warum tue ich das, was ich derzeit tue?
– Was will ich damit erreichen?
– Wer bin ich, was will ich vom Leben und wie kann ich meine Ziele erreichen?
– Was ist der Sinn meines Lebens?

Es gibt nach meiner Auffassung einen auf die Ewigkeit bezogenen Sinn des Lebens und einen temporären. Der ewige Sinn des Lebens besteht in der Einswerdung mit der »einen Kraft«, die wir »Gott«, »Urkraft«, »höheres Wesen« oder wie auch immer nennen. Auf dem Weg dorthin erleben wir den individuellen und temporären Sinn, der sich immer wieder anders ausdrückt und der stets mit unserer jeweiligen Lebensaufgabe zu tun hat.

Sinnforscher wie der Psychologe Viktor E. Frankl, der das KZ überlebt hatte, betonten immer wieder, wie wichtig es ist, sich an einem Lebenssinn zu orientieren. Sinn gibt uns Rückhalt und Kraft auch in schwierigen Situationen. In angenehmen Lebenslagen sorgt er dafür, dass wir nicht übermütig werden. Um es mit dem geflügelten Wort von Friedrich Nietzsche zu sagen, das auch Frankl gern zitierte: »Wer ein Warum zu leben hat, erträgt auch jedes Wie.«

Der Lebenssinn ist es also, der uns durch die Hochs und Tiefs des Daseins trägt. Er macht uns unabhängig von Launen, Emotionalitäten, Erfolgen und Misserfolgen. Der Sinn des Lebens hängt nicht nur unmittelbar mit unserer Haltung zusammen, mit der wir uns im irdischen Dasein bewegen, er ist zugleich unser Halt im Leben.

Auch wenn wir aus Sicht des Ewigen alle den gleichen Sinn haben, die Einswerdung, so sind unsere Pfade dorthin doch unterschiedlich. Wir können uns den ewigen Sinn wie einen Berg vorstellen, zu dessen Spitze verschiedene Wege führen. Möglicherweise gibt es deshalb so viele Lehren, Meister, Religionen, spirituelle Pfade, damit jeder dort abgeholt werden kann, wo er gerade steht, und den Weg gehen kann, der für ihn der bestmögliche ist.

Die spirituellen Lehrer und Lehren sind wie Bergführer und können uns so weit mitnehmen, wie sie selbst bereits den Berg erstiegen haben. Wenn sich zwei Führer begegnen, die den Gipfel kennen, sollten sie nicht über die unterschiedlichen Wege streiten. Denn sie wissen, dass man den Weg in der Regel sowohl von Süden wie auch von Norden aus angehen kann. Wie gesagt: Stets müssen sie uns dort abholen, wo wir stehen.

Übung: Über den Sinn nachdenken

Halten Sie einen Moment inne und meditieren Sie über folgende Fragen: Wie geht es Ihnen, wenn Sie dies lesen? In welcher Form haben Sie sich bereits mit dem Sinn Ihres Lebens auseinandergesetzt? Erleben Sie, dass der eingeschlagene Weg Sie wirklich zum erwünschten Ziel führt? Blicken Sie auch einmal zurück und fragen Sie sich, in welchen Lebensbereichen Sie bereits Sinn und Erfüllung erfahren haben. Und was ist noch unerfüllt und möchte durch Sie verwirklicht werden?

Lassen Sie Ihre dabei gewonnenen Erkenntnisse einfach auf sich wirken.

Unser Platz in der Welt ist Ausdruck unserer Persönlichkeit. Wir sollten diese gut strukturieren und ausprägen, da wir nur so unseren Platz auch einnehmen können. Wenn unsere Konturen verschwimmen, laufen wir Gefahr, »wie Windbeutel« und folglich vom Schicksal »gebeutelt« zu werden. Indem wir Konturen entwickeln und Position beziehen, bekommen wir Boden unter den Füßen. Viele scheinbar spirituelle Menschen meinen, sie bräuchten »keine Persönlichkeit mehr«, da sie ja auf dem geistigen Wege seien. Doch auch unsere Persönlichkeit gehört zu unserem geistigen Weg. Sinnvoll ist es, sie zu ehren, denn nur so können wir über sie hinausgehen. Die Kontur unserer Persönlichkeit und unser Standpunkt haben ihre ganz bestimmte Funktion in der Welt und natürlich auch im Kosmos.

Das Wort »Kosmos« stammt aus dem Griechischen und bedeutet »Ordnung«. Wir wissen, dass das gesamte Weltall eine einzige Ordnung darstellt. Es ist also kein blinder Zufall, dass wir in ein ganz bestimmtes Land, eine ganz bestimmte Familie, in ganz bestimmte Umstände hineingeboren worden sind, sondern es steckt ein tiefer Sinn dahinter, dem wir auf die Spur kommen können. Aus unseren Umständen erkennen wir die Resonanz, in der wir leben, und die Aufgaben, die sich unsere Seele für diese Inkarnation vorgenommen hat. Jeder Mensch ist mit einer ganz bestimmten Ausrichtung in die Welt gekommen.

Die Bilanz meines Lebens

> Was ist, das ist. Alles, was ich brauche, ist
> schon da.
> Woher weiß ich, dass ich nicht brauche, was
> ich zu brauchen glaube? – Ich habe es nicht.
> Folglich ist alles, was ich brauche, immer vor-
> handen.
>
> *Byron Katie*

Irgendwann im Leben, spätestens an seinem Ende, haben
wir das Bedürfnis, eine Bilanz unseres Lebens zu ziehen.
Sinnvoll ist es, dies so frühzeitig zu tun, dass Sie gegebenenfalls noch etwas ändern können, am besten täglich ...

Eine Möglichkeit, Bilanz zu ziehen, ist es, das »Buch Ihres
Lebens« zu schreiben. Jeder Mensch trägt in seinem Inneren ein solches »Werk«. Man kann es auch mit der »Aka-
sha-Chronik« vergleichen. Darunter verstanden die Theo-
sophen ein Astralgedächtnis, in dem alle Ereignisse,
Gedanken und Gefühle seit Anbeginn der Welt bewahrt
sind. Dies gilt für Reiche und Arme, Angesehene und Ver-
stoßene, Gesunde und Kranke – einfach für alle. Und
letztlich ist jede Lebensgeschichte wertvoll.

Überlegen Sie doch einmal, was für eine »Story« Ihr
Partner, Ihr Vater, Ihre Mutter, Ihr Bruder schreiben
würde – und welche ein Mensch, der am Rande der

Übung: Bilanz ziehen

Versuchen Sie so gut wie möglich, die nachfolgenden Fragen schriftlich zu beantworten. Nehmen Sie sich dafür ausreichend Zeit:

- Warum bin ich?

- Warum bin ich so, wie ich bin?

- Warum bin ich hier?

- Was ist meine Aufgabe und wie erfülle ich sie?

- Worin liegt meine Berufung?

- Weshalb lebe ich in diesen Umständen?

- Warum sind sie nicht optimal?

- Wie kann ich sie stimmig verändern?

- Was will ich im Leben erreichen? Und warum?

- Was soll aus meinem Leben eliminiert werden?

- Was fehlt mir noch? Warum?

- Welche Wünsche habe ich und wie kann ich sie erfüllen?

- Welche Absichten habe ich und welche Aussichten?

- Was habe ich bisher dafür getan?

- Was zu tun bin ich jetzt bereit?

- Was hat Priorität?

- Wer/was spielt die Hauptrolle in meinem Leben? Erfolg? Anerkennung? Besitz? Liebe?

- Was ist mein eigentlicher Lebenssinn?

- Wann will ich ihn verwirklichen?

- Bin ich bereit, jetzt damit zu beginnen?

- Bin ich bereit, jetzt mein Leben zu verändern?

- Was ist mein Ziel, mein Weg? Welche Schritte muss ich gehen, welche Hindernisse und Möglichkeiten habe ich?

- Was sollte ich tun, um am Ende meines Lebens sagen zu können: »Ich habe wirklich gelebt«?

- Was habe ich im Leben zu erreichen versucht?

- Was waren meine Konsequenzen daraus?

- Wie habe ich versucht, es zu erreichen?

- Und was habe ich bis heute nicht erreicht?

Beim Schreiben spüren Sie schon intuitiv, in welcher Richtung Sie gegebenenfalls umdenken oder eine Veränderung herbeiführen müssen.

(Leistungs)gesellschaft lebt? Angenommen, Sie leben in ausgewogenen wirtschaftlichen Verhältnissen: Haben Sie beispielsweise schon einmal Ihr Herz für einen Bettler oder Sozialhilfe- bzw. Hartz-IV-Empfänger geöffnet, in sein Gesicht, in seine Augen geblickt? Was wäre, wenn Sie an seiner Stelle säßen? Wie könnte Ihre Lebensgeschichte ausschauen?

Wenn Sie den Mut dazu haben und wenn der Betreffende einverstanden ist, dann setzen Sie sich doch mal neben einen solchen Menschen und erübrigen Sie für das Zusammensein eine Stunde Zeit. In wenigen Minuten werden Sie in aller Regel

- für Ihr Gegenüber der wichtigste Mensch sein,
- voll gefordert sein,
- ein neues Wertegebilde erfahren und vielleicht für sich aufbauen,
- vergessen, was Sie sonst oft so unnötig belastet,
- wahrnehmen können, welche Widerstände Sie gegen diesen Menschen haben,
- spüren können, ob der andere Sie beschwindelt oder Ihnen eine Wahrheit erzählt,
- Mit*gefühl* (nicht Mit*leid*) spüren für die gesamte Menschheit.

Bettler sind manchmal Phantasten und Meister des Träumens, die ihre Lebensgeschichte neu erfunden haben (das müssen sie vielfach wohl auch tun, um sich ihr Dasein erträglicher zu machen). Doch man sollte nicht kategorisch

26

sagen, man könne von einem solchen Menschen nichts lernen. Bei Bettlern wie bei Königen gibt es das gesamte Spektrum der menschlichen Charaktereigenschaften.

Vor Jahren kam zum Beispiel einmal ein Klient in meine Praxis und erzählte mir folgende Geschichte: Obwohl er attraktiv und vermögend war, hatte er sich seit seiner Kindheit schwer damit getan, Frauen kennenzulernen. Eines Tages war er einsam und lustlos den Ku'damm entlanggegangen und traf dort auf einen Obdachlosen. Dieser sprach ihn an und bat ihn um ein wenig Geld.

Mein Klient sagte ihm, eher aus einer Laune heraus: »Ich gebe dir zwanzig Euro, wenn du mir eine Frage beantwortest: Was ist das Geheimnis, um eine schöne Frau kennenzulernen?«

Der Bettler ging kurz in sich und sagte dann ziemlich bestimmt: »Sympathie, die Sympathie ist es, die es ausmacht!«

Die Antwort beeindruckte meinen Klienten so sehr, dass er dem Bettler die zwanzig Euro gab. Ihm war mit einem Mal klar geworden, dass er sich bisher in seinen Bemühungen viel zu sehr von seinem Mangel und seinem Verlangen hatte leiten lassen, und begann anschließend, seine Einstellung zu überdenken und seine Haltung zu verändern. Von diesem Zeitpunkt an hatte er tatsächlich mehr Erfolg bei Frauen, wie er mir ausdrücklich versicherte…

Übung: Ihre Biographie schreiben

Zurück zu Ihnen – schreiben Sie doch einmal Ihre Autobiographie. Sollten Sie nicht die Muße haben, um einen »Roman« zu schreiben, notieren Sie erst einmal die wichtigsten Eckpunkte. Besonders interessant wird es, wenn Sie von sich selbst in der dritten Person sprechen, weil Sie dann quasi aus sich heraustreten und sich von außen betrachten können.

Sagen Sie jetzt nicht, Sie hätten nichts zu berichten! Sie haben noch gar nicht in Ihren inneren Büchern nachgeschaut. Also sehen Sie einmal nach und ziehen Sie dann jene Geschichten heraus, die Sie beeindruckt oder auch geprägt haben. Sie selbst werden am meisten überrascht sein. Eine einzigartige Geschichte – Ihr Lebensbuch …

Achten Sie darauf, aus Ihrer Autobiographie keine »Ego-Biographie« zu machen. Vermeiden Sie künstliche Dramatisierungen, kopflastige Interpretationen und Über- oder Untertreibungen. Beschreiben Sie einfach, was Sie erlebt, gefühlt, entschieden haben, welche Schlussfolgerungen Sie daraus gezogen haben. Gegebenenfalls trennen Sie die einzelnen Bewusstseinsebenen optisch (erlebt, gedacht, gefühlt usw.) voneinander, indem Sie sie jeweils in einer anderen Farbe schreiben. Stellen sie sich nun vor, das Buch sei ein Roman und der Zeitpunkt, an dem Sie sich heute befinden, läge irgendwo in der Mitte des Buchs. Fragen Sie sich dann:

- Ist ein roter Faden sichtbar?

- Wie könnte es weitergehen?

- Warum ist dieses Buch so wertvoll?

- Was ist »die Moral von der Geschicht'«, was der mögliche Sinn?

Nachdem Sie Ihre Lebensbilanz aufgeschrieben haben, fragen Sie sich darüber hinaus:

- Was waren die zehn schönsten Augenblicke meines Lebens? Warum waren diese so schön?

- Welche Lebensphase würde ich gern noch einmal erleben? Warum?

- Welcher Teil meiner Lebensgeschichte trägt eine belastende Ladung?

- Erfinden Sie Ihre Geschichte neu, indem Sie wesentliche Teile Ihres Lebens, beispielsweise große Niederlagen, Enttäuschungen, Traumata, als Komödie oder als Siegesgeschichte erzählen.

- Wer wären Sie ohne Ihre Geschichte?

Viele Menschen ziehen täglich Bilanz, indem sie ein Tagebuch führen, und erfahren dadurch regelmäßig eine Bewusstseinsklärung.

Übung: Tagebuch schreiben

Schreiben Sie (zumindest probehalber einige Tage lang) ein Tagebuch, und zwar über sich in der dritten Person. Dann lesen Sie noch einmal, was Sie geschrieben haben. Danach stellen Sie sich die folgenden Fragen:

- Was würde ich einem anderen Menschen raten, der genau das erlebt hat?

- Welche Bewusstseinstechnik würde diesen Menschen (der Sie selbst sind) in seinem Leben unterstützen?

- Welche Entscheidungen sind zu treffen?

- Welche Verhaltensweisen neu zu entwickeln?

- Welche spezielle Lektion bietet das Leben diesem Menschen gerade?

- Was ist diesem Menschen offenbar besonders wichtig?

- Welche Ziele und wahren Absichten der Seele könnten sich in dem Erlebten zeigen?

Um sich selbst besser kennenzulernen, ist es in diesem Zusammenhang auch hilfreich, eine Checkliste der eigenen Persönlichkeit zu erstellen, indem Sie Sätze vervollständigen, zum Beispiel in der folgenden Übung.

Übung: Checkliste der eigenen Persönlichkeit

Ergänzen Sie die folgenden Sätze schnell und spontan. Halten Sie kurz inne und schreiben Sie dann das Gefühl oder den Gedanken auf, der Ihnen spontan in den Sinn kommt. Seien Sie ehrlich, direkt und authentisch, ohne etwas künstlich aufzubauschen oder herunterzuspielen, sodass ein Kind Ihre Zeilen verstehen und Ihnen glauben würde. Bleiben Sie bei Ihren Gefühlen und Ihrem Erleben:

Als ich ein Kind war, …	
Als ich jung war, hatte ich Schuldgefühle wegen …	
Beim Gedanken an die Ehe …	
Das Schlimmste, was ich je gemacht habe, war …	
Der Mensch, den ich liebe, …	
Die Menschen über mir …	

Die Menschen wissen nicht, dass ich das Gefühl habe, ...	
Die Menschen, die mit mir zusammenarbeiten, ...	
Die Zukunft sieht für mich ...	
Ein vollkommener Mensch sollte ...	
Ein wirklicher Freund sollte ...	
Eines Tages werde ich ...	
Es macht mich verrückt, wenn ...	
Gott ist ...	
Ich bin gern mit Menschen zusammen, die ...	
Ich bin unsicher ...	
Ich freue mich ...	
Ich fürchte mich, weil ...	
Ich fürchte mich vor ...	
Ich glaube, dass die meisten Eltern ...	
Ich glaube, dass die meisten Frauen ...	
Ich glaube, dass die meisten Männer ...	
Ich glaube, ich habe die Fähigkeit, ...	

Ich habe das Gefühl, dass mein Vater bzw. meine Mutter…	
Ich mag keine Menschen, die…	
Ich träume davon,…	
Ich wäre vollkommen glücklich, wenn…	
Mein geheimer Wunsch ist es…	
Mein größter Fehler war…	
Mein größter Wunsch ist…	
Mein Körper…	
Meine Ängste zwingen mich manchmal dazu,…	
Meine Familie behandelt mich…	
Meine größte Schwäche ist…	
Meine Kinder…	
Meine lebendigste Kindheits- erinnerung…	
Meine Lehrer in der Schule…	
Meine Mutter und ich…	
Meine Sexualität…	
Meine Vorgesetzten…	
Verglichen mit den meisten Familien, ist meine Familie…	
Was ich unbedingt will, ist…	

Was mich hindert, ist …	
Wenn die Würfel gegen mich sind, …	
Wenn ich die Möglichkeit hätte, …	
Wenn ich mehr Geld hätte, würde ich …	
Wenn ich mehr Zeit hätte, könnte ich …	
Wenn ich mich im Spiegel ansehe, …	
Wenn ich noch einmal jung wäre, …	

In der ersten Runde sind wir erst einmal spontan vorgegangen. Danach können wir einen zweiten Durchgang machen, wobei wir dann die Frage länger auf uns wirken lassen und warten, bis wir die stimmige Antwort erhalten haben: Wenn Sie vor der Beantwortung der Fragen »nach innen« gehen, in sich hineinhören und so »egofrei« wie möglich dem lauschen, was Ihre »innere Stimme« Ihnen mitteilen möchte, werden Sie eine umfassendere Sichtweise bekommen.

Vom Beruf zur Berufung

> Die Einladungen des Lebens nicht anzuneh-
> men gehört zu den schlimmsten Verdrän-
> gungen.
>
> *Karlfried Graf Dürckheim*

Als Jesus sagte, dass eher ein Kamel durchs Nadelöhr passe, als dass ein »Reicher« in den Himmel käme,* da meinte er damit sicher nicht generell die Menschen, die viel Geld haben, sondern sprach vom »Seelenverkauf« zugunsten des Reichtums und vom Anhaften am Materiellen.

Wer ausschließlich arbeitet, um Geld zu verdienen, der verdient wohl auch nichts Besseres als Geld. Ihr Beruf sollte Ihnen jedoch mehr ermöglichen, als nur das eigene Überleben sicherzustellen. Lebenssinn und Beruf hängen miteinander zusammen. Am Arbeitsplatz verbringen wir immerhin einen sehr großen Teil unseres Lebens.

Viele Menschen glauben, man müsse sich zwischen einem einträglichen Job und einer brotlosen beruflichen Sinnerfüllung entscheiden. Solange wir uns auf diese Einschränkung versteifen, werden wir im Leben sehr wahrscheinlich zu kurz kommen, gleich, für welche Variante wir uns entscheiden. Denn es funktioniert dann ähnlich

---

* Matth. 19,24.

einer sich selbst erfüllenden Prophezeiung: Wählen wir eine Tätigkeit, die uns Spaß macht, dann bedauern wir eben aufgrund unserer Voreingenommenheit, dass das Geld nicht reicht. Entscheiden wir uns für eine hochdotierte Tätigkeit zu Lasten unserer Neigungen oder ethisch-moralischen Ansprüche, dann hadern wir damit, dass wir uns dabei nicht verwirklichen können oder dass »die Seele auf der Strecke bleibt«.

In Wahrheit ist jedoch beides zugleich möglich: Wenn wir Sinn auch in unseren Beruf hineintragen wollen, sollten wir also solche Beschränkungen überwinden. Der Reichtum, den wir wirklich suchen, kommt nämlich nicht davon, dass wir uns »irgendwie zusammenreißen«, sondern erwächst aus einer sinnspendenden beruflichen Tätigkeit.

Im Begriff »Beruf« steckt das Wort »Ruf«, deshalb sollten wir in uns hineinhören, um zu erfahren, wozu uns unsere innere Stimme auffordert. Wenn Sie das, was Sie tun, erfüllt und Sie alle Persönlichkeitsanteile darin verwirklichen können (zum Beispiel den Künstler in Ihnen, aber auch den »inneren Lebemann«, den Kontaktfreudigen, den Denker und Geschäftsmann), dann tun Sie Ihre Sache auch gut. Und das, was Sie gut tun, wird Ihnen früher oder später neben der Sinnerfüllung auch die entsprechenden Einkünfte sichern.

Ihre Gaben sind zugleich Ihre Aufgaben. Sie leben, um Ihre Schwächen in Stärken zu verwandeln, Ihre Stärken zum Ausdruck zu bringen und die Welt damit zu bereichern.

Natürlich muss das, was wir der Gesellschaft an Leistungen anbieten, gewissen Markterfordernissen entsprechen. Doch auch wenn Sie pragmatisch vorgehen, werden Sie einen Weg finden, beides zusammenzubringen. Eine Malerin, die bisher erfolglos versuchte, ihre Bilder zu verkaufen, traf beispielsweise »zufällig« mit einem renommierten Architekten zusammen. Dieser engagierte sie schließlich, damit sie als »Lüftlmalerin« seine Häuser verschönerte, und zahlte ihr dafür ein ansehnliches Honorar.

Übung: Was suche ich im Beruf?

Beantworten Sie die folgenden Fragen so stimmig wie möglich. Gehen Sie auch jedes Mal, bevor Sie die Antwort aufschreiben, in sich. Spüren Sie hin, sodass Sie die jeweils richtigen, das heißt »richtungweisenden«, Antworten entdecken – diese sind manchmal andere als die, die Ihnen Ihr Verstand möglicherweise vorgegaukelt hat.

Frage	Antwort
Was kann ich besonders gut?	
Welche Fähigkeiten, Talente, Gaben, Kräfte habe ich?	
Was macht mir besonders Freude?	

Was sind meine Hobbys? Meine Wünsche?	
Was möchte ich den ganzen Tag tun?	
Was begeistert mich so richtig?	
Was würde ich tun, wenn ich ab sofort zehntausend Euro Rente im Monat bekäme, ja, wenn ich gegebenenfalls sogar für die Ausübung meiner Tätigkeit bezahlen müsste?	
Welche Ausbildung habe ich?	
Welche Ausbildung sollte ich noch absolvieren?	
In welche Krisen, Schwierigkeiten hat mich das (Berufs)leben bisher geführt? Welche Lektionen hat es mir erteilt? Was habe ich daraus gelernt?	
Von welchen begrenzenden Vorstellungen sollte ich mich lösen?	
Welche Chancen bietet mir das Leben, das zu tun? Bisher? In diesem Augenblick? In Zukunft?	

Wie sieht meine Lebenssituation derzeit aus? Worin liegt die Lektion meiner Lebenssituation? Worin ihr Sinn? Und womit könnte die Lektion gelernt, die Aufgabe »erfüllt« und damit beendet sein?	
Auf welchen Platz hat mich das Leben gestellt? Wie kann ich diesen Platz noch besser ausfüllen?	
Was sollte ich lernen bzw. verlernen?	
Wenn ich noch einmal beginnen könnte, was würde ich dann anders machen?	
Was wäre mein Wunschtraum?	
Was möchte ich erreichen?	
Wie sieht mein (berufliches) Leben als Kunst- bzw. Meisterwerk aus?	
Welche Konsequenzen ergeben sich daraus?	
Was würde ich unter diesen Umständen meinem besten Freund raten?	
Was hindert mich noch daran, genau das selbst zu tun?	

Schauen Sie sich Ihre Antworten dann in Ruhe an und überlegen Sie, was Sie gegebenenfalls ändern sollten, um Ihre berufliche Situation zu verbessern.

Ein sehr treffendes Sinnbild ist die »imaginierte Visitenkarte«: Sie hilft Ihnen dabei, Ihrer Berufung näherzukommen. Die nachfolgende Phantasiereise stammt aus der Trancearbeit von Andreas Krüger aus Berlin, sie ist aber auch in anderen Schulen bekannt.

Übung: Die Visitenkarte Ihres Lebens

Nehmen wir einmal an, irgendwo auf dieser Welt oder meinetwegen auch in einer anderen Dimension gäbe es eine Druckerei für Ihre Lebensvisitenkarte. Das kann in Ihrem Nachbarort sein oder auf dem Mond. Stellen Sie sich jetzt vor, Sie reisen dorthin. Wo befindet sie sich? In was für einem Haus wird gedruckt? Was steht am Eingang der Druckerei? Ist hier irgendein Symbol angebracht? Betrachten Sie die Druckerei ganz genau. Dann betreten Sie sie. Wie sieht das Wesen aus, das Ihre Visitenkarte druckt? Gibt es irgendwelche Besonderheiten? Auf welchem Material druckt es Ihre Visitenkarte und was steht darauf? Wie sieht Ihre Visitenkarte genau aus? – Nachfolgend das Beispiel eines Klienten:

»Meine Visitenkartendruckerei liegt im Orient. Es handelt sich um einen einfachen, flachen, länglichen Lagerschuppen. Über der Druckerei ist ein Vogel mit einem großen bunten Schnabel angebracht, ich glaube, er heißt ›Tukan‹. Mein Visitenkartendrucker ist ein spiritueller Meister. Er trägt einen Turban bzw. einen Kopfschmuck mit einem Saphir. Er ist schlank und groß und sieht dem Meister El Morya ähnlich. Auf meiner Visitenkarte steht ›Adonai‹. Die Visitenkarte ist voller Sterne, zeigt jedoch auch einen Dinosaurier, der lebendig wird. Statt einer Berufsbezeichnung stehen dort drei Eigenschaften beschrieben: ›1. Verbindet mit allen Ebenen des Seins. 2. Reines, transzendentales Bewusstsein. 3. Große Liebe zur körperlichen Schönheit auf allen Ebenen.‹«

Durch die »Visitenkarte« wird das eigene Dasein in einen umfassenderen Bezug gebracht. Selbst alltägliche Arbeiten erhalten unter dem Gesichtspunkt der »Visitenkarte« eine Bedeutung. Zugleich können Sie erkennen, worauf Ihr Unbewusstes Wert legt und wo Ihre Werte liegen. Sie können ihr sicher Hinweise darüber entnehmen, was Ihnen wichtig ist.

Ihre Berufung muss nun nicht konkret der Bezeichnung Ihrer tatsächlich ausgeübten Tätigkeit entsprechen; sie sollte sie aber wie im obigen Beispiel im weiteren Sinne umfassen. Wenn Ihre Berufung etwa darin liegen sollte, ein »Diener der Nächstenliebe« zu sein, können Sie diese Aufgabe sowohl als Sozialarbeiter wie auch als Personalchef ausführen.

Sinn und Selbsterkenntnis

> Selbsterkenntnis ist der erste Schritt zur
> Besserung.
>
> *Redensart*

Auch in den folgenden Übungen finden Sie zahlreiche Fragen, deren Bearbeitung sich in der Praxis bewährt hat. Sollten Sie nicht die Zeit haben, kontinuierlich daran zu arbeiten, empfehle ich Ihnen, Schritt für Schritt bzw. selektiv vorzugehen, sich beispielsweise immer wieder mal einige davon vorzunehmen.

Besonders unterhaltsam kann es werden, wenn Sie diese Fragen mit Ihrem Partner, dem besten Freund oder der besten Freundin gemeinsam beantworten und sich danach über die unterschiedlichen Antworten unterhalten. So lernen Sie einander sicher noch besser kennen!

Eine einfache, aber sehr wirkungsvolle Methode, um mehr über sich, Ihr Leben und seinen Sinn herauszufinden, ist der »Ruderboottest«. Er funktioniert ganz einfach.

Übung: Der Ruderboottest

Schreiben Sie eine Kurzgeschichte, die etwa eine Seite füllt. Fangen Sie an mit den Worten »Ich bin ein Ruderboot...«. Bevor Sie dies tun, gehen Sie kurz in sich, in die Stille der eigenen Wahrnehmung. Vielleicht sehen Sie dabei das Ruderboot mit Ihrem inneren Auge, vielleicht zeichnen oder skizzieren Sie es auch zuerst. Dann schreiben Sie, ohne darüber nachzudenken, in freier Assoziation auf, was Sie empfinden. Erst in einem späteren Schritt werden Sie das Geschriebene zu deuten versuchen.

Einer meiner Klienten, der sich offensichtlich in der Midlife-Crisis befand, beschrieb zum Beispiel folgendes Bild:

»Ich bin ein Ruderboot. Ich bin schwer. Und ich bin müde. Ich liege an einem Strand an der Südsee. Dräuende Wolken ziehen am Himmel auf, und es beginnt gleich zu regnen. An meinen Rudern ist der Lack abgeblättert, und ich mag auch

44

nicht mehr rudern, nur noch mich treiben lassen. Es ist alles so anstrengend, so schwer. Es ist alles so sinnlos. Meine besten Zeiten sind vorbei, es gibt fast nichts, was mir Freude bereitet. Ich bin resigniert. Ich fühle mich nicht gesehen und angesprochen, sondern benutzt, komme mir wertlos vor. Diese schweren Farben drücken auf mich, und eigentlich fühlt es sich wie das Ende an. Seinem Schicksal kann niemand entkommen.

Ich will nicht mehr rudern. Ich bräuchte dringend einen Motor oder neue Segel. Neue Segel und jemanden, der weiß, wo ich mich wohl fühle und was mir guttut, der mit mir in ein neues Land segelt, da würde ich mich wohl wieder frisch und jung fühlen. Ob der, auf den ich warte, jemals kommen wird?«

Aus diesem »Aufsatz« ergaben sich einige Fragen, mit denen wir bei der Therapie ansetzen konnten:

- Wo bin ich festgefahren?

- Was macht mein Leben so schwer?

- Was würde alles erleichtern?

- Welche »Boote« sind davongerudert? (Welche Züge sind abgefahren?)

- Und welche neuen »Boote«, die ankommen, werden nicht gesehen?

- Was bedeutet »in meinem Leben neue Segel bekommen« ganz konkret?

- Was oder wer ist es, worauf ich warte?

In einer späteren Einzelsitzung konnten wir daraufhin eine Neupositionierung der eigenen Lebensausrichtung vornehmen. Der Betreffende gewann eine neue Einstellung zu seiner Lebenspartnerschaft, wechselte den Wohnort, nahm dort eine andere berufliche Tätigkeit auf und fand binnen eines Jahres neuen Lebensmut.

Eine weitere Möglichkeit, Sinn durch Selbsterkenntnis zu finden, ist es, sich an die Wunschträume seiner Kindheit zu erinnern. Damals hatten wir alle so viele wunderbare Träume, die wir zu dieser Zeit nur noch nicht realisieren konnten. Heute könnten wir einige von ihnen verwirklichen. Aber viele Menschen tun nichts dafür, oder sie haben gar keine Träume mehr.

Dann gibt es noch die Träume, die man sich nicht zugestehen will. Wie geht es Ihnen mit Ihren Träumen und Wünschen? Sind sie noch lebendig in Ihnen? Haben Sie den Mut, sie auszudrücken und zu leben?

Nehmen wir ein auf den ersten Blick beinah banal erscheinendes Beispiel unerfüllter Träume, das sich für den Betroffenen aber zu einem ernsthaften Problem auswuchs, sodass er schließlich in meine Praxis kam. Nennen wir ihn »Peter«. Er träumte seit eh und je davon, dass seine Frau schöne Dessous trägt. Er traute sich allerdings nicht, ihr das zu sagen oder sie gar mit einem Geschenk aus der Lingerie zu überraschen. Sie gab sich gewöhnlich nämlich eher prüde. So litt Peter jahrelang und unterdrückte seine Vorlieben, die sich allerdings mit der Zeit immer deutlicher bei ihm Gehör verschaffen wollten. Er kompensierte die Nichterfüllung seiner Wünsche beispielsweise dadurch, dass er von anderen Frauen in schönen Dessous träumte und sich entsprechende Fotos im Internet anschaute.

In der Beratung erfuhr Peter, dass es wichtig ist, sich seine Wünsche zunächst einmal urteilsfrei einzugestehen und sie – da es bei ihm ja objektiv gesehen um etwas völlig Harmloses ging – zu vermitteln. Um es kurz zu machen: Indem er seine Frau schließlich dazu ermunterte, sich selbst attraktiv zu finden und zur eigenen Schönheit zu stehen, entdeckten sie gemeinsam die Freude an reizvoller Wäsche, die sie zusammen einkauften. Von da an war auch Peters Flucht zu den speziellen Internetseiten auf einen Schlag beendet – er fühlte sich in seiner Vorliebe angenommen, was das gemeinsame Intimleben zum beiderseitigen Nutzen beflügelte ...

Wir erkennen an diesem Beispiel, wie wichtig es ist, auf die eigenen Träume und Phantasien zu achten und sie zu kommunizieren, solange sie anderen nicht zum Schaden gereichen. Nicht alles, wovon man träumt, sollte ausgelebt werden. Aber alles, wovon wir träumen, braucht zunächst einmal liebevolle Selbstannahme, damit wir über unsere Träume hinausgehen können. Wieso leben so viele Menschen in Selbstunterdrückung? Weil sie die »Fühlung« verloren haben, die sie brauchen, um zu spüren, was ihnen wichtig ist, und den Mut, zu dem zu stehen, was sie fühlen und brauchen.

Deshalb sollten Sie Ihre Träume, die Sie möglicherweise verloren haben, auf jeden Fall wiederbeleben: Ihre Visionen, Abenteuergeschichten und Phantasien. Geben Sie dem Cowboy, Astronauten, Elvis, Michelangelo, der Jeanne d'Arc, Babe Ruth, Marilyn Monroe in sich Raum, zu leben – und wenn Sie dies nur tun, um sich von dieser Rolle zu verabschieden, nachdem Sie sie noch einmal erlebt haben. Denn Sie können nichts loslassen, was Sie nicht zuvor angenommen haben. Trauen Sie sich, zu träumen, auch wenn dies erst einmal »egoistisch« erscheint.

Unerfüllte Träume und Sehnsüchte lassen vermuten, dass mit ihnen auch eine gewisse Angst verbunden ist. Wenn nicht, hätte die Sehnsucht ja wohl bereits einen Weg gefunden, um sich zu verwirklichen. Wovor haben Sie möglicherweise Angst und warum? Erkennen Sie die Angst, stellen Sie sich ihr und lösen Sie sie auf, wobei Ihnen die beiden Fragen auf Seite 49 unten helfen können:

Übung: Träume herbeizaubern

Um Ihre Phantasie von allen Zügeln zu befreien, stellen Sie sich einmal vor, Sie seien ein Magier und könnten sich jeden einzelnen Aspekt Ihres Lebens so herbeizaubern, wie Sie es möchten, Sie seien völlig frei und bräuchten sich etwas nur auszudenken, zu sagen, und es würde Wirklichkeit. Zaubern Sie in Ihrer Phantasie Ihren Wunschtraum herbei und gehen Sie in diesem inneren Bild spazieren, genießen Sie es. Berücksichtigen Sie dabei ebenso Ihre geheimen Wünsche und Sehnsüchte, auch solche, die Sie sich selbst vielleicht nicht so leicht eingestehen, ja, möglicherweise bisher verdrängt oder vergessen haben.

1. *Zuerst fragen Sie Ihren »Bauch«, Ihre Persönlichkeit.* Lassen Sie ungefiltert, unverfälscht, ehrlich und spontan in sich aufsteigen, was Sie bewegt. Notieren Sie es. Sie erfahren auf diesem Weg intuitiv sehr viel darüber, was Ihrer Persönlichkeit wichtig ist.

2. *Beim zweiten Mal lassen Sie Ihr wahres Selbst antworten.* Lassen Sie sich bei der Beantwortung in dem Fall mehr Zeit, antworten Sie aus der Stille. Machen Sie sich dabei bewusst, dass die Qualität Ihrer Antworten so gut ist, wie Sie in der Lage sind, Ihre »innere Stimme« wahrzunehmen.

Mit beiden Antworten liebevoll und stimmig umzugehen, das ist bereits ein erster Schritt in Richtung Weisheit. Falls Ihr wahres Selbst etwas völlig anderes für Sie im Sinn hat, ist es nützlich, zwischen beiden Parteien zu »verhandeln« bzw. die Persönlichkeitsprogramme in hilfreichere Programme umzuschreiben bzw. »umzuglauben« (davon wird später noch die Rede sein).

Übung: Unerfüllte Sehnsüchte erkennen

Die nachfolgenden Punkte sind optional. Wählen Sie am besten zuerst jene, die Sie am ehesten ansprechen.

Sätze vollenden bzw. Fragen beantworten	Stimme »aus dem Bauch«	Stimme Ihres Selbst
Am liebsten würde ich ...		
Mein Leben wäre viel besser, wenn ...		
Wenn ich mehr Geld hätte, würde ich ...		
Ich möchte ein Mensch sein, der ...		
Was ich unbedingt will, ist ...		
Wenn ich mehr Zeit hätte, könnte ich ...		

Ein Ort, an dem ich gern leben würde, ist …		
Wenn ich noch einmal anfangen könnte, würde ich …		
Mein größter Wunsch ist …		
Ich bin (nicht) gesund, weil …		
Der richtige Beruf für mich wäre …		
Mit meinem Partner käme ich ganz gut aus, wenn …		
Mein Leben könnte mir schon gefallen, wenn …		
Was wüsste ich noch gern?		
Was möchte ich noch alles lernen und erreichen?		
Welche Erwartungen und Sehnsüchte habe ich?		
Welche Erfahrung möchte ich noch gern machen?		
Was würde ich noch gern erleben?		
Was würde mein Leben reicher machen?		
Wie könnte ich mich von Begrenzungen frei machen?		
Was gehört eigentlich gar nicht mehr in mein Leben?		

Was hätte ich schon längst loslassen sollen?		
Wie könnte ich über mich hinaus-wachsen, um der zu werden, der ich eigentlich bin?		
In welchem Bewusstsein würde ich gern leben?		
Als wer würde ich gern leben?		
Wie würde ich mich gern fühlen?		
Wie würde ich gern sein?		
Wie möchte ich mein Leben gestalten?		
Wo möchte ich erfolgreich sein?		
Wie müsste eine Wohnung sein, damit sie ganz mir entspricht, sodass ich »Wohnen als Heilsein« erlebe bzw. allein schon daran zu denken mich heilt?		
Wie müsste eine Tätigkeit sein, sodass sie ganz mir entspricht und ich diese Tätigkeit als Heilsein erlebe, ich davon träume und sie am liebsten ständig ausüben möchte?		
Wie müsste eine Partnerschaft aus-sehen, um meinem Ideal zu entspre-chen, sodass ich mich innerlich weit und frei fühlen werde, wenn ich nur mein Bewusstsein darauf richte?		

Wie wünsche ich mir mein Liebes- leben?		
Wie sollte mein Partner sein?		
Möchte ich Familie und Kinder?		
Würde ich gern verreisen?		
Welchen Hobbys möchte ich gern nachgehen?		
Wie viel Geld benötige ich im Monat, damit es mir richtig gutgeht?		
Wie, was und mit wem würde ich gern arbeiten?		
Wie, wo und mit wem möchte ich leben?		
Welche Rolle würde ich gern spielen?		
Wie möchte ich mich in meinem Körper fühlen?		
Wie sehr bin ich mit meinem Körper »einverstanden«? Was stimmt nicht und warum? Was müsste geschehen, damit es für mich stimmt?		
Was sind die einzelnen Schritte, um genau dorthin zu kommen?		
Wie sähe meine Wunschbiographie aus?		
Was wäre mein Wunschtraum?		

Wo will ich am Ende angekommen sein?		
Ist es ein Ort, eine Form, ein Sein, eine Beziehung?		
Was genau strebe ich an und warum?		

Nachdem Sie die Antworten stichwortartig notiert haben, sollten Sie noch einmal prüfen, ob sie wirklich dem entsprechen, was Sie wollen, oder ob es sich dabei lediglich um eine Vorstellung handelt. Prüfen Sie also das »Warum hinter dem Warum«. Jede Antwort enthält eine Botschaft, die Sie auf etwas Bedeutsames aufmerksam macht. Deshalb fragen Sie sich bei der Prüfung Ihrer Antworten:

- Auf welchen Mangel macht mich dieser Wunsch aufmerksam?

- Würde die Erfüllung meines Wunsches den Mangel tatsächlich beseitigen?

- Was müsste ich tun, um den Mangel zu beseitigen?

- Welche Konsequenzen bringt es mit sich, wenn ich den Mangel beseitige?

Sobald Sie sicher wissen, was Sie wollen, und mit allen Zellen spüren, dass etwas für Sie »stimmt«, ergibt sich auch stets ein entsprechender Weg.

Das Vorbild als Leitstern für die eigene Sinnstiftung

Alle Kinder haben die märchenhafte Kraft, sich in alles zu verwandeln, was immer sie sich wünschen.

Jean Cocteau

Sinnstiftend können auch Vorbilder sein. Ob es nun ein Popstar ist, ein authentischer Politiker oder der eigene Großvater. Vorbilder symbolisieren oft ein in uns liegendes Potenzial, das nur darauf wartet, entdeckt zu werden.

Es kann sich bei der Wahl des Vorbilds allerdings auch um einen Kompensationsmechanismus handeln. Ein Schlüssel dafür, um zu erkennen, wo wir etwas verdrängen bzw. Ersatzbefriedigungen suchen und wo wir wirklich bestimmte Wesenseigenschaften oder Charakterzüge bewundern, liegt in unserem Herzen. Wenn Sie in Ihr Herz hineinfühlen, wie es in der nachfolgenden Übung beschrieben wird, erkennen Sie die wahren Gründe Ihrer Bewunderung. Es kann auch sein, dass dann die eine oder andere Persönlichkeit nicht mehr Ziel der »Anbetung« ist, dass eine Kompensation sich auflöst.

Einige Beispiele meiner Klienten sollen deutlich machen, was ich meine. Als ersten Punkt finden Sie jeweils den Namen der bewunderten Person. Als zweiten, sozusagen im O-Ton, warum genau meine Klienten die betreffende Persönlichkeit bewundern, und drittens ist stichwortartig vermerkt, inwieweit es sich aus Sicht des Therapeuten um eine echte Vorbildfunktion oder um eine Reaktionsbildung* handelt.

Vorbild
Muhammad Ali, ehemaliger Boxweltmeister im Schwergewicht
Eigenschaft aus Klientensicht
»Ich bin der Größte.«
Therapeutischer Hinweis
Kompensation von eigenen Minderwertigkeitskomplexen. Die Auflösung findet der Klient, indem er sich gedanklich mit etwas verbindet, das größer ist als sein Ego, zum Beispiel mit der »universellen Energie«. Von dem Lebensmut, den Muhammad Ali ausstrahlte, kann der Klient jedoch profitieren.

---

* Unter einer Reaktionsbildung versteht man in der Psychoanalyse die Abwehr eines unbewussten Wunschs durch das starre Festhalten an einem entgegengesetzten Verhalten.

Vorbild

Papst Benedikt XVI.

Eigenschaft aus Klientensicht

Er gab seine Vorliebe für die Einsamkeit auf, überwand seine Schüchternheit und Ängste vor der Öffentlichkeit, um als Idol im Rampenlicht etwas Höherem zu dienen.

Therapeutischer Hinweis

Bei dem Klienten handelt es sich um einen eher schüchternen Menschen, der die Einsamkeit bevorzugt. Das Vorbild liefert den Hinweis auf den Wunsch, präsent zu sein, wenn das Leben ihn braucht. Unabhängig davon, ob seine Einschätzung der Realität entspricht, kann der Klient sich den Papst als Vorbild nehmen, um seine eigene Schüchternheit zu überwinden.

Vorbild

Tina Turner, Rocksängerin

Eigenschaft aus Klientensicht

Sie überwand die Angst vor ihrem Ehemann Ike Turner und erreichte mit Hilfe ihres Glaubens Autonomie, Furchtlosigkeit und die Gabe, Vitalität mit Spiritualität zu verbinden. Beeindruckend war der Augenblick, in dem sie ihrem Ehemann trotzte, als dieser sie mit einer Pistole bedrohte.

Therapeutischer Hinweis

Die Klientin lebt ein eher »bürgerliches« Leben und steht ziemlich unter der »Knute« ihres Ehemanns. Das Idol ist ein Hinweis für sie, mehr aus sich herauszugehen. Es steckt mehr Vitalität in ihr, als sie es sich zutraut. Die Qualität, sich gegenüber »Autoritäten« durchzusetzen, sollte die Klientin in das eigene Leben übertragen, insbesondere in die eigene Partnerschaft.

Vorbild

Sri Chinmoy, ein New Yorker Guru indischer Herkunft, der zugleich mehrfache Rekorde in verschiedenen künstlerischen und sportlichen Disziplinen aufgestellt haben soll.

Eigenschaft aus Klientensicht

Die Pflege von Feinsinnigem bei gleichzeitiger Erdung.

Therapeutischer Hinweis

Das Vorbild signalisiert einen starken Bezug zur eigenen Körperlichkeit und der Aufgabe, sie im Dienste von etwas Höherem einzusetzen. Es geht um die Umwandlung von Triebkraft in kreative Energie. Wenn der Klient nicht auf den spirituellen Gehalt achtet, ist das Ganze unter Umständen ein Hinweis auf manische Tendenzen.

Vorbild

Jenny, Hauptfigur des Films »Vier Minuten«, gespielt von Hannah Herzsprung

Therapeutischer Hinweis

Die Geschichte einer verurteilten Mörderin, die sich gegen brutale Angriffe erfolgreich durchschlägt. Hinter diesem Bild verbirgt sich eine große Pianistin und zarte Seele. Gegen alle Normen spielt sie letztendlich »ihr Lied«.

Therapeutischer Hinweis

Hier finden wir die Aufforderung, der eigenen Stärke und Sensibilität gleichermaßen zum Durchbruch zu verhelfen. Zugleich finden wir in der Vorliebe der Klientin für die Darstellerin Hinweise auf eigene Themen in Bezug auf Gewalt und Märtyrertum. Die Aufgabe liegt darin, dem eigenen Antrieb auf eine stimmige Weise zum Durchbruch zu verhelfen.

Übung: Der Vorbild-Fragebogen

Füllen Sie nach diesem Muster einen Fragebogen mit Ihren persönlichen Vorbildern aus. Wenn Sie ihn in ähnlicher Weise ausgewertet haben, nehmen Sie die Essenz davon in Ihr Herz und fragen sich:

- Was ist das Ziel meines wahren Selbst, meiner Seele?

- Welches Ziel bringt mich meinem wahren Selbst näher?

- Wohin sollte ich mich bewegen?

Wenn wir uns mit Vorbildern beschäftigen, stellen wir möglicherweise auch fest, dass wir unsere Werte unbewusst von unseren Eltern, Lehrern und anderen »Autoritäten« übernommen haben, oft ohne zu prüfen, welche davon zu uns passen und welche nicht. Deshalb braucht es in der Regel eine gewisse Lebensspanne, bis wir eigene Werte entwickeln.

Ein Mensch, für den »Freiheit« ein hoher Wert ist, muss sein Leben beispielsweise ganz anders ausrichten als jemand, für den »Geborgenheit« sehr wichtig ist. Zuweilen kommt es natürlich auch vor, dass jemand zwei scheinbar widersprüchliche Werte gleichermaßen verwirklichen möchte. Dann liegt seine Herausforderung etwa darin, »Geborgenheit in Freiheit« zu verwirklichen.

Es gibt kaum etwas Schlimmeres, als mit fremden Zielvorgaben zu leben, die nicht zu uns passen, und den eigenen Wert daran zu messen. Denn dies verursacht zwangsläufig Versagensgefühle (wenn Sie, gemessen an fremden Werten, scheitern), oder Sie ernten »falsche Lorbeeren« (falls es Ihnen gelingt, fremde Werte zu erfüllen). Wer sich an nicht zu ihm gehörenden Werten orientiert, stellt vielleicht erst auf dem Sterbebett fest, dass er nie »wirklich« gelebt hat. Deshalb ist es für die Sinnfindung so wichtig, immer wieder den eigenen Werten nachzuspüren.

Stimmige Werte sind auch deshalb so kostbar, weil sie eine Erlösung von Kollektivzwängen und anerzogenen Normen bedeuten. Sie unterstützen Sie im Finden und Verwirklichen Ihres Lebenssinns.

Übung: Die eigenen Werte ermitteln

Betrachten Sie die Liste mit Werten. Ergänzen Sie sie gegebenenfalls um weitere Werte, die Ihnen am Herzen liegen. Streichen Sie dann die für Sie wichtigsten an. Wählen Sie anschließend unter den wichtigen die acht entscheidenden aus, dann vier davon und letztlich *den* essenziellen Wert. Überlegen Sie nun:

- Warum ist gerade dieser Wert für Sie so wichtig?
- Wie haben Sie diesen Wert bisher gelebt?
- Wie wollen Sie ihn zukünftig leben?

Liste der Werte

Aufmerksamkeit, Charisma, Demut, Ehrlichkeit, Erfolg, Erfüllung, Freiheit, Freude, Freundschaft, Frieden, Gelassenheit, Gerechtigkeit, Gesundheit, Glauben, Glück, Harmonie, Heiterkeit, Humor, Intelligenz, Kommunikation, Kraft, Liebe, Mitgefühl, Mut, Ordnung, Reichtum, Schönheit, Selbstentfaltung, Selbstvertrauen, Sexualität, Sinnlichkeit, Spiritualität, Teamgeist, Toleranz, Überzeugung, Verantwortung, Vertrauen, Wahrheit, Weisheit, Zärtlichkeit, Zuversicht.

Fügungen des Lebens erkennen

> Das, wobei unsere Berechnungen versagen,
> nennen wir Zufall.
>
> *Albert Einstein*

Wir wissen, dass das Leben über eine umfassende Intelligenz verfügt und wir bereits in der Kindheit Hinweise auf unsere Lebensthemen erhalten. Deshalb sollten wir einmal genauer hinschauen, welches »Gepäck« wir mit in unser Dasein bringen. Indem wir erkennen, womit wir »ausgestattet« sind, erfahren wir Tieferes über unseren Lebenssinn.

Wir sind nämlich mit einer bestimmten Absicht unserer Seele in dieser Welt inkarniert. Erfüllung können Sie nur dann finden, wenn Sie Ihre individuelle Lebensaufgabe annehmen und ausführen. Das Leben hat einen ganz besonderen Zauber, den Sie für sich entdecken können. Es ist wie ein weites Land, das es zu erforschen gilt. Es kann sehr spannend und vital für uns werden, wenn wir unsere Wahrheit erkennen und leben.

Übung: Fügungen des Lebens

Machen Sie sich die Fügungen und Führungen in Ihrem Leben bewusst, die Sie bereits erlebt haben. Nehmen Sie sich dazu nun den Fragebogen vor und füllen Sie ihn aus. Gehen Sie in sich. Erlauben Sie, dass die Antworten auf die Fragen nicht vom Verstand kommen, sondern aus der Tiefe Ihres Bewusstseins aufsteigen. Konzentrieren Sie sich ganz auf Ihr wahres Selbst. Warten Sie vor dem Schreiben, bis Sie intuitiv spüren, dass die »stimmige«, also die angemessene Antwort in Ihrem Inneren aufsteigt. Um sie zu finden, ist der Raum der emotions- und gedankenfreien Stille so wertvoll. Auf dem Weg dorthin durchdringen Sie Ihre Persönlichkeit mit Ihrer Seelenabsicht.

Bei der Beantwortung des »Warum« gehen Sie beim Schreiben am besten von der Prämisse aus, dass es einen umfassenderen Plan gibt, eine höhere Intelligenz, dass all das, was in unserem Umfeld geschieht, kein Zufall ist. Auch wenn Ihr Verstand es nicht weiß, Ihr wahres Selbst kennt das »Warum« und beantwortet es auch, wenn Sie nach innen lauschen.

Falls Sie glauben, Sie wüssten die Antwort nicht, stellen Sie sich die Frage: »Wenn ich die Antwort wüsste, wie lautete sie?« Auch so kommen Sie Ihren Lebensaufgaben und Ihrem Lebenssinn näher.

Frage	Antwort
Was ist für mich Erfüllung? Erfülle ich mein Leben?	
Auf welchen Platz hat mich das Leben gestellt? Warum?	
In welche Zeit bin ich hinein- geboren? Warum?	
In welchem Land bin ich geboren? Warum?	
In welcher Familie bin ich geboren? In welche Familienkonstellation? Warum?	
Mit welchen Partnern, Freunden, Kindern ... hat mich das Leben zusammengeführt? Warum?	
In welchen Lebensumständen lebe ich? Warum sind sie so und welcher tiefere Sinn steckt dahinter?	
Auf welche Lebensumstände möchte ich mich zu bewegen? Was ist hierfür zu tun?	
In welche Krisen hat mich das Leben geführt? Warum?	

Wo bekomme ich »Nachhilfe-unterricht vom Leben«, durch »Lektionen« (Unannehmlich-keiten, Krankheit, Leid, Schicksal)? Worin liegt genau die jeweilige Aufgabe?	
Welche Probleme, Krisen, Herausforderungen hat mir das Leben bisher gegeben? Was habe ich dadurch erkannt, gelernt? Inwieweit wurde dadurch mein Leben verändert?	
Worin besteht mein eigentliches und mein derzeitiges (Lebens)problem? Was will das Leben damit bewirken? Was ist der Sinn davon? Welche Erkenntnisse gewinne ich daraus und welche Konsequenzen ziehe ich jetzt?	
Wie kann ich den Augenblick sinnerfüllt leben? Was kann ich beitragen zur Bewältigung bzw. Befriedung meiner Vergangenheit, zur optimalen Gestaltung meiner Zukunft und zu einem erfüllten Leben im Jetzt?	

Was sollte ich tun, um aus meinem Leben ein Meisterwerk zu machen? Was würde ein Meister wie Jesus oder Buddha jetzt in meiner Situation tun? Was hindert mich noch daran, genau das zu realisieren? Was muss erfüllt sein, damit ich bereit bin, das Notwendige zu tun?

Das Leben spricht zu uns über Umstände solcher Art, und das tut es ständig. Wenn Sie sich damit auseinandersetzen, erfahren Sie daher mehr über den Sinn Ihres Daseins. Führen Sie zu diesem Zweck nun folgende Übung aus.

Übung: Die Fügungen genauer untersuchen

Die nachfolgende Übung besteht aus fünf Teilen. Füllen Sie die Spalten aus und lassen Sie das Ermittelte danach einfach auf sich wirken:

1. *Erste Spalte:* Wie tief haben Sie sich in den jeweiligen Bereich bisher eingelassen, ihn gelebt, verwirklicht, ihm Bedeutung beigemessen? Tragen Sie die jeweilige Punktzahl von 0 (niedrig) bis 10 (hoch) in jedem Bereich ein.

66

2. *Zweite Spalte:* Wie viel Zufriedenheit und Erfüllung hat Ihnen dieser Bereich bisher gebracht (Bewertung wieder von 0 bis 10)?

3. *Dritte Spalte:* Notieren Sie ehrlich, ohne zu beschönigen und ohne zu dramatisieren, wie es Ihnen in verschiedenen Lebensbereichen geht, was schon der Gedanke daran in Ihnen auslöst.

4. *Vierte Spalte:* Lassen Sie Ihre Liebe in den jeweiligen Bereich fließen. Notieren Sie, wie sich Ihr inneres Bild von der Situation dadurch gewandelt hat. Hier ist es wichtig, sich die Angelegenheit nicht »schönzudenken«, auf Ihre Lebenssituation einfach nur ein schönes Hütchen draufzusetzen und die Realität zu ignorieren. Senden Sie so lange Liebe in das Bild, bis eine Wandlung eingetreten ist. Lassen Sie sich dabei von dem Bild zeigen, wohin es sich wandelt. Das stimmige Bild, das, was »sein soll«, zeigt sich Ihnen dann ganz klar.

5. *Fünfte Spalte:* Vollziehen Sie die im Inneren erlebte Wandlung durch Ihr stimmiges äußeres Verhalten. Fragen Sie sich: »Was ist konkret zu tun?«, und setzen Sie dies um, indem Sie eine To-do-Liste anlegen und »abarbeiten«. Spalte 5 gilt auch für Ereignisse der Vergangenheit, soweit es einer Handlung bedarf (zum Beispiel jemandem verzeihen).

Lebensbereich	1.	2.	3. Meine gegenwärtige Einstellung zu diesem Lebensbereich: Was löst er in mir aus, wenn ich daran denke?	
Berufliche Situation				
Berufung				
Besondere Beziehungen				
Die Welt »als solche«				
Dinge, die ich bedaure				
Eltern				
Familiäre Situation				
Finanzielle Situation				
Freude				
Freundschaften				

4. Meine Beziehung zu dem Lebensbereich, nachdem ich Liebe dorthin gelenkt habe: Wie erlebe ich ihn nun?	5. Was ist konkret zu tun?

Geben und Nehmen				
Gesellschaftliches Ansehen				
Gesundheit				
Harmonie				
Hoffnungen				
Körper				
Kreativer Selbstausdruck				
Lebensenergie				
Lebensumstände				
Lebensweg				
Leidenschaft				
Liebe				
Nicht erfüllte Verpflichtungen				
Partner				

Seelische Entwicklung				
Selbstheilung				
Sexualität				
Sorgen und Befürchtungen				
Spiritualität				
Unerfüllte Sehnsüchte, Hoffnungen, Wünsche und Ziele				
Ungelöste Themen				
Unterdrückte Gefühle				
Unterdrückter Selbstausdruck				
Vermögen/ Schulden				
Wohlbefinden				
Wohnsituation				

Vermögenswerte				
Welche Menschen sind Ihnen wichtig und weshalb?				
Welche Wege sind Sie nicht gegangen, obwohl Sie die Möglichkeit dazu gehabt hätten? Weshalb?				
Welche wichtigen Entscheidungen haben Sie getroffen, die Ihr Leben in bestimmte Bahnen lenkten?				
Wichtige Erinnerungen				
Auf welche Weise haben ereignisreiche Erfahrungen Ihr Leben beeinflusst?				

Spüren Sie nach dem Ausfüllen einmal hin, in welchem Lebensbereich Sie am meisten Sehnsucht haben. Diese Sehnsucht kann Ihnen zeigen, was jetzt zu tun ist. In ihr liegt besonderes Potenzial für Ihr persönliches Wachstum. Stellen Sie sich immer wieder die Frage, wie der jeweilige Teil Ihres Lebens aussähe, wenn schon alles erreicht wäre (vollkommene Erfüllung). Lassen Sie Ihrer Phantasie freien Lauf. Sehen Sie dabei die Vision der Erfüllung in diesem Bereich und auch die Gesamtsituation. Bei der optimalen Umsetzung soll Ihnen das Kapitel über die Manifestation helfen (die dritte Perle).

Irgendwann kommt für jeden Menschen der Zeitpunkt, zu dem er aus seinen Vorstellungen erwacht und erkennt, dass sein größter Traum mit dem Erwachen in eine größere Wirklichkeit zu tun hat (siehe das Kapitel über die Verwirklichung [achte Perle]). Auf dem Weg dorthin begegnen ihm sinnstiftende Fügungen und Führungen im »Spiel des Lebens«, die als Pfadmarkierungen und Hinweisschilder dienen und die größere Wirklichkeit erahnen lassen.

Unabhängig von unseren Sinnerlebnissen brauchen wir auch einen ewigen Sinn im Leben. Bei vielem von dem, was wir erringen – Geld, Ruhm, Erfolg –, handelt es sich nämlich nur um »Spielsachen«, die wir am Ende zurücklassen müssen. In den Romanen von Carlos Castaneda beispielsweise lehrt der Zauberer Don Juan seinen Schüler, den Tod als ständigen Ratgeber zur Seite zu haben.

Übertragen auf unsere Sinnsuche, bedeutet das, sich zu fragen: »Was von all dem, was ich tue, ist angesichts der Ewigkeit von Bedeutung?«

Als höchste Absicht mag Ihnen die Liebe, die Freiheit oder die Weisheit dienen. Ein Klient, der ein äußerst abwechslungsreiches Leben mit sehr vielen Liebesbegegnungen hinter sich hatte, reimte einmal auf die Frage, was in seinem Leben bedeutungsvoll gewesen sei: »Von allem geblieben – ist nur das Lieben!«

Für die nachfolgende Übung, in der Sie »den Tod als Ratgeber« sehen können, ist es wichtig, dass Sie versuchen, sich intuitiv mit Ihrem wahren Selbst zu verbinden, und von dort die Antworten kommen lassen.

Übung: Wie wollen Sie in Erinnerung bleiben?

Suchen Sie sich einen Platz, an dem Sie ungestört sind und an dem es möglichst ruhig ist, sodass Sie nicht von äußeren Einflüssen abgelenkt werden. Setzen Sie sich, entspannen Sie sich und schließen Sie nun die Augen. Stellen Sie sich vor, Sie stehen auf einem Friedhof und schauen Ihren eigenen Grabstein an. In was für einer Landschaft befindet sich dieser Friedhof und wie sieht Ihr Grabstein aus? Lesen Sie nun dort Ihren eigenen Namen bzw. schreiben Sie in Gedanken genau die Worte darauf, die Sie dort geschrieben sehen möchten.

Lesen Sie in Ihrer Vorstellung dann Ihren eigenen Nachruf. Das können Sie unter verschiedenen Gesichtspunkten tun:

- Was denken andere (Freunde, Verwandte, Unbeteiligte) von Ihrem Leben?

- Was halten sie in Erinnerung?

- Welcher Nachruf entspricht dem Ausdruck Ihres Lebens am ehesten?

- Welches Vermächtnis möchten Sie nach Ihrem Tod hinterlassen?

Gehen Sie nun gedanklich in der Zeitlinie rückwärts und formulieren Sie rückblickend Antworten auf folgende Fragen:

- Was möchte durch Sie verwirklicht werden?

- Welche Entscheidungen sind zu treffen?

- Was sind die größten Herausforderungen, die Sie durchstehen möchten?

- Welche entscheidenden Ziele möchten bzw. sollten Sie erreichen?

- Worauf ist in jeder Situation Ihres Lebens zu achten?

- Wofür soll Ihr Leben stehen, als Sinnbild für was?

Lassen Sie die Inspirationen, die Sie in diesen Überlegungen gewonnen haben, einfach auf sich wirken; sie werden sich setzen und mit der Zeit zu Erkenntnissen führen, die Sie auf ganz individuelle Weise mit dem Sinn Ihres Lebens in Zusammenhang bringen.

Die zweite Perle: Fülle

Dieser Augenblick, diese Liebe,
sie finden Platz in mir.
Die vielen Dinge,
sie vereinigen sich zu einem.
In einem einzigen Weizenkorn
tausend Bündel Ähren.
Ein Nadelöhr umfasst
die Fülle einer Sternennacht.

Dschalaluddin Rumi

Wirkliche Fülle

Der Begriff der »Fülle« wird oft missverstanden. Er bedeutet, dass alles, was ich zur Verwirklichung meines Lebens brauche, stets vorhanden ist. Leider haben viele Menschen Vorstellungen von Fülle, die alles andere als weise sind. Sie glauben, Fülle würde bedeuten, in einem Schlaraffenland zu leben, in dem einem die gebratenen Tauben in den Mund fliegen und man sich mit keinerlei Problemen herumschlagen müsste. Doch in solch einer Welt würde es uns sicher sehr schnell langweilig werden, und wir könnten uns in ihr auch nicht geistig-seelisch weiterentwickeln. Mit wirklicher Fülle ist also etwas anderes gemeint.

Fülle ist keine Frage von materiellen Umständen. Man kann Millionär sein und sich trotzdem leer bzw. arm fühlen, nicht nur seelisch, sondern arm an Begegnungen oder an Inspirationen. Man kann sich anscheinend als Wohlhabender auch in finanzieller Hinsicht arm fühlen: Man liest immer wieder, dass selbst unermesslich reiche Leute am meisten fürchten, in den finanziellen Ruin zu geraten.

Das Leben bietet uns ständig die Fülle. Sie tritt vielleicht anders in Erscheinung, als wir uns das vorgestellt haben mögen, beispielsweise als Fülle an Problemen, Herausforderungen und Unangenehmem ... Doch auch darin liegt eine Fülle im positiven Sinne, wenn wir verstehen, die Herausforderungen anzunehmen, die Schwierigkeiten zu meistern und daran innerlich zu wachsen.

Fülle ist auch nicht so sehr eine Frage der Lebensumstände. Nicht, was an Gegebenheiten vorliegt, sondern wie Sie damit umgehen, drückt Ihre innere Fülle aus. Es ist in jedem einzelnen Fall möglich, sogar eine Fülle an Problemen als Geschenk und Anregung zu nutzen, beispielsweise um Ihre Kreativität zu steigern, eine Fülle an Lösungen zu erarbeiten. Um es vereinfacht zu sagen: Wenn Ihnen das Leben eine saure Zitrone beschert, dann machen Sie doch eine erfrischende Limonade daraus!

Eines der beeindruckendsten Beispiele für Fülle lieferte der Legende zufolge der große Philosoph Sokrates. Er hatte Xanthippe zur Frau, die in der Überlieferung zum Sinnbild eines streitsüchtigen und zänkischen Weibs avancieren sollte. Sie nörgelte angeblich den ganzen Tag an ihm herum und traktierte ihn, wo sie nur konnte. Einmal soll sie ihm sogar den Nachttopf übers Haupt geschüttet haben. Und was machte Sokrates mit dieser Fülle an Problemen, die er durch seine Frau beschert bekam? Man berichtet, er habe gesagt: »Seht ihr, wenn meine Frau donnert, dann lässt sie's auch regnen.«

Wenn es in Ihrem Leben auch nicht so handfest zugeht, können Sie so aus allem, was Ihnen begegnet, einen Ausdruck von Fülle machen. Natürlich sind ein pralles Bankkonto, Ruhm, Ansehen, Erfolg ein sehr angenehmer Ausdruck von Fülle. Doch der wichtigste Ausdruck von Fülle ist es sicher, *Zeit zu haben*. Wer es sich leisten kann, eine Stunde im Park spazieren zu gehen und dabei Vögel, Blumen, Sonne, Mond und Sterne zu beobachten, wer die Muße hat, die Wellen auf einem See oder dem Meer anzuschauen, ohne sich getrieben zu fühlen, der ist wahrlich gesegnet. Der lebt wirklich in der Fülle. »Ich bestimme über meine Zeit selbst«, dieses Wohlgefühl, Zeit für sich zu haben, und die Fähigkeit, diese auch genießen zu können, ist vielleicht der zutreffendste Ausdruck von Fülle. Denn was nutzt es beispielsweise, Millionär zu sein, wenn man keine freie Minute mehr hat, um seinen Reichtum zu genießen? Oder wenn wir einen Partner haben, der jede freie Minute von uns einfordert für irgendwelche gemeinsamen Unternehmungen, an denen man unfreiwillig teilnimmt? Wie gesegnet ist jemand, der davon befreit ist.

Das Gegenteil von Fülle ist bekanntlich der Mangel. Mangel ist – wie auch die Fülle – in erster Linie eine Frage des Bewusstseins. Ein Mangel im Bewusstsein wird immer durch negatives Denken erzeugt, insbesondere

– wenn wir glauben, etwas oder jemand sollte anders sein, als es/er/sie ist,
– wenn wir es unterlassen, unsere Kreativität, unseren Glauben und unser Vertrauen auf neue, erweiterte Möglichkeiten auszurichten,
– wenn wir an etwas Überholtem kleben, beispielsweise aus Angst.

Mangel erleben wir überall dort, wo wir festhalten an Vorstellungen darüber, wie die Dinge sein sollten, wenn wir uns nur an ganz bestimmten Menschen orientieren, wenn wir ohne Kenntnis der wirklichen bzw. gesamten Sachlage Bewertungen vornehmen und Vergleiche anstellen, wobei wir nur selektiv vorgehen.

Ein inneres Mangelempfinden drückt sich zum Beispiel auch durch das materielle Gegenteil aus, nämlich dass viele Wohnungen mit Gegenständen überfüllt sind, die nie wirklich benötigt werden. Jedes Zimmer ist überfüllt mit Puppen, Spielautos, Vasen, Stofftieren, was im Extremfall zum sogenannten Messie-Syndrom* führen kann. Weil sie ihre vermeintliche innere Armut, ihren inneren Mangel, nicht zu ertragen glauben, stopfen viele Menschen in der Außenwelt alles voll und lenken sich ab

---

* Vermüllungssyndrom, vom englischen Begriff *mess* (= »Durcheinander, Unordnung«).

mit unwichtigeren Angelegenheiten, statt die innere Fülle zu suchen.

Andere essen regelmäßig die dreifache Portion des Angemessenen. Dahinter steckt oftmals ein emotionaler Mangel, eine Armut im Gefühlsleben. Tief in vielen scheinbar Reichen ist es leer und einsam, und nur ein großes Auto, Haus oder extravagante Kleidung scheinen sie kurzzeitig wieder aufbauen zu können. Dies führt jedoch lediglich zu immer stärkerer Abhängigkeit, die innere Leere verführt zu endlosem Hunger auf noch mehr Materielles, noch mehr Geld oder auch zu physischer Nahrung, ähnlich wie man durch das Trinken von Salzwasser immer durstiger wird.

Einer meiner Klienten beispielsweise lernte eine Frau kennen, die ihm so gut wie keinen Raum ließ, nach seiner eigenen Fasson zu leben. Er fand bei ihr weder »weibliche Nährung« noch emotionale Geborgenheit. Doch weil die anderen Gegebenheiten passten – und auch die Eltern diese Frau sehr mochten –, blieb er mit ihr zusammen.

Im Lauf der Zeit entwickelte er eine Adipositas (Fettsucht): Er nahm in jedem Jahr der Beziehung etwa vier Kilo Gewicht zu. In der Praxis riet ich ihm, mit seiner Partnerin darüber zu sprechen und seinen emotionalen Mangel mitzuteilen. Da er aber mehrmals erlebt hatte, dass sie regelmäßig mit Zornesausbrüchen auf die kleinste Missfallensbekundung reagiert hatte, und er auch glaubte, er sei finanziell abhängig von seiner Partnerin, wahrte er den Schein, heuchelte, dass alles in Ordnung sei, wurde sein Übergewicht nicht los und flüchtete sich in unrealistische Wunschvorstellungen. Sein Kummerspeck war das

Bollwerk. Eine Bereitschaft, die Themen anzugehen, um wirklich in die Fülle zu kommen, war nicht in Sicht.

Dieses Beispiel macht einmal mehr deutlich, dass körperliche und auch finanzielle »Fülle« in der Regel nicht identisch sind mit seelischer Fülle. Was würde er dafür geben, wenn er die Freiheit wiedererlangen könnte, die er vor der Beziehung hatte! Aber er traute sich nicht, dies offen zu sagen. In der Beratungspraxis gestand er irgendwann seine Ängste und Hemmungen ein und erkannte, dass die direkte Konfrontation ihm nicht möglich war. Im Laufe weiterer Sitzungen erstellte er eine Liste zu der Frage: »Was könnte schlimmstenfalls passieren, wenn ich unbeschwert meine Wahrheit lebe und ausdrücke?«

Nachdem er sich seine Ängste klargemacht und sein Leiden an der Beziehung konfrontiert hatte, führte dies jedoch nicht automatisch zu einem zielgerichteten Verhalten. Allerdings veränderte sich seine Einstellung. Er sah seine Frau nicht mehr als reine Bedrohung an, sondern entwickelte mehr und mehr Mitgefühl für sie. Er erkannte, dass sie ebenso litt wie er, und konnte ihr Problem deutlicher sehen. Denn welchen anderen Ursprung haben Kontrollzwänge über den Partner als eigenes Leiden? Indem der Klient sich allmählich mit dem »wahren Selbst« seiner Partnerin verband und dafür sorgte, dass er sich selbst nährte, verschwanden sein emotionaler Hunger und auch seine Angst. Es war ein Prozess über mehrere Jahre, in dem der Klient dann aber wirklich – innerlich wie äußerlich – loslassen lernte, sein Idealgewicht wiedergewann und Souveränität entwickelte.

Vier Schritte, um Ihre innere Goldkiste zu öffnen

> Mir ist auf der Straße ein sehr armer junger
> Mann begegnet, der verliebt war. Sein Hut
> war alt, sein Mantel abgetragen, Wasser rann
> durch seine Schuhe. Aber Sterne zogen durch
> seine Seele.
>
> *Victor Hugo*

Wenn Sie einmal einen Menschen treffen sollten, der wirklich frei von jedem Mangelempfinden lebt, dann fragen
Sie ihn doch einfach mal, was er als »Fülle« definiert. Wie
auch immer er es formuliert, er wird Ihnen sagen, dass er
unabhängig von weltlichen Dingen etwas in sich gefunden hat, was ihm alles gibt. Ob er äußerlich reich wirkt
(vielleicht fährt er einen Bentley oder trägt einen Maßan-
zug) oder arm, seinen wahren Reichtum hat er in seinem
Inneren gefunden, und zwar nur dort. Eine Parabel soll
dies verdeutlichen helfen:

Ein Bettler saß seit dreißig Jahren am Straßenrand.
Eines Tages kam ein Fremder vorbei. Der Bettler
fragte: »Hast du einen Euro für mich?« – »Nein«,
sagte der Fremde, »ich habe nichts, was ich dir geben könnte. Aber worauf sitzt du denn da?« – »Ach,
es ist nur eine alte Kiste«, erwiderte der Bettler,
»nichts als eine wertlose Kiste!« – »Hast du denn

schon mal reingeschaut, um zu sehen, was drin ist?«, fragte der Fremde. – »Nein, aber auf was willst du hinaus?« – »Schau einfach mal rein!« Der Bettler öffnete den Deckel und sah: Die Kiste war voller Gold!

Sie werden jetzt vielleicht sagen: »Aber ich bin doch kein Bettler!« Doch ist nicht jeder ein Bettler, der seinen inneren Schatz noch nicht gehoben hat? Für den Fall, dass Sie ihn noch nicht entdeckt haben, möchte ich Ihnen mit diesem Buch helfen, das »Gold« in sich selbst zu finden. Denn auch Sie tragen einen unendlich großen Schatz in sich, den es nur zu bergen gilt. Das bedeutet, tief in sich hinein zu sehen und zu hören.

Viele Menschen suchen immer nur in der äußeren Welt nach Schätzen. Sie vergessen dabei völlig, dass das Wertvollste in ihnen steckt. Und das ist mehr wert als alles, was die Welt Ihnen bieten kann. Also öffnen Sie Ihre Kiste mit dem Schatz an Kreativität, Liebe, Können, Weisheit. Diese Schatztruhe »geht nach innen auf«, das heißt, Sie entdecken Ihre inneren Schätze, indem Sie in sich gehen.

Dies sind die vier Schritte, mit denen Sie Ihre innere Goldkiste öffnen können:

1. *Die Bettlerposition einnehmen* (sich bewusstmachen, was los ist): Sie erkennen ein Problem, das sich Ihnen stellt, und formulieren es ungefiltert erst einmal so, wie es Ihnen einfällt.

2. *Dem Reisenden begegnen* (umformulieren): Sie überprüfen Ihre Formulierung und gestalten sie so um, dass Sie die Eigenverantwortung übernehmen für das, was Sie erleben.

3. *Sich die Goldkiste bewusstmachen* (aufstehen, bereit sein, nachzuschauen, meditieren): Jetzt gehen Sie in sich, in Ihre eigene Tiefe. Fragen Sie sich, welche Qualität Sie brauchen, um das Problem zu lösen.

4. *Die Goldkiste öffnen, das Gold auszahlen* (einen emotionalen Fokus halten): Fühlen Sie diese Qualität als Ihre eigene, halten Sie sie im Bewusstsein.

Einer meiner Klienten aus der Beratungspraxis fand beispielsweise zu folgenden Formulierungen:

1. *Bettlerposition:* »Meine Partnerin macht mich unglücklich« (Fremdbestimmung).

2. *Reisender:* »Ich fühle mich unglücklich, wenn ich meiner Partnerin begegne« (Eigenverantwortung).

3. *Goldkiste:* »Was benötigt wird, um mein Thema zu erlösen, ist Selbstbewusstsein« (Heilmittelfindung).

4. *Gold:* »Das Bewusstsein meines wahren Selbst schmilzt das Unglück hinweg, indem ich diesen Fokus halte« (das Heilmittel einnehmen).

Fülle hat mit Loslassen zu tun

> Wir sind nur Gäste auf diesem Planeten. Wir
> sind nackt gekommen und werden nackt wie-
> der gehen.
>
> *Redensart*

Sobald Sie sich von Unstimmigem verabschieden und sich
auf das konzentrieren, was Ihnen »entspricht«, gewinnt
Ihr Leben nicht nur an Kontur, sondern auch die natürliche Fülle wird deutlicher spürbar.

Mit dem Loslassen können Sie im Außen beginnen.
Fangen Sie an, zu reduzieren. Alle Kleidungsstücke, die
Sie ein Jahr lang nicht getragen haben, geben Sie zur Klei-
dersammlung, in den Secondhandshop oder versteigern
Sie übers Internet. Das gleiche Prinzip gilt für alles weitere
Überflüssige in der Wohnung. Sie werden spüren, wie gut
das Loslassen tut. Das Loslassen in Ihrem Umfeld wird
sich mit ziemlicher Wahrscheinlichkeit energetisch auch
auf Ihr Inneres auswirken.

Stimmen wir uns auf das innere Loslassen zunächst mit
folgender Übung ein.

Übung: Inneres Loslassen

Fragen Sie sich doch einmal: Was fällt Ihnen schwer loszulassen? Erstellen Sie eine möglichst präzise Liste zu folgenden Themen:

- Beziehungen,
- Menschen,
- Besitz,
- Image, Anerkennung,
- Vorstellungen darüber, wie andere sein sollten,
- Vorstellungen, wie Sie sein sollten,
- Einflussnahmen anderer, denen Sie Raum geben,
- Glaubenssätze und
- Erwartungen.

Immer wieder gibt es Bereiche, in denen uns das Loslassen schwerfällt. Manche Menschen sind durchaus dazu in der Lage, sich von ihrem Besitz zu trennen, aber sie halten an ihren Vorstellungen fest, wie andere, das Leben oder sie selbst sein sollten, und sind dadurch unfrei. Wenn das Loslassen schwerfällt, liegt es daran, dass Sie mit dem Objekt oder Thema eine »Identifikation« verbinden, die Sie im Bewusstsein des Mangels gefangenhält.

Nicht loslassen zu können liegt also daran, dass Sie sich über einen ganz bestimmten Aspekt Ihres Egos definieren. Das Ego sagt: »Ohne meine Besitztümer – und dazu gehören auch ›mein‹ Wissen, ›meine‹ Gefühle, ›meine‹ Geschichte, ›meine‹ Traumata, ›mein‹ Partner, ›mein‹ Frieden mit anderen – bin ich nicht in der Fülle.« Das Ego hat Angst, wenn wir etwas loslassen, abgeben, hergeben müssen, sei es der Partner, das Auto, der Job oder Glaubenssätze, Überzeugungen usw.

Schauen Sie sich diese Angst genau an. Wann und wie tritt sie bei Ihnen auf, beispielsweise die Angst, dass die Harmonie in Ihrer Beziehung für immer gestört ist, wenn Sie einmal sagen, was Sie wirklich empfinden? Was verbirgt sich dahinter?

In erster Linie geht es immer um die Angst vor einem Verlust. Man glaubt, wenn man dies oder jenes jetzt verliere, werde das Leben ärmer. Daher kommt das Verlangen nach äußerer Anerkennung durch unsere Besitztümer, nach Bestätigung durch den Partner usw., was sich bis zur Sucht steigern kann.

Wenn wir dauerhaft nicht von unserem Partner gelobt werden, er mit Gleichgültigkeit reagiert oder ständig Kritik äußert, können wir an diesem Defizit zerbrechen – solange wir uns mit dem Ego und nicht mit unserem wahren Selbst identifizieren.

Ein Beispiel für »Fülle durch Loslassen« bietet die Geschichte des weisen Diogenes von Sinope, der im vierten vorchristlichen Jahrhundert in Athen lebte. Obwohl er völlige Unabhängigkeit von der Außenwelt und allen konventionellen Gegebenheiten als »wahre Tugenden« betrachtete, lebte er doch in der Fülle. Der Überlieferung nach war das Einzige, was er außer der Regentonne besaß, in der er gelebt haben soll, eine Schale zur Nahrungsaufnahme. Eines Tages, so die Anekdote, sah er einen Hund aus einer Pfütze trinken und empfand sogar seine Essensschale als überflüssig und warf sie weg.

Von Plutarch wird überliefert, dass Alexander der Große des Weges kam und dem Weisen die Erfüllung eines Wunsches anbot. Doch Diogenes antwortete in seiner Bedürfnislosigkeit lediglich: »Geh mir ein wenig aus der Sonne!« Der Kaiser soll daraufhin gesagt haben: »Wäre ich nicht Alexander, wollte ich Diogenes sein.«

Diogenes lebte in der Fülle, weil er wunschlos war; und er war wunschlos, weil er losgelassen hatte.

Um aus Ihrem inneren Reichtum schöpfen zu können, lassen Sie alle Fixierungen los, auch die an »Ihren« Partner. Entlassen Sie ihn aus der Vorstellung, genau so und nicht anders sein zu müssen, als Sie ihn sich wünschen. Erlauben Sie sich, zu leben, wie es für Sie stimmt. Räumen Sie Ihrem Partner das gleiche Recht ein. Tun Sie fortan das, was für Sie stimmt, nicht, was der andere oder übernommene Vorstellungen Ihnen einreden. Gestehen Sie anderen das gleiche Recht zu. Ihr Partner kann Ihnen Trainer, Spiegel, im optimalen Fall auch Geliebte(r) sein.

Aber bewahren Sie sich bei alledem auch Ihre eigene Identität, denn wenn Sie die aufgeben – für welchen Zweck auch immer –, ist alles verloren. Dreh- und Angelpunkt Ihres Lebens sollte nicht die Anhäufung von Materiellem sein, sondern der innere Schöpfer und Ihr Wirken von innen heraus, idealerweise im Dienste der ganzen Schöpfung.

Dies bedeutet nicht, dass Sie nun Ihr Hab und Gut verschenken und Ihre Partnerschaft aufgeben sollten, aber Sie sollten stets erkennen, woher alles stammt, und in diesem Bewusstsein verantwortungs- und liebevoll mit Ihrem Besitz und Ihren Beziehungen umgehen.

Sie sind in Ihrem Inneren so reich, dass alles andere im Außen Nebensache ist und nicht die Hauptrolle einnehmen sollte. Je mehr Fixierungen Sie im Äußeren loslassen, umso mehr zeigt sich die eigentliche Fülle, die Ihnen das Leben ständig bietet. Sobald Sie »innerlich reich« sind, können Sie diese unendliche Fülle genießen und in die Bereiche Ihres Lebens tragen, die noch brachliegen und darauf warten, von Ihrer inneren Fülle »bewässert« zu werden.

Dadurch steigern Sie Ihre Lebensqualität erheblich. Endlich sind Sie frei von der Vorstellung, immer und überall nur etwas ganz Bestimmtes haben oder erleben zu müssen. Sie erfahren die Schönheit des Daseins unmittelbar und in voller Bejahung.

Spüren Sie, dass Sie das Wertvollste, was es gibt, bereits besitzen und niemand es Ihnen nehmen kann: Ihren inneren Reichtum. In dem Maße, in dem Sie Ihren inneren

Reichtum spüren, auf ihn immer wieder zugreifen und ihn in der äußeren Welt ausdrücken, züchten Sie Ihre zweite Perle der Weisheit. Diese Fülle und Freiheit eines Meisters kann Ihnen niemand aus der Außenwelt geben, aber auch niemand wieder abnehmen. Sie gehören Ihnen und möchten von Ihnen durch Hingabe an Ihr wahres Selbst gepflegt und kultiviert werden.

Übung: Atmen und loslassen

Nehmen Sie sich eine Stunde Zeit. Gehen Sie ins Freie. Setzen Sie sich auf eine Wiese, einen Felsen. Blicken Sie in die Weite und beobachten Sie Ihre Atmung. Nach wenigen Minuten schon spüren Sie sich selbst. Etwas in Ihnen öffnet sich. Ein tiefes Loslassen geschieht. Schmerz bleibt zurück. Sie leben bewusst. Vielleicht zum ersten Mal.

»Energievampire«, falsches Mitleid und die Vergangenheit loslassen

> Neid muss man sich erarbeiten, Mitleid bekommt man geschenkt.
>
> *Redensart*

Sorgen Sie dafür, dass Sie von niemandem »ausgesaugt« werden. Sie kennen sicher die Situation, dass Sie sich in Gesellschaft bestimmter Menschen besonders unwohl gefühlt haben und am liebsten fortgegangen wären. Seien Sie dankbar, dass Ihr Gefühl Sie auf so etwas aufmerksam macht, und ziehen Sie die entsprechenden Konsequenzen.

Bei Fremden ist es relativ leicht, solchen »Vampirismus« nicht zu dulden bzw. sich von ihm zu lösen. Wenn Sie merken, dass Ihnen Energie entweicht, Sie in der Gegenwart eines anderen Menschen wütend, gereizt oder erschöpft werden, zapft der andere – bewusst oder unbewusst – in Ihnen irgendwo eine Quelle an. In dem Fall kann es bereits eine Hilfe sein, den »Aurakontakt« abzubrechen, das heißt, einige Meter zur Seite zu gehen und bei sich selbst zu spüren, was Sie wahrnehmen. Es ist nicht sinnvoll, nur der Etikette wegen »Energievampire« zu ertragen.

Natürlich gibt es auch solche chronischen »Energieabsauger«, die Sie anrufen, nur weil sie stundenlang klagen oder kritisieren wollen. Falls Sie sie nicht zu einer Änderung ihres Verhaltens motivieren können, sollten Sie sich ebenfalls liebevoll, aber klar von ihnen verabschieden, denn sie gehören nicht in Ihr Leben. Handelt es sich beispielsweise um nahe Verwandte, bei denen das nicht so ohne weiteres geht, sollten Sie zumindest versuchen, diese unvorteilhafte Form der Resonanz loszulassen, beispielsweise indem Sie das Gesprächsthema wechseln, mitteilen, was das Gespräch in Ihnen auslöst, oder auch den anderen zum »geistigen Aufräumen« motivieren.

Überprüfen Sie immer wieder, von wem oder was Sie sich trennen sollten, weil es für Sie nicht mehr stimmt. Lassen Sie los, und Sie werden eine große Erleichterung verspüren. Die Trennung von unguten Beziehungen ist nur der Anfang, nicht das Ende. Bis Sie unerschütterlich in sich ruhen, werden Sie immer wieder im Leben mit »Anhaftern« konfrontiert. Üben Sie sich also darin, immer souveräner mit solchen Situationen umzugehen.

»Energievampiren« ist oft gar nicht bewusst, was sie tun. Sie können mit der Ressource ihrer Lebensenergie nicht umgehen. Viele haben den Zugang zu ihrer Fülle verloren. Zwar brennt in jedem Wesen ein »Lebenslicht«, das ihm mehr als genug Energie spendet, doch die meisten haben es mit Schichten überlagert, sodass es für sie nicht mehr sichtbar ist. Das Ganze ist vergleichbar mit einer Lampe, über die man Tücher gelegt hat, sodass ihr Licht nicht mehr durchscheinen kann.

Um sein Energieniveau zu steigern, bräuchte der Mensch nur die Tücher abzunehmen (das heißt, die Vorstellungen loszulassen, die sein Lebenslicht »bedecken«). Das tut aber kaum jemand, im Gegenteil: Es ist offensichtlich leichter, die Energie von einem anderen zu stehlen, indem man ihn ebenfalls mit Vorstellungen überhäuft, sodass am Ende beide Lebenslichter kaum noch sichtbar sind ...

Während wir dem »Energievampirismus« von Fremden vergleichsweise leicht entkommen können, indem wir unsere Aura schließen, ist die Erhaltung der eigenen Energie bei einer unguten Dauerbeziehung weitaus schwieriger, insbesondere wenn beide Menschen im selben Bett übernachten. In meinem Buch *Du machst mich krank* * habe ich beschrieben, warum viele Beziehungen so ungesund sind. In den meisten Partnerschaften saugen die Paare sich gegenseitig Energie ab, beispielsweise durch Rechthaberei und Dominanz- oder Vater-Mutter-Kind-Spiele (Nacherziehung) – mit der Konsequenz, dass beide krank werden, statt einander bei ihrem Heilungsprozess zu unterstützen.

Das Ganze ist so unsinnig, als wenn ein Fisch im Meer versuchen wollte, einem anderen das Wasser wegzunehmen, denn eigentlich ist immer genug Energie vorhanden.

Wenn Sie spüren, dass Ihnen zum Beispiel von Ihrem Partner oder jemand anderem Energie abgezogen wird, nutzt es nichts, sich gegen den anderen zu wehren, denn dadurch schaffen Sie lediglich eine Mauer zwischen sich und Ihren Mitmenschen. Die richtige Lösung liegt darin, herauszufinden, welche Vorstellung in Ihnen erlaubt, dass der andere Ihnen Energie abzieht. Hier finden wir falsche Überzeugungen wie:

---

* Kurt Tepperwein: *Du machst mich krank,* mvg 1996.

- Liebevoll sein bedeutet, zu erlauben, dass der andere mir Energie abzieht oder mich sogar fertigmacht.
- Ich habe kein Recht auf meine eigene Energie.
- Mein Überleben ist von dem Wohlwollen des anderen abhängig.
- Ich bin dem Aussaugen durch meinen Partner schutzlos ausgeliefert.
- Ich muss dem anderen gegenüber schöntun, seine Vorstellungen bedienen und meine Aggressionen unterdrücken.
- Ich habe kein Recht auf ein eigenes Leben.
- Beziehung bedeutet erdulden und leiden.
- Ich darf den Schmerz nicht spüren, den der andere in mir auslöst.
- Spirituell sein bedeutet nett sein, auch wenn ich mich dabei selbst aufgebe.

Wenn Sie sich angezapft oder ausgesaugt fühlen, hat dies mit etwas in Ihnen zu tun, beispielsweise einem Gefühl der tiefinneren Hilflosigkeit, einem früheren Trauma, einem fehlenden Kontakt zur universellen Energie bzw. zum Göttlichen. Prüfen Sie insbesondere auch, wo Sie selbst klammern und saugen. Indem Sie aufhören, sich auf jemanden oder etwas zu fixieren, hört in aller Regel auch das Gegenüber auf, zu klammern und zu saugen.

Von »Energievampiren« lösen Sie sich also nicht allein dadurch, dass Sie bestimmte Menschen meiden, sondern indem Sie Ihre Einstellung und damit auch die der »Vampire« verändern.

Unsere Erziehung und die Meinung von Nahestehenden, Vorgesetzten, Partnern, was »man« tun und wie man sich verhalten sollte, stellt oft eine große Gefahr dar, weil durch sie unsere »Fühlung« zu uns selbst unterbunden wird. Viele versuchen deshalb, uns ihre Vorstellungen aufzudrängen, weil sie uns so – bewusst oder unbewusst – kontrollieren wollen, um die eigene Position zu sichern. Dies ist aber das Gegenteil vom Wirken der »einen Kraft«, des Urgrunds des Seins, des Tao. Sogar Suchende, die auf ihrem Weg schon weit fortgeschritten sind, können in starke Bedrängnis kommen durch die Einflüsse und »Nacherziehungsversuche« von Menschen, die nicht im Vertrauen auf das Tao leben.

Wenn wir in einer so starken Bedrängnis sind, dass wir das Tao nicht mehr spüren können oder sogar unsere Nerven belastet sind, brauchen wir ein Werkzeug, das uns hilft, wieder in Kontakt mit dem Ganzen, dem Bewusstsein der Einheit zu kommen.

Eine gute Hilfe bietet hier die Anrufung der Helfer, die für die »Befreiung der Entartungen des kollektiven Egos« zuständig sind, und die Bitte an diese Helfer, die Bereinigung für uns zu übernehmen, damit das Tao für uns wieder frei verfügbar ist. Carol K. Anthony und Hanna Moog haben hierfür sehr wirkungsvolle Methoden entwickelt, die in ihrem Buch *I Ging – Das kosmische Orakel** ausführlich beschrieben sind.

---

* Carol K. Anthony und Hanna Moog: *I Ging – Das kosmische Orakel*, AT Verlag 2004.

Letztendlich geht es schlichtweg darum, »Sie selbst«, das heißt eins mit dem Tao bzw. dem Wirken der »einen Kraft«, zu sein. Versuchen Sie, in Ihre Mitte zu kommen, und lassen Sie sich nicht in das »Energiespiel« von anderen hineinziehen.

Wenn Sie in sich ruhen und sich auch durch drohenden Liebesentzug nicht aus Ihrer Mitte bringen lassen, haben »Vampire« keine Chance! Aktivieren Sie Ihr »Sie-selbst-Sein«, damit nichts und niemand Ihre Energie raubt und Macht über Sie einnimmt. Wie der spirituelle Meister Osho immer wieder betonte, ist »in der eigenen Mitte zu verweilen« (stille Meditation) und im Außen »authentisch zu sein« (keine Heuchelei) der größte und sicherste Energieschutz – mehr ist nicht zu tun.*

Suchen Sie die Gesellschaft von Menschen, bei deren Anwesenheit eine nährende, gute Energie fließt, die auf Sie eingehen und sich für Ihr Wohlsein öffnen. Sie führen ein befreites, zufriedenes und erfülltes Leben, indem Sie sich in solch ein Heilfeld begeben, denn stets ist es die Energie, die der Aufmerksamkeit folgt.

Lassen Sie sich auch nicht durch »falsches Mitleid« aussaugen. Denn erstens ist – selbst wenn es zunächst provokativ klingen mag – jeder Mensch für seinen Schmerz selbst verantwortlich. Ghandi sagte einmal sinngemäß: »Jeder hat das Leid, das er will!« Der eine hat den Schmerz des Körpers, der andere den Schmerz der Seele, der nächste

---

* Osho: Freiheit. *Der Mut, Du selbst zu sein,* Ullstein 2005.

den »Schmerz« des zu kleinen Autos (im Vergleich zum Nachbarn) usw. So groß oder banal der Schmerz auch sein mag: Allen Betroffenen ist gemeinsam, dass sie, karmisch gesehen, eine ganz bestimmte Lebensaufgabe gewählt haben. Dies wird den Menschen, die leiden, und denen, die mit ihnen leiden, in aller Regel jedoch nicht bewusst.

Und zweitens bedeutet Mit*leiden*, das Elend zu verdoppeln. Man bestätigt den anderen in seiner wirklichen oder vermeintlichen Not, statt ihm eine tatsächliche Hilfe anzubieten. Dies nutzt weder dem Betroffenen noch irgendeinem anderen Menschen.

Statt im Mit*leid* zu versinken, ist es besser, Mit*gefühl* zu entwickeln. Dabei handelt es sich um etwas völlig anderes. Im Mitgefühl erlauben Sie Ihrem Mitmenschen, seinen Schmerz auszudrücken, sind sich aber gleichzeitig der Tatsache bewusst, dass es sich um sein Leid handelt, und lassen es bei ihm. Sie machen den Schmerz des anderen nicht zu Ihrem eigenen und erkennen sehr klar, wann dieser eigene Leidensmuster gegebenenfalls auf Sie übertragen will. Im Mitgefühl sind Sie dennoch offen für den anderen.

Sie wissen, dass im einfühlsamen Zuhören das Geschenk liegt, dass die Wahrheit hinter dem Schein, die Erlösung, die Neubewertung dann oft wie von selbst im Inneren des Betroffenen aufsteigt. Mitgefühl bedeutet keine Besserwisserei, sondern die Bereitschaft, bei dem anderen zu sein, in dieser Offenheit aber den Raum dafür zu schaffen, in dem eine Verwandlung seinerseits möglich ist.

Ein Klient namens Paul erzählte mir beispielsweise, seine Mutter würde ständig jammern. Einmal habe sie sich beklagt: »In der letzten Zeit haben so wenig Leute deinen Vater besucht und das, obwohl er doch so viel für sie getan hat. Ich finde das unmöglich. Und auch bei mir waren die Menschen, die ich gebraucht hätte, nie da…« Die Mutter lamentierte ohne Pause über alles Schlechte dieser Welt.

Paul litt mit, zudem hatte er Schuldgefühle, weil es ihm in einer »so schrecklichen Welt« noch einigermaßen gutging und weil er ihr nicht helfen konnte.

Ich fragte Paul: »Wie haben Sie denn darauf reagiert?«

Paul: »Ich habe versucht, meiner Mutter zu helfen, ihr gesagt, dass sie auf das Positive im Leben schauen soll. Darauf ist sie nicht eingegangen. Stattdessen hat sie mir gesagt, ich würde auch noch ›irgendwann dahinterkommen‹. An einem bestimmten Punkt habe ich dann gesagt, dass das Gespräch für mich unerträglich sei. Daraufhin fragte meine Mutter mich, ob ich etwas gegen sie hätte. Da wusste ich nicht mehr weiter und habe die ganze Dusche über mich ergehen lassen. Ich war mit den Nerven völlig fertig.«

Wir besprachen, wie er sein Verhalten ändern könnte, sodass er Mitgefühl zu entwickeln vermochte, ohne sich selbst »herabziehen« zu lassen.

Eine Woche später berichtete Paul von folgendem Telefonat mit seiner Mutter: Sie hatte angerufen und diesmal über ihren Mann geklagt, wie schwierig und unzuverlässig er doch sei. Statt Ratschläge zu geben oder sich davon vereinnahmen zu lassen, öffnete Paul diesmal zwar sein Herz für die Mutter, doch fühlte er ihr Leiden, ohne es abzuwehren und ohne es zu seinem eigenen zu machen. Er sagte nur: »Das muss schmerzhaft für dich sein, so etwas zu erleben!« Mehr nicht.

Seine Mutter begann zu weinen. Schließlich hatte sie sich wieder gefasst und sagte: »Danke, dass endlich mal ein Mensch auf dieser Welt meinen Schmerz wahrnimmt«, und sie beendete das Gespräch.

Paul spürte erstmals Nähe zu seiner Mutter und konnte sein eigenes Leben unbeeinträchtigt weiterführen.

An diesem hier stark verkürzt wiedergegebenen Beispiel, das in der Realität natürlich ein wenig komplexer war, erkennen wir, wie Mitgefühl und einfühlsames Zuhören schwierige Situationen wandeln kann.*

Damit Sie Mitgefühl signalisieren und Hilfe leisten können, ist es wichtig, immer wieder dafür zu sorgen, dass Sie selbst aufgetankt sind. Tun Sie sich deshalb auch ohne Gewissensbisse »etwas Gutes«, damit Sie die Kraft und Zentriertheit haben, dem Leiden anderer mit Offenheit und Einfühlungsvermögen zu begegnen. Belohnen Sie sich selbst. Sie müssen selbst die Fülle spüren, um anderen etwas geben zu können. Auch das Herz muss sich zunächst selbst mit Blut versorgen, bevor es allen anderen Organen dienlich sein kann.

---

* Kostbare Informationen über einfühlsames Zuhören erhalten Sie in dem Buch *Mit dem Herzen zuhören* von Carol Hwoschinsky, Junferman 2007.

Zur Fülle gehört es ebenso, den Hader mit der Vergangenheit loszulassen. Das bedeutet, mit dem, was war, in Frieden zu kommen bzw. zu leben. Wenn Sie auf den Gedanken fixiert sind, Sie oder jemand anders hätte früher irgendetwas anders machen sollen, und sich oder andere dafür verurteilen, nutzen Sie die Vergangenheit allein dafür, um sich selbst zu quälen. Das bringt lediglich Mangel hervor, keine Fülle.

Um im Bewusstsein der Fülle zu bleiben, ist es insbesondere wichtig, die Neigung loszulassen, seine Eltern, Lehrer, Partner für seine heutige Lebenssituation, die eigenen Verhaltensweisen und Reaktionen allein verantwortlich zu machen. Wer die Therapie zu einer »Elternbeschuldigungsveranstaltung« umfunktioniert, verpasst dabei den Weg zu sich selbst. In der Fülle zu leben bedeutet, sich durch sein Selbst und nicht durch Mangelprogramme von gestern führen zu lassen. In dem Maße, in dem Ihr wahres Selbst durch Sie durchbricht, wird Ihre Vergangenheit irrelevant für Ihre Fähigkeit, aus der Fülle zu leben. Im Klartext: Wenn Sie Ihr Leben aus der Fülle leben, gibt es keine begrenzenden Gedanken mehr über Ihre Kindheit.

Dort, wo das Loslassen der Vergangenheit schwerfällt, sollten Sie ihr im Rahmen von Neubewertungen Interpretationen geben, die bei Ihnen Freiheit und die Verfügbarkeit Ihrer Energie für das »Hier und Jetzt« ermöglichen. Dies ist insbesondere dann wichtig, wenn Sie spüren, dass Bewertungen, Ladungen, Hemmungen sich im Kreise drehen und immer wieder aktiv werden. In dem Fall empfehle ich Ihnen die »radikale Vergebung« nach Colin Tipping.*

Erkennen Sie bei allem, was Ihnen widerfahren ist bzw. was Sie getan haben, dass alle Beteiligten entsprechend ihrem damaligen Bewusstheitsgrad ihr Bestmögliches gegeben haben. Dadurch befreien Sie sich selbst und alle, die mit Ihnen zu tun hatten.

»Wer wärest du ohne deine Geschichte?«, fragt die Lebenslehrerin Byron Katie immer wieder ihre Seminarteilnehmer. Wenn Sie sich von Ihrer Geschichte lösen, gibt es irgendwo immer noch Fakten über die Vergangenheit; aber sie bestimmen nicht mehr, was für Sie heute möglich ist. Die ehemaligen Begrenzungen haben sich aus Ihrem Zellsystem gelöst. Ihre »Zellbewusstheit« ist nicht mehr mit Belastungen Ihrer Vergangenheit angefüllt. Der Platz in Ihnen, in dem früher Vergangenheitsbelastung war, gehört jetzt Ihnen, ist erfüllt von Ihnen selbst. Sie selbst sind offen für die Fülle und Wunder des Lebens.

---

* Colin C. Tipping: *Ich vergebe. Der radikale Abschied vom Opferdasein*, J. Kamphausen 2004.

Neid und Habgier loslassen

> Neid ist sein eigener Folterknecht.
> *Englisches Sprichwort*

Wir haben uns bereits mit dem Mitleid auseinandergesetzt, das uns erfassen kann, wenn es jemandem wirklich oder vermeintlich schlecht geht. Um die Fülle des Lebens zu erfahren, gilt es jedoch nicht nur, falsches Mitleid loszulassen, sondern auch unser Unbehagen, wenn wir glauben, dass jemand offenbar mehr vom Glück begünstigt ist als wir – den Neid.

Ebenso wie Mitleid verhindert Neid »zuverlässig« das Bewusstsein der Fülle. Denn was drücke ich denn mit meiner Haltung aus, wenn ich neidisch bin? »Der andere hat etwas, und ich habe es nicht!« Und genau dies signalisiert ein Mangelempfinden, keineswegs das Bewusstsein von Fülle.

Wenn ich neidisch bin, verweigere ich die Wertschätzung für das Viele, das ich bereits vom Leben bekommen habe. Neid entwürdigt die eigene Größe und belastet die Beziehung zum Beneideten wie auch zu Dritten. Zudem laufen wir Gefahr, durch Neid unsere Wohltäter zu vergraulen.

Der Neider glaubt, im Leben zu kurz gekommen zu sein, zumindest in irgendeinem ihm wichtig erscheinenden Teilbereich. Das Unbehagen angesichts einer vermeintlichen Überlegenheit eines anderen, die wir selbst gern innehätten und offenbar nicht zu erreichen vermögen, vergiftet die Gefühle.

Viele Menschen sind dabei nicht offen, sondern heimlich neidisch. Manche verstecken ihre Gefühle hinter Komplimenten, nettem Getue, Kompensationen und Angebereien, statt sich ihre Missgunst einzugestehen und sie zu »heilen«. Sie wissen oft nicht, wie viele Möglichkeiten sie sich allein dadurch verbauen; denn wer anderen nichts gönnt, dem wird auch vom anderen wenig Sympathie entgegengebracht.

Neid kann sich nicht nur auf Geld, Immobilien oder Schmuck beziehen, sondern ebenso auf Gesundheit, Schönheit, Sozialstatus, Anerkennung, Liebesglück oder besondere Fähigkeiten. Er kann gefährlich werden, wenn er sich zur Triebkraft für destruktives Handeln entwickelt, etwa dass man dem Beneideten bewusst zu schaden versucht, indem man seinen Ruf schädigt, sein teures Auto zerkratzt oder ihm seinen Partner abspenstig zu machen sucht. Psychologisch steckt hinter der Schädigung der Wunsch, den geneideten Vorteil auszugleichen, dem anderen soll es genauso »schlecht« gehen wie einem selbst.

Es gibt drei gute Strategien im Umgang mit Neid: die Schatzsuche, die Bedürfniserfüllung und das Umdenken.

Beginnen wir mit der *Schatzsuche*. Der erste Schritt im richtigen Umgang mit dem Neidgefühl liegt wie bereits angedeutet darin, sein Gefühl zu erkennen. Wichtig ist es nun, zu sehen, dass unser Neid nichts mit der beneideten

Person zu tun hat. Jemand anderen, der die gleichen Gaben hat, würden wir wohl genauso beneiden. Folglich ist der Beneidete »unschuldig«. Indem wir uns den Neid eingestehen und selbst verantworten, finden wir eine andere Einstellung zu dem betroffenen Menschen.

Nun muss das Beneidete genau definiert werden: Was ist es, was der andere hat oder darstellt? Es handelt sich ja um etwas, was wir selbst gern hätten oder wären. Sobald wir uns bewusst sind, worauf genau wir neidisch reagieren, klebt der Neid nicht mehr an der Person. Wir lassen den anderen los und erkennen: »Ich bin neidisch!« Und idealerweise ebenso: »Ich bin auch der einzige Mensch, der das Neiden sein lassen kann.«

Hinter dem Neid verbirgt sich ein tieferes Gefühl. Sobald wir zu ihm vordringen, erleben wir Befreiung.

Wenn wir bereit sind, uns ohne weitere Bewertung auf unser Gefühl einzulassen, falls jemand anders besser dasteht als wir, werden wir in der Regel eine gewisse Betroffenheit wahrnehmen. Diese Betroffenheit macht uns ehrlich gegenüber uns selbst. Nun stehen wir an einer Wegscheide:

– Wir können dem anderen natürlich weiterhin seine Gaben und seinen Status missgönnen. In dem Fall hätten wir uns für das Festhalten am Neid entschieden. Diesen Neid kompensieren wir vielleicht, indem wir uns und unseren Mitmenschen vormachen, wie toll wir doch auf anderen Gebieten sind. Auch hinter unsachlicher Kritik und Vorwürfen können wir unseren Neid verstecken. Doch wenn wir ihn kompensieren, trennen wir etwas von unserem inneren Empfinden ab, mehr noch: Wir verlieren den Sinn für die Verbundenheit mit dem anderen. Fazit: Wenn wir uns für den Neid entscheiden, betrügen wir uns selbst und geraten unweigerlich ins Mangelbewusstsein. Solange wir jemanden beneiden, werden wir kaum in die Tiefen seiner positiven Qualität vordringen können – wir bleiben an der Peripherie stehen.

– Sind wir bereit, den Schmerz oder das ungute Gefühl zuzulassen, das die Gaben oder Fähigkeiten des anderen in uns auslösen, und positiv zu verändern, dann gewinnen wir Respekt vor uns selbst und vor dem anderen. Wir achten unsere eigenen Empfindungen und gehen mit ihnen liebevoll um. Und wir respektieren den Beneideten so, wie er ist. Dadurch öffnet sich unser Herz. In dem Respekt für den anderen kommen wir seinem »Talent« näher. Indem wir die Gaben und den Status des Beneideten ehren, ehren wir genau diese Gaben und diesen Status auch in uns. Wir erkennen im Beneideten unser Potenzial, das durch uns »wachgeliebt« werden möchte, unseren eigenen Schatz. Wenn wir uns – statt neidisch zu sein – bemühen, zu erkennen, welche positiven Qualitäten wir von dem anderen lernen können, entdecken wir sein »Erfolgsgeheimnis«. Die daraus gewonnene Erkenntnis kann dazu führen, dass uns weitere Gaben des anderen nun ebenfalls zuwachsen. Sie kann auch in dem Wissen münden, dass wir mit anderen Gaben bzw. Schätzen gesegnet sind, sodass wir neidlos sagen mögen: »Er kann dies gut, ich kann jenes gut«, ohne dass dies ein Kompensationsmechanismus wäre.

Das Aufgeben von Neid kann so genau zu der Selbstachtung führen, die wir brauchen, um unseren Platz in der Fülle zu finden und einzunehmen – nicht mehr als Reaktion auf den Neid, sondern aus einem natürlichen Selbstverständnis heraus.

Strategie 2 ist die *Bedürfniserfüllung*. Wenn wir genauer hinschauen, sehen wir, dass hinter jedem Neid ein nichteingestandenes Bedürfnis steckt, beispielsweise nach Anerkennung, nach Liebesglück usw. Sobald wir uns selbst gegenüber dieses Bedürfnis zugeben, entsteht die Lösung auf der Ebene, auf der sie für alle Beteiligten von Vorteil ist.

Den »Neid« wegen der glücklichen Ehe der Nachbarn kann ich als Anlass nutzen, um meine eigene Beziehungsfähigkeit nachhaltig zu verbessern. Und dann erkenne ich in der glücklichen Ehe der Nachbarn ein »Geschenk der Fülle an mich«, das darauf wartet, durch mich entdeckt zu werden, in mir selbst.

Es geht hierbei um mehr als einfache Nachahmung. Ich forsche in mir, auf welches ungestillte Bedürfnis der Neid hinweist, und arbeite von dem Bedürfnis ausgehend.

Die Ursache des Neids ist seltener der Gegenstand oder die Errungenschaft selbst, sondern etwas Dahinterstehendes. Wenn wir beispielsweise jemanden wegen seines Luxusautos beneiden, dann geht es uns nicht immer darum, selbst ebenfalls solch ein Auto zu haben. Der Neid verweist vielmehr auf das Lebensgefühl, den Ausdruck von Fülle, also einen Zustand, eine Errungenschaft, die der Luxuswagen repräsentiert, die aber auch ganz anders ausgelebt werden könnte. Und wenn wir jemanden wegen seiner glücklichen Kindheit beneiden, dann sollte uns dies beim »Hinspüren« helfen, um herauszufinden, welches Bedürfnis bei uns heute unerfüllt ist – hier finden wir vielleicht ein Bedürfnis nach Spielen, danach, verstanden zu werden oder gelassen zu sein, den Kontakt zu unserem inneren Kind und somit den Zugang zu der Fülle in uns wiederzuerlangen.

Hilfreich zur Auflösung von Neid nach der zweiten Strategie sind vor allem folgende Fragen:

- Wen beneide ich?
- Worum beneide ich sie oder ihn?
- Welche Bedürfnisse werden durch diese Dinge befriedigt?
- Was bin ich bereit zu tun, um diesen Bedürfnissen gerecht zu werden?
- Welche Schritte könnte ich gehen, um in dieser Richtung vorwärtszukommen?

Strategie 3, das *Umdenken*, liegt in der Bewusstmachung des Guten, das Sie bereits erhalten haben. Das nachfolgende Beispiel soll zeigen, wie Sie allein durch eine Veränderung Ihres Bewusstseins eine Haltung der Fülle – statt einer Haltung des Neids – einnehmen können.

112

Nehmen wir einmal an, Sie sind arbeitslos. Ihr Freund ist erfolgreicher Unternehmensberater. Er berät die Elite der Wirtschaft und kassiert astronomische Honorare. Da er zufällig in der Stadt ist, treffen Sie sich mit ihm zu einem gemeinsamen Frühstück in einer Hotellobby. Sie helfen Ihrem Freund bei einem privaten Beziehungsproblem, nebenbei erzählt er von seiner Arbeit, teilt mit Ihnen, wie es ihm ergangen ist, und gibt Ihnen auch gute Tipps für Ihr berufliches Fortkommen. Am Ende des Treffens verlangt er die Rechnung mit den Worten »Wir zahlen getrennt!«.

Sie sind wahrscheinlich selbst knapp bei Kasse, und für Ihren Freund wäre es doch ein Leichtes, Sie einzuladen. Neben dem Neid, den Sie bereits empfunden haben, steigen auch noch andere Gefühle in Ihnen auf ...

Spätestens an dieser Stelle wäre es erst einmal wichtig, zu erkennen, dass der Neid nichts mit der Situation selbst zu tun hat – er war schon immer da, er ist jetzt nur deutlicher geworden. Sie haben in solch einer Situation mehrere Möglichkeiten: Zum Beispiel könnten Sie Ihren Anteil bezahlen und das Ganze auf sich beruhen lassen. Oder aber – falls Ihr Geldbeutel es zulässt – Sie bezahlen die gesamte Rechnung und danken Ihrem Freund innerlich für das gute Gespräch. Machen Sie sich bewusst, dass Sie eine Stunde mit einem hochkarätigen Fachmann verbringen konnten, ohne ein Honorar dafür zahlen zu müssen. Denken Sie daran, welch gute Tipps und Anregungen auch Sie in dem Gespräch erhalten haben. Trennen Sie sich mit einem Gefühl von Dankbarkeit im Herzen – und nicht mit einer Beklemmung.

Wann immer Sie also Neid verspüren, weil Sie glauben, übervorteilt worden zu sein, machen Sie sich bewusst, was Sie alles erhalten haben – und schalten Sie so vom Armutsbewusstsein (»Ich habe nicht...«) auf inneren Reichtum um (»Danke für das anregende Gespräch«).

Insbesondere dort, wo Neid mit dem Gedanken zusammenhängt, im Leben zu kurz gekommen zu sein, hilft die »Kraft der Dankbarkeit«, wie sie unter anderem auch bei der spirituellen Praxis des Naikan* gelehrt wird, die zum Loslassen von Neid notwendige Verbundenheit wiederherzustellen.

Verlassen wir die persönlichkeitsorientierte Perspektive, erkennen wir die Falle, die im Neid liegt: Aus der Sicht unseres wahren Selbst steckt hinter dem Neid das berechtigte Bedürfnis nach Ebenbürtigkeit, Verbundenheit und letztendlich Vollkommenheit. Dies lässt sich aber nur auf der Ebene erfüllen, auf der diese Eigenschaften tatsächlich bestehen: Indem Sie mit allem und jedem die »eine Kraft« sehen, verschwinden die äußeren Unterschiede und damit auch der Anlass für Neid...

Verwandt mit dem Neid ist die *Habgier*. Sie ist ja bekanntlich eine der sogenannten sieben Todsünden, und das nicht, weil materieller Besitz a priori schlecht wäre, sondern wegen der Gier. Der Habgierige will etwas besitzen, ohne vorher die Voraussetzungen dafür geschaffen zu ha-

---

* Vgl. zum Beispiel Gregg Krech: *Die Kraft der Dankbarkeit. Die spirituelle Praxis des Naikan im Alltag*, Theseus 2003.

ben: Statt zu dem Baum zu wachsen, der reiche Frucht trägt, will er die »Kirschen aus Nachbars Garten«. Damit ist Habgier nicht nur ein »geistiges Stehlen«, sondern zugleich ein Ausdruck von Mangelbewusstsein, das die wirkliche Fülle verhindert.

Dankbarkeit und Selbstakzeptanz bieten auch hier den Ausweg. Indem Sie Dankbarkeit entwickeln und sich zugleich vorübergehende Unfähigkeiten, Begrenzungen und Mängel eingestehen, entsteht in Ihnen ein zuerst kleiner Keim, der Ihnen aber bei täglichem »Gießen« hilft, über die Habgier hinauszuwachsen und Fülle auf natürliche Art zu genießen.

Wenn Sie auch hier die Selbstversöhnungsformel anwenden (»Obwohl ich dieses und jenes noch nicht kann [oder bin bzw. habe], akzeptiere ich mich voll und ganz so, wie ich bin«), erwächst aus dieser Haltung ein liebevoller Umgang mit sich selbst. Wir hören auf, uns zu belügen und andere in Gedanken, Worten oder Taten zu »bestehlen«, weil wir die Fülle in uns ahnen. Wir werden wahrhaftiger. Und wir ehren die Schönheit dessen, was wir bewundern, ohne davon besessen zu werden. Dadurch erkennen wir das Vollkommene im Außen – und in uns selbst.

Und was tun Sie, wenn Sie selbst von anderen beneidet werden? Für den Beneideten ist der Umgang mit dem Neid der anderen genauso eine Herausforderung wie umgekehrt.

So viele Menschen, die äußerlich schön, reich oder berühmt sind, haben insgeheim das Empfinden, dass sie auch nur ebendeshalb »geliebt« werden. Es gibt sogar Beneidete, die freiwillig ihren »Besitz« verschenken, um dem Neid der anderen zu entgehen. Eine bildhübsche Klientin, die wegen ihrer schönen Haare beneidet und begehrt wurde, rasierte sie sich zum Beispiel ab, damit sie nicht mehr von anderen Frauen angegiftet wurde …

Mit dem Leugnen der Gabe, um die er beneidet wird, spaltet der Beneidete allerdings einen – eigentlich sehr wertvollen – Teil seiner selbst ab und erweist damit weder dem Schöpfer noch seinem Umfeld einen Dienst. Er begibt sich freiwillig in ein Mangelbewusstsein und »beleidigt« dadurch auch irgendwo die Schönheit der Natur, die ihn besonders bedacht hat.

Auf Neid mit Stolz zu reagieren ist auch keine Lösung für den Beneideten. Eine unangemessene Zurschaustellung seiner Besitztümer oder Fähigkeiten provoziert Aggressionen beim Neider. Zudem leugnet ein solches Verhalten die Wahrheit der Verbundenheit. Wenn es uns nicht gelingt, mit dem Neid anderer liebevoll und stimmig umzugehen, leben wir genauso im Mangel wie sie. Deshalb ist die Auflösung von Missbehagen gegenüber Neidern ein weiterer wichtiger Schlüssel für das Erleben der Fülle.

Wie können Sie nun auch dort, wo Sie beneidet werden, Erfahrungen der Verbundenheit machen? Erinnern Sie den Neider daran, dass er ebenso wunderbar ist wie er Sie einschätzt. Entwickeln Sie die Bescheidenheit, in Ihren Gaben ein Geschenk der »einen Kraft« an Sie zu sehen. Versprechen Sie sich innerlich, damit auch dem Gemeinwohl zu dienen; das heißt, Ihre Gaben stimmig, korrekt, liebevoll und weise einzusetzen und zu gebrauchen.

Sehen Sie ungeachtet allen Neids in sich und in den anderen das wahre Selbst. So erleben Sie auch angesichts von Neid tiefe Verbundenheit.

Selbstakzeptanz

> Die wahre Bedeutung von Akzeptanz liegt darin, das Göttliche zu akzeptieren, das uns in allem begegnet, natürlich auch in uns selbst.
>
> *Lebensweisheit*

Selbstakzeptanz oder ihr Gegenteil, der Selbsthass, haben einen entscheidenden Einfluss darauf, ob Sie Ihr Leben als einen Ausdruck von Fülle erleben oder als eine einzige »Klagemauer«. Viele Menschen denken: »Wenn ich dies und jenes bin bzw. geleistet habe, dann kann ich mich akzeptieren.« Doch diese weitverbreitete Einstellung ist falsch. Sich selbst zu akzeptieren ist nämlich keine Frage der Lebensumstände oder dessen, was Sie getan oder nicht getan haben, sondern eine grundsätzliche innere Haltung.

117

Übung: Selbstkritik in Akzeptanz umwandeln

Was mögen Sie an sich selbst nicht? Das kann Ihre finanzielle Situation betreffen, eine Identifikation, Ihre Art, Beziehungen zu führen, Ihre Gesundheit, Ihre Vorlieben oder Ihre Lebensgestaltung, Eigenschaften, Vorkommnisse aus Ihrer Vergangenheit. Schreiben Sie dies alles auf ein Blatt Papier.

Nachfolgend einige Beispiele meiner Klienten: Mir bereitet es Schwierigkeiten,

- dass ich Angst vor anderen Menschen, Nähe, Alltäglichem habe;

- dass ich das Gefühl habe, immer schwerer und unbeweglicher zu werden, und die Zeit verstreicht, ohne dass ich weiß, ob ich wirklich jemals gelebt habe;

- dass ich die Erwartungen und Aufträge, die an mich gestellt werden, nicht oder nur teilweise erfüllen kann;

- dass ich ein Außenseiter bin;

- dass mein Sexualleben nachlässt;

- dass ich es nicht geschafft habe, beruflich oder gesellschaftlich anerkannt zu werden …

Das Geheimnis für das Loslassen liegt im Annehmen. Deshalb lautet die »Zauberformel« für die Entwicklung von Selbstakzeptanz: »Obwohl ich ... (nicht) bin/habe ..., akzeptiere ich mich voll und ganz so, wie ich bin!«

Schauen Sie auf Ihr Blatt, was Sie geschrieben haben. Und kombinieren Sie Ihre Aussagen mit der »Selbstversöhnungsformel«. Zur Verdeutlichung das erste Beispiel. Hier lautet die Formel: »Obwohl ich Angst vor anderen Menschen, Nähe, Alltäglichem habe, akzeptiere ich mich voll und ganz so, wie ich bin!«

Von einem ähnlichen Ansatz geht die Klopfakupressur aus: Während Sie sich diesen Satz immer wieder sagen, klopfen Sie mit den Fingern einen bestimmten Akupunkturpunkt. Durch das Klopfen werden eventuelle Energieblockaden im Körper gelockert, die der Entwicklung von Selbstakzeptanz und einem Leben in Fülle bisher im Wege standen.*

Das Geheimnis der Selbstakzeptanz liegt in unserer Wandlungskraft. Denn die Natur strebt nach Vollkommenheit, sobald wir uns der Akzeptanz geöffnet haben. Das bedeutet, wenn jemand ehrlich und tief im Herzen (nicht oberflächlich) seine »Bearbeitungsthemen« erkennt und akzeptiert, wird das Problem, das man damit hat, allein schon dadurch einer Lösung nähergebracht.

---

* Ausführliche Informationen zu dieser Therapie liefern beispielsweise die Bücher *EFT. Klopfakupressur für Körper, Seele und Geist* von Christian Reiland (mit DVD), Arkana 2006, und *Klopf die Sorgen weg! Emotionale Befreiung durch EFT und Energetische Psychologie* von David Feinstein, Donna Eden und Gary Craig, Rowohlt 2007.

Nicht jeder hat in seiner Kindheit bekommen, was er gebraucht hätte. Viele sind mit einem emotionalen Mangel aufgewachsen. Oder sie haben zu viel vom Falschen bekommen, aber nicht das, was sie gebraucht hätten. Solch ein Mangelerlebnis setzt sich manchmal bis ins Erwachsenenalter fort.

Möglicherweise haben Sie vergeben, neu beurteilt, haben Verständnis für Ihre Vergangenheit, aber Sie spüren immer noch ein Gefühl der Entbehrung in sich, und dies verhindert Selbstakzeptanz und den Zugang zur eigenen Fülle. In einem solchen Fall können Ihnen unter anderem das »mentale Umerleben«, eine »Nachnährung« oder ein »Ressourcen-Coaching« helfen.

Beginnen wir mit dem *mentalen Umerleben*. Das Schlimmste, was sich viele Menschen antun, ist, dass sie sich und anderen negative Erfahrungen aus der Vergangenheit wieder und wieder vorkauen. Dadurch wird der »Schmerzkörper« permanent aktiviert und zwar nicht nur der eigene, sondern auch derjenige der anderen. Mit der Technik des mentalen Umerlebens hingegen erreicht man das genaue Gegenteil. Es ist ein Beitrag zur »mentalen Müllentsorgung« und wird seit Jahren in der Therapie erfolgreich eingesetzt.*

---

* Vgl. Luise Reddemann, Veronika Engl und Susanne Lücke: *Imagination als heilsame Kraft. Zur Behandlung von Traumafolgen mit ressourcenorientierten Verfahren*, Klett-Cotta 2007.

Übung: Mentales Umerleben

Denken Sie an eine Erfahrung in der Vergangenheit, bei der aus Ihrer Sicht vieles schiefgelaufen ist. Und nun erleben Sie in der Vorstellung diese Erfahrung so um, wie es in Ihren Augen ideal gewesen wäre. Wir können die Vergangenheit auf diese Weise natürlich nicht ändern, aber mit Hilfe des mentalen Umerlebens vermögen wir jede Situation energetisch in die gewünschte Form zu bringen, sodass sie nur noch erwünschte Folgen haben kann (Ihr Unterbewusstsein erlebt die imaginierte positive Realität genauso als Wahrheit wie die traumatische). Sie können somit die Folgen einer unerwünschten Handlung durch mentales Umerleben korrigieren, und gleichzeitig geben Sie damit Ihrem Unterbewusstsein ein Bild des erwünschten Handelns, wodurch Sie auch zukünftiges Handeln Ihrem inneren Wertmaßstab anpassen.

Bei der *Nachnährung* bitten Sie einen oder mehrere Freunde, die für solche Maßnahmen offen sind, mit Ihnen ein Rollenspiel durchzuführen. Vielleicht sind Sie ja auch in einer Therapie- oder Selbsthilfegruppe, in deren Rahmen dies möglich ist. Bei schweren Fällen oder gravierenden Traumata sollten Sie professionelle therapeutische Hilfe in Anspruch nehmen.

Klassischerweise ist die Nachnährung hilfreich bei Menschen, die als Kleinkinder Liebesmangel, Ablehnung oder Aggression erfahren haben.

Übung: Nachnährung (ein Rollenspiel)

Denken Sie beispielsweise an eine für Sie schwierige Situation aus Ihrer Kindheit zurück. Erstellen Sie eine Liste der Verhaltensweisen Ihrer Eltern, die Ihnen damals geholfen und die Sie gern erfahren hätten.

Seien Sie dabei ganz konkret und betrachten Sie auch scheinbar Belangloses. Notieren Sie etwa: »Ich hätte damals gebraucht, dass meine Eltern mich streicheln und zärtlich zu mir sind, dass sie Verständnis haben und mir beispielsweise sagen: ›Das ist nicht so schlimm, beim nächsten Mal passt du besser auf‹, wenn ich beim Essen mal ein wenig gekleckert habe, statt mich wegen eines so geringfügigen Anlasses immer gleich scharf zurechtzuweisen oder gar zu schlagen...«

Dann bitten Sie einen oder zwei Freunde bzw. Freundinnen, mit Ihnen Ihre Eltern-Kind-Situation nachzuspielen.

Zu Beginn der Nachnährung sagen Sie: »Ich bin jetzt ... Jahre alt und heiße ... Und du bist meine

Mama/mein Papa und bist … Jahre alt.« Und Ihre Bekannten bestätigen dies für das Rollenspiel und sagen: »Ich bin jetzt … (Name von Vater/Mutter) und … Jahre alt.«

Dann stellen Sie sich noch einmal vor, Sie seien das Kind von damals. Mit Ihren »Ersatzeltern« spielen Sie nun die Situation nach, und sie geben Ihnen genau das, was Sie zuvor auf die Liste geschrieben haben. Sie selbst nehmen diese Zuwendung an, so als wäre sie Ihnen als Kind zuteilgeworden, lassen sich vollkommen von ihr nähren.

Abschließend entlassen Sie sich gegenseitig aus Ihren Rollen, indem Sie zu sich selbst sagen: »Und ich bin jetzt wieder… Jahre alt (Ihr heutiges Alter), und du bist jetzt wieder der/die… (tatsächlicher Name des Freundes bzw. der Freundin).«

Nachnähren können Sie natürlich auch schulische oder berufliche Traumata, wenn Sie noch ein Problem mit einem ehemaligen Lehrer, Vorgesetzten oder Kollegen haben. Ebenso wie es möglich ist, unerfreuliche oder traumatische Liebesbeziehungen nachträglich auf diese Weise zu behandeln.

Das *Ressourcen-Coaching* stellt eine Alternative zur Nachnährung dar. Es lässt sich nicht nur einsetzen, um die Vergangenheit zu bereinigen, sondern auch zum Zwecke der Heilung von psychosomatischen Erkrankungen.*

Übung: Ressourcen-Coaching

Notieren Sie eine Situation aus der Vergangenheit, derentwegen Sie sich schämen oder die bei Ihnen nicht optimal gelaufen ist. Fragen Sie sich, welche Ressourcen (Eigenschaften, Qualitäten, Werte, Erkenntnisse) Sie damals gebraucht hätten, um diese Situation zu meistern.

Gehen Sie noch einmal in die damalige Lage und stellen Sie sich diesmal vor, dass Sie genau diese Eigenschaften hätten. Handeln Sie in der Imagination auf Grundlage dieser Qualitäten. Schlüpfen Sie ganz in die Rolle hinein. Stellen Sie sich also vor, Sie seien in der damaligen Situation und hätten genau den Mut, die Kraft, die Weisheit, die Sie seinerzeit gebraucht hätten.

Sie können hier auch Ihren Atem einsetzen, um sich genau mit dieser Qualität aufzuladen, indem Sie sie bewusst einatmen.

Der Effekt auf Ihr Unterbewusstsein ist ein ähnlicher wie der bei den zuvor beschriebenen Methoden.

---

* Interessante Informationen dazu liefert Ihnen unter anderem das Buch *The Journey. Der Highway zur Seele* von Brandon Bays, Ullstein 2004.

Genügsamkeit und Gunst gegenüber anderen und sich selbst

> Jede Beziehung spiegelt dir, wie du mit dir selbst umgehst.
>
> *Chuck Spezzano*

Gunst und Genügsamkeit sind die idealen Voraussetzungen, um in einer Welt der Fülle zu leben. Gunst impliziert Wohlwollen, eine freundliche Gesinnung anderen gegenüber. Ihnen Gutes zu wollen ist nicht nur für diese Menschen hilfreich, sondern auch für den Umgang mit der eigenen Person.

Die Wurzel der wahren Fülle liegt letztlich in uns selbst. Nur die Seele, das höhere Selbst, die Gotteskraft im Menschen, die Buddhanatur, wie immer Sie es nennen möchten, lebt in wahrer Fülle.

Genügsamkeit und Gunst geben sich gern die Hand und helfen Ihnen wie auch anderen, ein glückliches Leben zu führen. Wahre Gunst entspringt nicht irgendeiner Selbstgefälligkeit, sondern einer seelischen Regung.

Wie nun der andere auf Ihre Gunst und Genügsamkeit reagiert, ist nicht berechenbar, aber letztlich seine Angelegenheit. Es kann nämlich sein, dass er Ihnen »Ärmlichkeit« oder dergleichen vorwirft, nur weil Sie genügsam sind – dann liegt die Armut im Geiste aber nicht bei Ihnen, sondern bei dem, der Ihr Verhalten so interpretiert.

125

Und was die Gunst anbetrifft: Falls sich einmal ein Mensch, dem Sie etwas Gutes getan haben, gegen Sie wenden sollte – was gar nicht so selten vorkommt –, sollten Sie ungeachtet dessen dankbar bleiben. Vermeiden Sie es, ihm Undankbarkeit vorzuwerfen – die Gunst dient letzten Endes Ihnen selbst …

Viele Menschen glauben auch, die Fülle, die ihnen zur Verfügung steht, also die Geschenke des Lebens, nicht annehmen zu können. Sie sind der Ansicht, man müsse sich alles hart erarbeiten, ansonsten habe man etwas nicht verdient.

Ein geistiges Gesetz lautet: »Jede Anstrengung bewirkt das Gegenteil des Erstrebten!« Das heißt jetzt nicht, dass man die Dinge laufen lassen sollte, sondern dass man im Leben nichts wirklich Gutes mit Gewalt erzwingen kann. Leider sind viele Menschen im Laufe der Zeit immer unsensibler für die eigenen wahren Bedürfnisse geworden. Wir spüren und sehen nicht mehr, was wir brauchen und was das Leben uns mitteilen möchte. Doch alles Gute ist für Sie da und wartet darauf, endlich wahr- und angenommen zu werden. In dem Zusammenhang ist die Methode der »gewaltfreien Kommunikation« nach Rosenberg ein Segen, weil sie Sie dazu ermuntern kann, wieder mehr zu spüren, was Sie fühlen und was Sie brauchen, um liebevoll mit anderen, aber auch mit sich selbst umzugehen.[*]

Sich selbst Gunst zu erweisen bedeutet, ein Leben zu

---

[*] Vgl. Marshall B. Rosenberg: *Gewaltfreie Kommunikation. Die Sprache des Lebens*, Junfermann 2007.

führen, das Sie von ganzem Herzen lieben können, in dem Sie sich auf jeden neuen Morgen freuen. Das fängt damit an, dass Sie jeden Tag ganz bewusst beginnen. Nehmen Sie sich die Zeit, wirklich bewusst aufzuwachen, und stimmen Sie sich auf diesen neuen Tag ein. Dies können Sie mit einer Meditation oder einem Gebet tun. Kalkulieren Sie ausreichend Zeit fürs Frühstück ein, denn wenn Sie zur Arbeit müssen, ist es wichtig, rechtzeitig aufzustehen. Starten Sie den Tag entspannt, nicht mit Hektik und Stress; achten Sie auch im weiteren Verlauf darauf, dass Sie ausreichend Zeit für sich haben. Gehen Sie mit einem Lächeln und mit Leichtigkeit durchs Leben, dadurch bekommen Sie die nötige Energie und Kraft. Und wenn Sie einmal einen Fehler gemacht haben sollten oder etwas nicht so läuft, wie Sie es sich gewünscht haben, dann versuchen Sie dennoch, entspannt zu bleiben und sich selbst liebevoll zuzureden. Das ist kein Egoismus und auch keine Weltfremdheit. Denn je liebevoller Sie mit sich selbst umgehen, desto mehr Liebe, Güte und Verständnis können Sie auch für andere aufbringen. Sie finden dann die Fülle in sich selbst und bringen sie zum Ausdruck – wovon letztlich alle profitieren.

Glück empfinden

Das Glück deines Lebens hängt von der
Beschaffenheit deiner Gedanken ab!

Marc Aurel

Die Suche nach der Fülle begleitet uns ein Leben lang. Als Kind hatten wir noch keinen Zweifel daran, dass das Leben als Ausdruck der Fülle gedacht ist, aber später waren wir sicher oft froh, als es uns gelang, wenigstens einen allzu großen Mangel zu vermeiden. Die meisten Menschen resignieren früher oder später und geben die Suche nach der Fülle schließlich ganz auf.

Was aber ist Fülle für uns? Erleben wir sie als einen romantischen Abend mit unserem Partner, ein Wiedersehen mit Freunden, ist es ein Sechser im Lotto oder die Geburt Ihres Kindes? Fülle wird ganz subjektiv empfunden und ist vielleicht deshalb so schwer zu definieren. Aber in einem Punkt geht es uns allen gleich: Fülle bietet ein unbeschreiblich schönes Gefühl, wir empfinden Glück.

Irgendwann erkennen wir, dass die Ursache für das Erleben von Fülle und Glück weniger in äußeren Umständen als vielmehr in uns selbst liegt; und es beginnt eine neue Dimension unseres Lebens. Viel hängt dabei ab von der Bereitschaft, die ungelösten Anteile unseres Daseins anzuschauen, sie anzunehmen, zu erlösen und das Gefühl von Mangel umzuwandeln.

128

Die meisten Menschen halten das Versprechen der Mystiker aller Zeiten, dass die Fülle im Menschen selbst zu finden sei, eher für einen frommen Wunsch weltfremder Idealisten oder glauben, er sei für den »Normalbürger« nicht erreichbar. Denn während in den östlichen Kulturen ein Teil dieses Wissens erhalten geblieben ist, ging es bei uns weitgehend verloren.

Das Leben bietet so viele Ausdrucksformen von Fülle. Es kann alles leicht und einfach sein, allerdings stehen wir uns oft selbst im Weg, und dann geht manchmal nichts mehr. Um Glück auch in unserem Leben zu erfahren, brauchen wir jedoch nicht nach Indien oder Nepal zu ziehen – es genügt, wenn wir immer wieder mit unserer inneren Fülle Kontakt aufnehmen.

In Wahrheit ist das Leben ein Geheimnis, das darauf wartet, entdeckt zu werden. Wie ein »Mädchen aus gutem Hause« ziert sich »die Fülle« vielleicht zuerst, sie wehrt sich, zieht sich möglicherweise zurück und hofft dennoch, dass der Angebetete beharrlich bleibt… Erst wenn sie merkt, dass er es wirklich ernst meint, wendet sie sich ihm zu. Ähnlich verhält es sich mit dem Glück.

Wohl jeder von uns kennt bestimmte Glücksgefühle, beispielsweise wenn er frisch verliebt ist. Sie sprühen nur so vor Energie. Das Glück ist da, und Sie wünschen sich nichts anderes, als den geliebten Menschen wiederzusehen und diese Momente festzuhalten. Die Arbeit macht Ihnen Spaß, alles scheint leicht von der Hand zu gehen, und es gibt offenbar nichts, was Ihnen Probleme bereiten könnte. Deshalb wirken Sie jetzt auch auf andere Menschen motivierend und anziehend. All dies passiert, weil Sie Glück ausstrahlen und damit auch Ihre Umwelt »bestrahlen«. Ihr Lachen, Ihre gute Laune, Ihr Tatendrang wirken ansteckend.

Menschen, die glücklich sind, haben mehr Abwehrkräfte und Lebensenergie. Die Hirnanhangsdrüse (Hypophyse) produziert das Glückshormon Endorphin. Über das Blut gelangt es von dort in den ganzen Körper. Endorphine sind wie »körpereigenes Opium«. Sie haben eine ähnliche Wirkung. Sie machen euphorisch, stillen Schmerzen, beruhigen den Herzschlag, verlangsamen die Atmung, dämpfen den Hunger und dergleichen mehr.

Bei etwa 95 Prozent aller Verliebten hält dieser Zustand jedoch leider nicht lange an, da sie sich vom Alltag schnell einholen lassen. Und alles geht wieder seinen gewohnten Gang. Der Partner ist nicht mehr so interessant wie zu Beginn, die ersten Probleme mit ihm sind auch schon aufgetaucht. Man hat wieder Stress, der Alltag wird schwer, träge, und die Höhepunkte im Leben und Lieben reduzieren sich mit der Zeit deutlich. Man ist im Prinzip wieder an der Stelle angelangt, an der man vorher stand, fühlt sich vielleicht sogar noch schlechter und sucht etwas Neues, was einen glücklich macht: eine neue Liebe, ein neues Auto oder einen neuen Job.

Eine solche Art von Glück ist also nicht gemeint. Wie Bertolt Brecht das Dilemma in der »Dreigroschenoper« so treffend beschrieben hat: »Ja, renn nur nach dem Glück. Doch renne nicht zu sehr! Denn alle rennen nach dem Glück, das Glück rennt hinterher.« Es ist ein großer

Unterschied zwischen »glücklich sein« und »dem Glück hinterherlaufen« – das eine ist quasi das Gegenteil von dem anderen. Wenn wir dem Glück hinterherlaufen, dann bemühen wir uns, irgendetwas im Außen zu erreichen, in der Hoffnung, dass uns dies »glücklich« macht. Die Erfüllung ist aber nie so schön, wie der Wunsch es uns vorgegaukelt hat. Wahres Glück können Sie nur in sich selbst finden.

Wie aber stellt man das an? Dauerhaftes Glück gewinnen Sie nur durch eine Veränderung der Einstellung, beispielsweise indem Sie Ihren Widerstand gegen »das, was ist«, auch dann loslassen, wenn die Dinge einmal nicht so sind, wie Sie es sich vorgestellt haben – also durch ein unbedingtes Annehmen des Lebens.

Die »Zauberformel« zur Lösung des Unglücklichseins liegt also einmal mehr in der Selbstakzeptanz. Sagen Sie sich erneut zunächst die »Selbstversöhnungsformel«: »Obwohl… (die Dinge gerade nicht so laufen, wie ich es mir gewünscht habe/ich befürchte, in der falschen Beziehung zu sein/ich mich unfrei fühle …), akzeptiere ich mich voll und ganz so, wie ich bin!«, und fühlen Sie, was Sie sagen, am besten im Herzen und im Bauch. Nehmen Sie anschließend da, wo Sie können, gezielt Veränderungen zur Verbesserung Ihrer Lage vor. Zu Themen, die uns unglücklich machen, aber außerhalb unseres Einflussbereichs liegen, müssen wir zunächst einmal eine andere Einstellung entwickeln.

Der Glückliche leistet keinen Widerstand gegen »das, was ist«. Er ist eins mit seiner Kreativität und nutzt sie, um Hindernisse zu überwinden. Wenn andere ihm Steine in den Weg legen, baut er sich ein Haus daraus. Konflikte meistert er auf seine ihm einzigartige Weise. Glück im Sinne von »glücklich sein« entsteht, indem Sie »lieben, was ist«. Dann kann Ihnen im Prinzip alles zum Glück gereichen – und Sie leben in einer Welt der Fülle. Akzeptanz ist also der erste Schritt zum Glücklichsein. Aus ihr wird der Schlüssel zum Glück geboren.

Sollte die Selbstakzeptanz nicht zum gewünschten Erfolg führen und das Glück sich nicht wirklich einstellen, kann es sein, dass Ihr »Unglück« eine Botschaft für Sie enthält. Dieser sollten Sie im Inneren lauschen und Ihr Gefühl fragen, was es Ihnen mitzuteilen hat. Das bedeutet, auch jede Missstimmung zum Botschafter zu machen, ihr zuzuhören, statt sie zu verdrängen, und die notwendige Änderung im Denken, Reden und Handeln einzuleiten, damit aus dem vermeintlichen Ungemach schließlich doch noch Glück entstehen kann!

Manchmal fordert eine Depression von Ihnen eine massive Änderung Ihres Verhaltens oder Ihrer Beziehungen. Diese sollten Sie natürlich einleiten. Denn auch das gehört zur Fülle: die Freiheit, jederzeit etwas, was Sie auf Dauer unglücklich macht, zu verlassen. Übernehmen Sie Verantwortung für Ihr Wohlergehen, akzeptieren Sie den Zustand des Unglücklichseins nicht länger, sondern nutzen Sie jeden solchen Affront, um Ihre innere Einstellung zu überprüfen und zu korrigieren.

Mit fortschreitender Verwirklichung werden Sie immer unabhängiger von äußeren Glücksbringern. Zugleich sollten Sie gut für sich selbst sorgen und sich geben, was Sie brauchen.

Haben Sie gelernt, aus Ihrer inneren Mitte heraus zu leben, stellt sich mehr und mehr eine innerliche, aber auch für andere sichtbare Harmonie ein. Sie werden staunen, wie im Laufe der Zeit Ihr Glücksgefühl zunehmend unabhängig von äußeren Umständen wird. Ihre Jugendlichkeit kommt zurück, und mit Ihrer Lebenslust begeistern Sie auch andere. Ihr Glück wird dann ebenso zum Glück Ihrer Mitmenschen. Ist das nicht wunderbar? Denn man kann einen Menschen, den man liebt, nicht glücklich machen, auch wenn man alle seine Wünsche erfüllt, solange man selbst nicht glücklich ist.

Wir wissen, dass wir das Glück in uns selbst finden können. Doch genügt es nicht allein, das zu wissen, wir müssen unser Glück auch leben. Grundvoraussetzung dafür ist die Kunst des Genießens. Hierfür gilt es unter Umständen auch, wirkliche oder vermeintliche soziale Zwänge zu überwinden.

Viele Menschen können sich erst von Kollektivzwängen lösen, wenn sie aus ihrem Umfeld ausbrechen, zum Beispiel im Urlaub, und dies nur dann, wenn niemand dabei ist, der sie kennt. Warum eigentlich? Und warum erst im Urlaub? Genuss und Entspannung sind nicht auf die Ferien beschränkt.

Sind Sie einsam, suchen Sie menschliche Nähe? Dann begeben Sie sich in Gesellschaft. Dies könnte ein nettes Treffen oder Essen sein mit Ihnen wohlgesinnten Menschen. Wenn Sie müde und ausgebrannt sind, dann ruhen Sie sich vollkommen aus und gönnen Sie sich zumindest einen Kurzschlaf oder auch eine längere Erholung. Legen Sie einen Wellnesstag ein mit Massagen und Aromaölen, zum Beispiel in einer Therme. Spüren Sie immer wieder in Ihre Bewusstheit hinein. Dadurch treffen Sie regelmäßig die richtigen Entscheidungen gleich in der Lebenslage, in der Sie sich gerade befinden.

In der Annahme Ihres Lebens liegt nicht nur Glück, sondern auch der wahre Genuss. Wenn Sie annehmen, »was ist«, wird es für Sie möglich, *alles* zu genießen – immer und zu jeder Zeit: Ihre Freizeit, Ihre Arbeit, sogar den Zahnschmerz oder einen Konflikt. Oder wollen Sie das Glück nur auf wenige Stunden der Freizeit beschränken? Dazu ist Ihr Leben zu kostbar.

Zum Glück gehört es insbesondere, sich von unnötigem Stress zu befreien. Alles, was eine Überforderung verursacht, können Sie entweder auch entspannt erledigen oder notfalls »delegieren«, wenn es wiederum andere nicht überlastet. Hüten Sie sich ebenso vor stressbringendem Klatsch, Tratsch und der Einmischung in »fremde Angelegenheiten«. Bleiben Sie besser möglichst neutral und halten Sie sich aus Verwicklungen heraus, die nichts mit Ihnen zu tun haben. Konzentrieren Sie sich auf Ihre eigenen Angelegenheiten.

Übung: Die Geschenke des Lebens annehmen

Fragen Sie sich einmal: »Sind mir die Geschenke, die mir mein Leben bietet, bewusst? Kann ich diese Geschenke des Lebens annehmen? Kann ich das, was ich habe, auch genießen?«

Lernen Sie die Kunst des Genießens! Damit ist nicht gemeint, dass Sie das nächste Geschäft leer kaufen, sondern liebevoll mit sich selbst umgehen und spüren, was Sie brauchen und was Ihnen guttut. Geben Sie Ihrer Seele Balsam – dies könnte ein gutes Buch, ein tolles Gespräch oder ein köstliches Essen sein. Haben Sie erst einmal erfahren, wie gut Ihnen dies tut, werden Sie sich künftig davor hüten, es sich selbst vorzuenthalten. Fragen Sie sich einmal: »Was löst in mir ein Gefühl von Behaglichkeit aus?«, und notieren Sie die Antworten stichwortartig.

Setzen Sie das, was machbar ist, in die Tat um. Leben Sie auf diese Weise Ihr Leben wie ein Gedicht, indem Sie jeden Augenblick, soweit es Ihnen möglich ist, genießen und die Fülle erkennen, wo immer Sie sind. Finden Sie Zeit für sich, um Ihre wirklichen eigenen Wünsche und Träume zu leben.

Das Kunststück liegt darin, sich in den Gegebenheiten dieser Welt zu bewegen, die Spielregeln und Gesetze zu beachten und gleichzeitig aber die eigene Inspiration aus dem zu holen, was Ihnen selbst entspricht. Dies ist eine besondere Herausforderung.

Doch es gibt noch eine weitere. Sie drückt sich in dem Sprichwort aus: »Willst du glücklich sein im Leben, trage bei zu anderer Glück, denn die Freude, die wir geben, kehrt ins eigene Herz zurück.« Wie der bekannte Weisheitslehrer Matthieu Ricard* in seinem Buch über das Glück zutreffend darstellt, lässt sich die höchste Stufe von Glück nur erfahren, indem wir zum Glück anderer beitragen. Der unglückliche Mensch ist zu sehr auf die eigene Perspektive fixiert. Schon der Versuch, Glück allein oder gar auf Kosten anderer zu erreichen, ist ein sinnloses Unterfangen. Glücklich sein bedeutet, den zerstörerischen Wirkungen von leidbringenden Emotionen und dem Schleier des Egos, der Ichbezogenheit, ade zu sagen. Gemäß Ricard ist Glück etwas, was man lernen kann, das Resultat einer inneren Reifung, die ganz allein von uns abhängt.

---

* Vgl. Matthieu Ricard: *Glück*, Nymphenburger 2007.

Die dritte Perle: Manifestation

Öffnest du dich dem Tao,
so bist du eins mit dem Tao
und kannst es vollständig verkörpern.

Laotse

Vom Opfer zum Mitgestalter

Der Begriff »Manifestation« wird hier im ursprünglichen Sinne verwendet. Es geht also darum, wie wir etwas »handfest« machen, dass wir unsere Lebensaufgabe in die eigene Hand nehmen und dass dies für uns und andere auch deutlich sichtbar wird.

Als wir geboren wurden, waren wir alle erst einmal in der Rolle der Hilflosigkeit gefangen. Wir waren auf unsere Mutter und die Menschen in unserem Umfeld angewiesen. Wir lernten die erste Überzeugung: »Ich allein (ohne meine Mutter) kann nicht überleben!« Das ist vollkommen natürlich. Viele Menschen sind aber auch im Erwachsenenalter noch unbewusst in der Überzeugung gefangen, dass sie sich an jemanden klammern müssen. Dann imitieren sie beispielsweise ihre Eltern, Freunde oder auch Kollegen. Sie folgen dabei auch blind dem, was andere ihnen sagen, scheinen teilweise sogar dazu aufzufordern, dass über sie bestimmt wird.

Manche hingegen wählen die Kehrseite der Medaille, den permanenten Protest, die Haltung eines trotzigen Teenagers, und tun genau das Gegenteil von dem, was ihre Eltern, Freunde, Kollegen erwarten. Doch damit sind sie immer noch nicht dabei, ihren innersten kreativen Impulsen nachzuspüren und sie zu manifestieren. Sie sind also immer noch fremdbestimmt.

Fremdbestimmte Menschen suchen die Verantwortung für das eigene Dasein an Dritte abzugeben, die ihre Probleme lösen sollen. Sie bekommen einen guten Rat, doch sie setzen ihn nicht um. Sie gehen zum Arzt, aber sie halten sich nicht an seine Empfehlungen. Sie wollen Ihre Wünsche erfüllen, verdienen vielleicht sogar ausreichend und erwerben einen ansehnlichen Besitz, doch sie erleben sich nach wie vor als Opfer und als abhängig von anderen.

Wir können andere zur Beratung und zur Hilfe heranziehen, was nicht nur verständlich, sondern auch sinnvoll ist. Doch verantworten müssen wir unser Leben selbst. Es ist nicht die Aufgabe der anderen, unsere Probleme zu lösen oder uns gar »glücklich zu machen«. Sie können dies auch gar nicht leisten, selbst wenn sie es noch so gut meinten. Denn es sind ja unsere Probleme, und nur wir können sie lösen. Die Probleme meinen uns und fordern uns zu unserer ureigenen Schatzsuche auf. Wenn wir mit dem Lösen unserer Probleme immer die anderen beschäftigen, finden wir unsere eigenen Perlen nicht. Sie selbst sind Ihr eigener Perlentaucher, also gehen Sie's an!

Auch wenn wir eines Tages Abschied von der Welt nehmen, sind wir allein. Das kann niemand für uns erledigen, diesen Weg müssen wir selbst gehen.

Auf der Reise vom Opfer zum Schöpfer ist es sinnvoll, Grenzen zu akzeptieren, aber auch ganz bewusst solche zu ziehen und dadurch unsere eigenen Konturen auszubilden. Wie August Höglinger in seiner Vortrags-CD *Grenzen setzen bei Erwachsenen** betont, ist es schwer, Grenzüberschreitungen, die wir einmal toleriert haben, wieder rückgängig zu machen. Viele Menschen haben aber bereits als Kind erlebt, dass ihre Eltern über ihre Grenzen, insbesondere über ihr »Nein«, hinweggegangen sind. Waren diese Grenzüberschreitungen traumatisch, ziehen sie dann oft automatisch Partner und Kollegen in ihr Leben, die ebenfalls wie selbstverständlich ihre Grenzen missachten. Hinzu kommt, dass sie möglicherweise auch ihre Wahrnehmung für Grenzverletzungen verloren haben. Um vom Opfer zum Gestalter zu werden, ist es zwingend notwendig, die Grenzüberschreitungen möglichst wieder zu revidieren und insbesondere solche Fremdenergien aus dem eigenen Überzeugungssystem zu entlassen, die über Ihr Leben bestimmen wollen. Warum wir Grenzüberschreitungen überhaupt akzeptiert haben? Hier können unbewusste Glaubenssätze eine Rolle spielen, die wir aus der Kindheit übernommen haben, etwa – aus heutiger Sicht formuliert –:

---

* August Höglinger: *Grenzen setzen bei Erwachsenen*, Höglinger 2003.

- Du weißt nicht, was gut für dich ist!
- Es ist sicherer und besser für dich, wenn andere über dein Leben entscheiden!
- Wenn du dich gegen Grenzverletzungen wehrst oder sagst, was du willst, bist du »böse«!
- Wenn du dich gegen Grenzverletzungen wehrst, wirst du bestraft!

Damit wir überhaupt Manifestation erleben können, müssen wir lernen, Grenzen zu setzen, und innerhalb dieser Grenzen unsere Gestaltungskräfte erfahren. Auch wenn wir potenziell grenzenlose Wesen sind, ist es doch erst einmal unsere Aufgabe, diese Grenzenlosigkeit in einer bestimmten Form zu leben.

Irgendwann sollten wir deshalb die Opferhaltung loslassen, erwachsen werden, uns als Mitgestalter unserer Lebensumstände erkennen und die Verantwortung für sie übernehmen. Unser wichtigster Beitrag zum Ganzen liegt also darin, den Teil der Welt in Ordnung zu bringen, der uns selbst betrifft.

Alles beginnt mit der Achtsamkeit. Achten Sie darauf, ob Sie Ihr Leben wirklich frei von den Erwartungen anderer leben. Achten Sie in jedem Augenblick darauf! Nehmen Sie, ohne zu verurteilen, wahr, wo Sie gerade stehen, wo Ihre Grenzen gegebenenfalls überschritten wurden und Fremdeinflüsse losgelassen werden müssen.

Bewusstheit darüber, was Sie nicht erleben wollen – und was Sie wollen

> Worte sind Luft. Aber die Luft wird zum
> Wind, und der Wind macht alle Schiffe
> segeln.
>
> *Arthur Koestler*

Viele Menschen wissen ziemlich genau, was sie nicht wollen, aber nur wenige wissen, was sie stattdessen gern hätten. Auch die nachstehend aufgeführten Beispiele von Klienten folgen der natürlichen Struktur belasteter Menschen, denen es leichter fällt, wahrzunehmen, was sie nicht mögen, als sich darüber im Klaren zu sein, was sie wollen. Ich habe die Klienten gebeten, ihre Worte nicht selbst zu zensieren, sondern so niederzuschreiben, wie es in ihrem Inneren aufsteigt, damit sie mit ihrem Bauchgefühl in Kontakt bleiben.

Anhand der Darstellung erkennen wir, wie sehr in diesem Stadium der Therapie noch die Verantwortung für die eigene Lebenssituation abgeschoben wurde. Trotzdem ist es hilfreich, erst einmal »Dampf abzulassen«, damit sich die Schatzkammer der wahren Bedürfnisse und Absichten für ein Leben in Fülle öffnen kann. Nun der »O-Ton«, die Ergänzungen von Klienten auf die Satzeinleitung »Was ich nicht mehr will, ist...«:

141

- mich als Heuchler gegenüber allen Menschen so verbiegen, dass ich gar keine eigene Position mehr habe;
- unerfüllt vor mich hin meditieren ohne Aussicht auf Erfolg;
- cholerisch herumbrüllen, ausrasten, Zerstörungsimpulse ausagieren;
- finanziell abhängig sein von anderen Menschen, in die Armut abdriften und mich als Versager fühlen;
- erleben, dass mir die besten Chancen durch die Lappen gehen;
- lustlos neben meiner Frau leben, unfähig, auf ihre Bedürfnisse einzugehen;
- in einer unbefriedigenden Beziehung festhängen, so wie das gerade der Fall ist;
- mich isoliert von der Welt, einsam und kalt fühlen;
- mich selbst im Leben meiner Frau verlieren und dabei meine eigene Kontur und Existenz aufs Spiel setzen;
- mich stressen und versagen, sodass ich dadurch Selbsthass entwickle;
- von einem so anstrengenden Lycopodium*-Typen wie Ulrich angemacht werden, bis ich ausraste oder einen Nervenzusammenbruch erleide.

---

* Homöopathischer Konstitutionstyp. Die Pflanze Bärlapp (Lycopodium) hat eine Evolutionsgeschichte, die sie von einem hohen, mächtigen Baum zu einem heute kleinen Strauch mutieren ließ. Gemäß dem Simile-(Ähnlichkeits-)Prinzip kennzeichnet sich hierdurch in sehr charakteristischer Weise der Persönlichkeitstyp: Lycopodium mangelt es an Selbstvertrauen, er hat das Gefühl, für kleiner gehalten zu werden, als er sich in Wirklichkeit fühlt.

142

Übung: Was ich nicht mehr manifestieren will

Nach dieser Anregung sind Sie dran! Notieren Sie, was Sie selbst in Zukunft nicht mehr erleben möchten! Damit diese Übung für Sie den optimalen Nutzen bringt, ist es notwendig, für die eigene Befindlichkeit »treffende« Worte zu finden. Also notieren Sie zuerst einmal, was Ihnen an Ihren momentanen Lebensumständen nicht gefällt.

Wir wollen jedoch nicht im Klagen verharren, das Ganze hat natürlich einen Sinn: Im zweiten Schritt formulieren wir nämlich genau, was Sie stattdessen erleben wollen. Das bedeutet, Sie drehen Ihre Aussagen ins Positive. Dadurch erhalten Sie eine neue Ausrichtung, die Sie in Ihrer Manifestation unterstützt. Doch dazu kommen wir in der nächsten Übung.

Vielleicht fragen Sie sich, warum wir nicht gleich zum zweiten Schritt gekommen sind. Wenn es Ihnen gelingt, sofort zu erkennen, was Sie wollen, können Sie sich natürlich darauf konzentrieren. Doch es gibt Situationen, in denen der Druck des Negativen so stark ist, dass es erst einmal erforderlich scheint, zu sagen, was Sie *nicht* wollen. Dies ist ganz natürlich, solange noch Ungelöstes im Raum steht, das uns belastet. Stets sollten wir dort beginnen, wo wir uns befinden. Wir sollten ohne Wertung wahrnehmen und ausdrücken, wie es uns augenblicklich geht. Es kann hilfreich sein, sich erst einmal die eigene Frustration einzugestehen, da sie Ihren wahren Wunsch, das, was Sie wirklich beabsichtigen, überlagert – doch dann müssen wir einen Schritt weiter gehen.

Kehren wir zurück zu unserem Beispiel, zum ersten Satz der Klienten. Die ursprüngliche Formulierung war: »Ich will mich nicht als Heuchler gegenüber allen Menschen so verbiegen, dass ich gar keine eigene Position mehr habe.« Um diesen Wunsch zu manifestieren, muss der Satz positiv formuliert werden, denn das Unterbewusstsein versteht kein »Nein«. Wenn wir Wünsche positiv zum Ausdruck bringen, können sie zu »Finalbildern« in unserer Psyche werden und sich nach dem Gesetz der Anziehung realisieren. Die erste Aussage könnte umgedreht lauten: »Ich bin ehrlich, authentisch und klar und kann meine eigene Position in jeder Lebenslage spüren und ausdrücken.«

Die Umkehrungen für die weiteren Beispiele könnten dann etwa so formuliert werden: »Ich will ...«

- die Meditation für meinen Erfolg nutzen;
- in jeder Situation bewusst in meiner Mitte bleiben;
- ein geregeltes, zuverlässiges Einkommen, das mich unabhängig und erfolgsbewusst macht;
- achtsam sein, die Chancen des Lebens erkennen und souverän erfüllen;
- eine erfüllte und kraftvolle Liebesbeziehung mit meiner Partnerin führen;

- eine erfüllte Beziehung leben, unabhängig von einem Partner;
- Verbundenheit mit der Welt als Ausdruck der »einen Kraft« erleben;
- meine eigene Souveränität, Kontur und Lebensposition in einer Beziehung zum Ausdruck bringen;
- entspannt und im Bewusstsein der Fülle leben;
- die Beziehung mit Ulrich nutzen, um die Wahrheit hinter dem Schein zu erkennen und zu leben.

Übung: Positive Zielformulierung

Zu wissen, was Sie wollen, ist hilfreich, aber noch keine positive Zielformulierung. Denn für eine positive Zielformulierung ist es notwendig, dass sie es uns ermöglicht, uns gedanklich in den »erwünschten« Zustand zu begeben. Eine positive Zielformulierung erfüllt folgende Merkmale:

- Sie ist so bildhaft, dass Sie es sich vorstellen können.
- Sie wird dann schon in der Gegenwart als Seinszustand erlebt.
- Sie ist positiv (enthält keine Verneinung).
- Sie muss glaubhaft (die Erfüllung realisierbar) sein.

Formulieren Sie nun das, was Sie manifestieren wollen. Achten Sie darauf, dass die Formulierung zu Ihnen passt und auch nicht im Widerspruch zu anderen Zielen steht. Und dann verankern Sie die neu formulierten Gedanken in Ihrem Bewusstsein. Lassen Sie die Sätze ganz zum Ausdruck Ihrer »Eigenschwingung« werden. – Zur Anregung wieder einige Beispiele von Klienten:

Beruf

- Ich erlebe meine berufliche Tätigkeit als tiefe Erfüllung für mich und für andere.

- Durch meine berufliche Tätigkeit leiste ich einen wertvollen Beitrag, der von anderen gern beansprucht wird.

- Ich nutze anderen leicht, mühelos, entspannt und gern durch die Gaben, die mir gegeben wurden, die Fähigkeiten, die mir durch meine Eltern und Lehrer vermittelt wurden, und das, was ich mir selbst angeeignet habe.

- Ich finde Wege, mich nützlich zu machen.

- Der Wert meiner Arbeit findet Anerkennung durch ein angemessenes Einkommen.

Finanzen

- Ich verdiene mein Geld gern und mit Leichtigkeit.

- Mein Einkommen übersteigt deutlich meine Kosten.

- Ich lebe im Überfluss.

- Es fällt mir leicht, alte Schulden zu tilgen, ich bin schuldenfrei.

Gesundheit

- Tiefe Gesundheit durchströmt mich.

- Mein Körper findet seine ideale Form.

- Alle Körperteile und Organe funktionieren in stimmiger Harmonie.

- Ich bin vital und gesund auf allen Ebenen.

- Mein Rücken ist energiedurchflutet, meine Bandscheiben sind aufgefüllt.

- Mein Schlaf ist tief, regenerierend und erholsam.

- Ich nehme gesunde Nahrung im ausgewogenen Maß zu mir.

- Ich finde die rechte Lebensweise für Körper, Seele und Geist.

147

● Ich erkenne die Botschaften meines Körpers und setze sie in für mich stimmige Handlungen um.

Beziehungen

● Ich lebe in erfüllten Beziehungen mit genau den richtigen Menschen.

● Meine Beziehungen inspirieren mich und geben mir Kraft.

● Ich lebe in Beziehungen, in denen ich aufblühe und meine Gaben optimal einsetze.

● Ich lebe in einer Partnerschaft, in der ich darin gefördert werde, ich selbst zu sein.

● Ich habe die nötige Distanz und die gesunde Nähe in meinen Beziehungen.

Wohnung/Aufenthaltsort

● Meine Wohnung gestalte ich mehr und mehr nach meinem Geschmack.

● Mein Büro ist der ideale Ausgangspunkt für private und berufliche Kontakte und Aktivitäten.

● Ich bin gern an dem Ort, an dem ich lebe, und nutze seine Angebote so gut wie möglich.

- Mein Schlafplatz ist optimal eingerichtet.

- Ich lebe am richtigen Ort zur rechten Zeit mit den zu mir passenden Menschen.

Träume

- Durch mein Traumbewusstsein bekomme ich hilfreiche Hinweise für meine Lebensgestaltung.

- Ich lebe in Harmonie mit meinem Traumbewusstsein, erhalte die Träume zur rechten Zeit und erinnere mich gern an sie und ihre Botschaft für mich.

- Ich gehe liebevoll mit meinem Traumbewusstsein um.

Eros

- Ich führe eine Beziehung in erfüllender Sexualität.

- Ich stehe in meiner Potenz, aus der ich Kraft für meinen Alltag schöpfe.

- Ich erlebe mich in meiner sexuellen Beziehung als kraftvoller Mann, der in seiner eigenen Energie steht.

- Ich erlebe mich in meiner sexuellen Beziehung als hingebungsvolle Frau, die in ihrem Frausein tiefe Erfüllung erlebt.

- Ich ehre mein »Körperwesen« und erlaube ihm, sich durch die Sexualität optimal auszudrücken.

- Ich entdecke meine sexuelle Quelle und verwirkliche sie auf allen Ebenen.

Spiritualität

- Ich finde und lebe die für mich ideale Form von Meditation, Gebet, innerer Einkehr.

- Ich erkenne den für mich richtigen spirituellen Weg, die für mich angemessene spirituelle Lebensweise und den für mich passenden inneren Meister.

- Ich lebe befreit und glücklich, sodass ich jederzeit bereit bin zu gehen.

Positive Zielformulierungen sind wie Samen. Damit sie zu kräftigen Pflanzen werden, müssen sie immer wieder bewusst gegossen werden:

- Was Sie säen, werden Sie ernten.
- Wonach Sie streben, wird Ihr Schicksal.
- Was Sie nach außen zeigen, sind Sie im Innern.
- Was Sie zu sein glauben, sind Sie.

- Seien Sie überzeugt, dass Sie etwas besitzen, und Sie besitzen es.
- Was wir sind, ist das Ergebnis dessen, was wir denken.
- Das Geheimnis des Erfolgs liegt nicht außerhalb des Denkens, sondern im Denken.

Bewusstheit und Konzentration

> Eine Sache entwickelt sich wie von selbst, wenn man ständig daran denkt.
>
> *Henry Ford*

Bewusstheit und Konzentration sind entscheidende Voraussetzungen, um aus den Keimen Ihrer Ideen gesunde Pflanzen des Erfolgs wachsen zu lassen. Es bedeutet, sich durchgehend der Qualität der eigenen Gedanken bewusst zu sein.

Sollten Sie sich dabei ertappen, dass Sie »negativ« denken, ist es nicht sinnvoll, sich deswegen zu »rügen«. Wichtig ist es in solchen Fällen, die eigenen Gedanken ohne Wertung wahrzunehmen und sich nicht mit ihnen zu identifizieren. Gedanken kommen und gehen, aber die Identifikation macht den entscheidenden Unterschied.

151

Ein einfacher Weg, sich von Identifikationen mit den Gedanken zu lösen, liegt in der Meditation.

Übung: Gedanken sind fahrende Züge

Setzen Sie sich in einer Haltung, in der Sie einige Minuten lang still sitzen können. Beobachten Sie Ihren Atem, wie er ein- und ausströmt. Wenn Gedanken auftauchen, nehmen Sie sie einfach zur Kenntnis. Die Gedanken sind wie Züge. Sie stehen am Bahnsteig, aber Sie steigen nicht in den Zug ein. Sie lassen ihn abfahren. Und genauso lassen Sie jeden Gedanken einfach vorüberziehen, vielleicht so wie eine Wolke am Himmel. Mit fortwährendem Üben spüren Sie immer mehr, dass Sie nicht mit Ihren Gedanken identifiziert sind. Sie *sind* nicht Ihre Gedanken.

Nachdem Sie in der Meditation Ihre störenden Gedanken wertfrei wahrgenommen haben, beginnen Sie, Ihre Wünsche, das, was Sie manifestieren wollen, ganz gezielt zu denken. Mancher Gedanke braucht viele Wiederholungen, bevor er wirklichkeitsverändernde Spuren in Ihrem Bewusstsein hinterlässt. Sich zwei- bis dreimal mit einer Sache zu befassen reicht oft nicht aus. Wenn Sie etwas manifestieren wollen, so erschaffen Sie sich durch ständiges und zielgerichtetes Denken daran das Bewusstsein, das diese Manifestation anzieht.

Übung: Visuelle Manifestation

Gehen Sie in eine entspannte Haltung. Konzentrieren Sie sich auf eine Kerzenflamme, ein Andachtsbild, ein Mandala oder ein Bild Ihrer Wahl. Dies kann durchaus auch ein »Bild« von dem Kontoauszug sein, von dem Sie träumen. Lenken Sie nun Ihre gesamte Aufmerksamkeit auf den gewählten Fokus. Achten Sie darauf, dass Ihre Gedanken eine Zeitlang, zum Beispiel fünfzehn Minuten (stellen Sie gegebenenfalls einen Timer), nur darauf gerichtet sind. Alles andere ist nicht von Bedeutung. Bleiben Sie bewusst mindestens fünfzehn Minuten auf demselben Fokus. Werden Sie eins mit dem Gegenstand der Kontemplation.

Nun wollen wir ganz konzentriert einen Gedanken oder einen Satz für eine festgelegte Zeit im Bewusstsein halten. Dies kann eine Zielformulierung sein oder auch eine positive »Ich-Kognition« (Ich-Erkenntnis), zum Beispiel: »Ich bin unsterbliches Bewusstsein!«

Stellen Sie Ihren Timer erneut, etwa auf fünfzehn Minuten. Konzentrieren Sie sich in dieser Zeit auf Ihre positive Zielformulierung oder Ihre »Ich-Kognition«. Die stärkste Manifestationswirkung erzielen Sie, wenn Sie so lange mit Ihrer Aufmerksamkeit auf den Satz bzw. die Kognition gerichtet bleiben, bis ein Gefühl von Freude, Dankbarkeit und des »Es ist erreicht«

Sie durchströmt. Sobald Sie dies fühlen können, wissen Sie, dass Ihr »Same« bereits keimt und sich im Leben ausdrücken wird.

»Gedankenbewusstheit« zu lernen ist ähnlich wie das Erlernen einer neuen Sprache. Erst ist es richtig schwer, und Sie glauben, es nicht zu schaffen. Durch intensives Üben erreichen Sie einen Punkt, von dem an es leichter wird. Irgendwann kommt dann der Durchbruch, und Sie sprechen die Sprache mehr oder weniger fließend. Und genauso lernen Sie, mit Ihren Gedanken umzugehen, damit Sie sie aus der richtigen Quelle beziehen und richtig einsetzen können, um das Beste für Sie zu erreichen.

Imaginationen tragen Kräfte in sich. Das wussten wohl schon die Steinzeitmenschen intuitiv, denn sie zeichneten ein Bild von dem Wild, das sie erlegen wollten, wahrscheinlich deshalb an die Höhlenwand, damit sie es ständig vor Augen hatten und sich »mental« auf die Jagd vorbereiten konnten, wie wir heute sagen würden. Imagination ist »Kommunikation mit dem Ganzen« in der Ursprache, der bildhaften Vorstellung. Die Dynamik der von Ihnen aktivierten schöpferischen Urkraft ist abhängig vom Grad Ihres Glaubens, aber auch vom Grad der Entfaltung, von der Intensität, die Sie ihr geben.

Bringen Sie Ihre körperliche und geistige Haltung in Balance, sammeln Sie Ihre Kraft und konzentrieren Sie sich auf ein Bild. Machen Sie in Gedanken daraus einen kleinen Film. Lassen Sie immer wieder die Bilder eines erwünschten Endzustands vor Ihrem inneren Auge ablaufen. Die schöpferische Urkraft arbeitet für Sie und zieht nach dem Gesetz der Resonanz die Umstände in Ihr Leben, die Sie ihr durch ein starkes und klares Gedankenbild vorgeben, von dem Sie wirklich überzeugt sind. Probieren Sie es einmal mit einer weiteren Visualisierungsübung aus.

Übung: Den erwünschten Zustand visualisieren

Versetzen Sie sich in einen erwünschten »Endzustand« hinein, erleben Sie die Erfüllung und nehmen Sie so Ihr Ziel »in Besitz«.

Tun Sie dies insbesondere vor dem Zubettgehen, denn »den Seinen gibt's der Herr im Schlaf«. Sie können auch zu jenem »erlesenen Kreis« gehören, wenn Sie sich abends vor dem Einschlafen ein klares Gedankenbild Ihres erwünschten Ziels schaffen. Mit diesem Bild schlafen Sie ein. Ihre Vorstellung verdichtet sich nachts und kann so zur Wirklichkeit für Sie werden. Denn Ihre Gedanken erzeugen Schwingungen, die sich unbegrenzt ausdehnen.

Je lebendiger und intensiver, aber auch je höher und klarer Ihre Gedanken sind, desto stärker setzen sie sich durch. Dagegen sind die Schwingungen pessimistischer, negativer Gedanken niedriger und kraftloser.

Wichtig ist es, an dem positiven Bild auch dann festzuhalten, wenn es sich noch nicht verwirklicht hat. Ihr Finalbild ist eine innere Wirklichkeit, deren Realität nur noch nicht im Außen in Erscheinung getreten ist. Vielleicht haben Sie Ihre Aufmerksamkeit noch nicht lange genug darauf gerichtet. Die Verwirklichung Ihres Finalbilds muss weder mit einer bisherigen Erfahrung übereinstimmen, noch ist es notwendig, dass sie sich an anderen orientiert. Sie ist eine Ursache, die im Einklang steht mit Ihrem ureigenen »Sosein«, dem Bewusstsein »Das bin ich«.

So können Sie mit jeder beliebigen Angelegenheit umgehen: Sie lenken Ihre ganze Konzentration und Willenskraft auf Ihr Finalbild. Sie gehen mit dem Gedanken an den erfüllten Endzustand sozusagen »schwanger« – das heißt für Sie: Dieses Bild, dessen Erfüllung Sie wünschen, tragen Sie (bildlich gesprochen) aus, wie eine werdende Mutter ihr Kind im Bauch trägt.

Jeder Zweifel daran, ob das Gute denn jetzt auch wirklich kommt, kann einem »Abbestellen« des gewünschten Ergebnisses gleichkommen. Führen Sie dann gegebenenfalls die Übung »Gedanken sind fahrende Züge« vom Anfang dieses Abschnitts aus. Wenn Sie beispielsweise Ihre Traumwohnung gesehen haben, sollten Sie eventuelle Zweifel loslassen, ob die Wohnung vielleicht doch ein anderer bekommt. Denn damit würden Sie sofort wieder kontraproduktive Gedanken *gegen* Ihr Finalbild in den Kosmos aussenden. Wann immer Sie versehentlich durch einen zweifelnden Gedanken etwas »abbestellt« haben sollten, können Sie jedoch augenblicklich wieder neu »ordern«, indem Sie noch einmal an Ihr Finalbild denken und dabei verinnerlichen: »Ach ja, dieses Gute kommt ja auch noch auf mich zu!«

Haben Sie die nötige Energie und Gedankenbilder in diese Richtung fließen lassen und verhalten Sie sich im »praktischen Leben« auch demgemäß, werden Sie erleben, wie Ihre Vision zu einem starken Baum heranreift, an dem mit der Zeit die ersehnten Früchte wachsen.

Es ist wunderbar, auf diese Weise zu erleben, wie Sie von Tag zu Tag mehr zum Gestalter Ihres Lebens werden. Sie sind kein Opfer der Umstände, sondern gehen als Mitschöpfer hervor. Das Leben bietet Ihnen so viel, wenn Sie es erkennen und annehmen.

Irgendwann werden wir unsere Aufmerksamkeit auf unser letztes Ziel lenken, das uns auch nach diesem Leben begleitet: Woran der Mensch denkt, dazu wird er. Nach dem Tod werden wir ohnehin zu dem, was wir am meisten verehren. Aus diesem Grund sollte jeder Mensch früher oder später dahin kommen, die »eine Kraft«, Gott, die Einheit mit dem Ganzen, zum Ausdruck seiner Kontemplation zu machen. Die Mantren des Fernen Ostens wie »Om Mani Padme Hum«, das »Ave-Maria«, das »Vaterunser«, der Rosenkranz, die Andachtsbilder der russisch-orthodoxen Kirche, die Anrufungen Allahs in der Moschee und die Meditation der buddhistischen Mönche haben alle das eine Ziel: die Einswerdung mit dem Ganzen!

Die richtige Schwingung

> Ohne Freundschaft mit sich selbst geschlossen zu haben, kann man nicht gelassen sein.
>
> *Laotse*

Wollen Sie Erfolg manifestieren, müssen Sie sich – vergleichbar der Wahl eines Radiosenders – innerlich auf die Welle einstellen, auf der Sie diesen Erfolg empfangen können, das heißt, an den richtigen »Gedankenkanal« angeschlossen sein. Dies gilt unabhängig davon, ob Sie ein hohes geistiges (etwa die »Einswerdung mit dem Ganzen«) oder ein materielles Ziel verwirklichen wollen. Jeder Gedanke, den Sie aussenden, repräsentiert eine Kraft, die sich bei konsequentem Denken auch realisiert. So können Sie gute Beziehungen, Erfolg, Wohlstand, Gesundheit und Ansehen kreieren.

Das Geheimnis der Manifestation liegt darin, Ihre Eigenschwingung mit der Schwingung des erwünschten Zustands in Einklang zu bringen. Man kann keine neuen Umstände schaffen, ohne dass das Neue auch uns verändert. Sperren Sie sich dieser Veränderung, blockieren Weigerung und Zielbild sich gegenseitig.

Indem Sie Ihre Imagination schon vorab als erfüllt erleben und die entsprechende positive Veränderung an sich selbst zulassen, bringen Sie sich in Resonanz mit dem, was Sie wollen, und haben »den richtigen Kanal« gewählt. Da Sie jedes Ziel auch selbst verändert, ist es so wichtig, sich zu überlegen, wohin wir uns bewegen. Durch Identifikation mit dem Erwünschten nehmen Sie es geistig in Besitz und werden gleichermaßen von der Zielschwingung durchtränkt und verändert. So wirken Sie geradezu als Magnet für die neuen Ereignisse. Damit rufen Sie dieses Ereignis in Erscheinung, und die Existenz wird es in der Realität manifestieren.

Sie denken sich jetzt vielleicht: Tja, wenn das so leicht wäre… Das klingt ja alles so einfach, wieso macht das dann nicht jeder? Nun, in der Regel deshalb, weil die meisten Menschen nicht bereit sind, diese Veränderung zu erlauben. Sie verlassen sich lieber auf das weniger Optimale, das sie kennen, als auf vollkommen neue, oft positivere Erfahrungen, die aus ihrer Sicht aber im Ungewissen liegen.

Das Ganze beruht wie gesagt auf dem Gesetz der Resonanz. Das Wort wird vom lateinischen Verb *resonare* abgeleitet, das so viel bedeutet wie »wieder ertönen«. Einfach ausgedrückt: Was man ausstrahlt, bekommt man zurück. Deshalb ist es wichtig, darauf zu achten, auf was oder wen man sich einstimmt. Denn dies ist sehr entscheidend für Ihren Erfolg und Ihre Lebensqualität. Achten Sie auch darauf, dass Sie nur mit »stimmigen« Zielen in Resonanz gehen.

Dabei ist auch die Wahl des richtigen äußeren Resonanzfelds von Belang. Wenn Sie beispielsweise vorhaben, in der Kunstszene weiterzukommen, dann kann es für Sie wichtig sein, sich in Kreisen zu bewegen, die sich mit dem Thema beschäftigen. So werden Sie inspiriert, bauen Kontakte auf, kommen »in die Schwingung hinein«, die diese Menschen aussenden. In eine solche Atmosphäre bringt Sie auch eine Ausstellung, ein Kurs, oder aber ein Buch.

Wichtig für Sie ist es, dass Sie sich mit entsprechenden »Vibrations« umgeben. Wenn Sie zum Beispiel einen neuen Partner suchen, können Sie etwa zu Singletreffs gehen, wo viel geflirtet wird. Wenn Sie »reich« werden wollen, dann suchen Sie doch mal einen Ort auf, an dem sich wohlhabende Menschen aufhalten. Wollen Sie sich spirituell verwirklichen, können Sie eine Sangha bzw. einen Meditations- oder Gebetskreis von Gleichgesinnten suchen und mit diesen Menschen Kontakt pflegen.

»Locker formuliert, doch die Wirklichkeit sieht anders aus«, wird mancher jetzt einwenden, aber versuchen Sie's doch einfach mal ... So wie Sie Schwingungen aussenden, werden diese auch wieder auf Sie zurückkommen. Der Volksmund bringt es auf den Punkt: »Wie man in den Wald hineinruft, so schallt es heraus!«

Bei einer positiven Veränderung ist die Identität, die Sie zum Zeitpunkt der richtigen Einstellung bzw. Resonanz ummantelt, nicht mehr deckungsgleich mit jener, die Sie sonst gehabt hätten. In der Regel braucht es einundzwanzig Tage der »Gewöhnung« an die neue Zielschwingung, bis diese auch von Ihrem »Körper-Energiesystem« (der Zellinformation) als »normal« und als »stabil« empfunden wird.

Verändern Sie Ihre Resonanz dauerhaft durch eine neue Eigenschwingung, folgen auch positive äußere Ereignisse. Sie als Mitschöpfer übernehmen die Verantwortung für alles, was Ihnen geschieht. Erkennen Sie die Ursache in Ihrem Inneren und bestimmen Sie selbst, was Sie wirklich erleben wollen. Gestalten Sie so bewusst Ihre Zukunft. Geben Sie den Widerstand gegen und die Angst vor positiver neuer Veränderung auf.

Wir wurden geboren, um in der Fülle zu leben. Es ist letztlich die innere Fülle, die sich im Äußeren ausdrückt. Sie erkennen dies beispielsweise in den Lebensbereichen, in denen es bei Ihnen »gut läuft«. Dort haben Sie die innere Fülle in der Regel bereits realisiert.

Sie senden Ihre »Eigenschwingung« vierundzwanzig Stunden am Tag, ob Sie wollen oder nicht. Machen Sie sich bewusst, dass Sie ein Sender sind, der ständig Energie mit einer bestimmten Frequenz ausstrahlt. Mit dieser Energie ziehen Sie unweigerlich bestimmte Ereignisse, Begegnungen und Umstände in Ihr Leben.

Sie bewegen sich dabei permanent. Dadurch lösen Sie dynamische Prozesse bei anderen aus. Indem Sie also in dieser Weise walten, wirken Sie zugleich. Seien Sie sich dieser Urkräfte und Kausalketten bewusst und handeln Sie entsprechend verantwortungsvoll.

Übung: Test der Resonanzfähigkeit

Ihre Manifestation hängt davon ab, ob Sie für die Zielschwingung resonanzfähig sind. Nach dem Gesetz der Resonanz können Sie nur das in Ihr Leben ziehen, was Ihrem »Sosein« entspricht. Wenn Sie Ihre »Jetzt-Schwingung« mit Ihrer »Ziel-Schwingung« in Einklang bringen, verwirklicht sich Ihre Absicht. Fragen Sie sich einmal:

- Als wer leben Sie? Womit identifizieren Sie sich?

- Als wer denken, fühlen, reden, handeln Sie?

- Was empfinden Sie als zu Ihnen gehörig? Was nicht?

- Haben Sie ein Mangel- oder ein Wohlstandsbewusstsein?

162

- Wovor haben Sie Angst? Was befürchten Sie? Was hoffen Sie?

- Was erwarten Sie?

- Was, vermuten Sie, wird bald geschehen?

- Wie gesund sind Sie? Gehen Sie bewusst mit Ihrer Gesundheit um?

- Wer oder was führt Ihr Leben?

- Ist es der Zufall?

- Ihr Verstand?

- Ihre Intuition?

- Leben Sie mit Erfolgsbewusstsein?

- Empfinden Sie sich als Gewinner?

- Wo erwarten Sie Erfolg?

- Wo erwarten Sie keinen Erfolg?

- Wofür haben Sie sich in Ihrem Leben unwiderruflich entschieden?

- Wofür entscheiden Sie sich jetzt unwiderruflich?

- Was bedeutet Ihnen ein erfülltes Leben?

- Wie erreichen Sie Ihre Erfüllung?

- Was müssen Sie jetzt tun, um dieses Ziel zu erreichen?

Als Zwischenbilanz können Sie sich auch anhand der folgenden Fragen vergegenwärtigen, welche Ursachen Sie durch Ihr »Sosein« setzen. Sie sollen Ihnen dabei helfen, Ihren inneren »Lebensarchitekten« für Ihre Zielschwingung resonanzfähig zu machen:*

- Was bewirke ich mit meiner Stimme,

- mit dem, was ich sage,

- mit meiner Kleidung,

- mit meiner Gestik,

- durch mein Verhalten,

- durch mein Aussehen,

- durch meine Haltung,

- durch meine Körpersprache,

- durch meine Mimik,

- durch meine Erwartungen,

- durch meine inneren Bilder?

---

* Vgl. Kurt Tepperwein: *Werden Sie Ihr eigener Lebensarchitekt*, mvg 2006.

Fragen Sie dann weiter:

- Was sind die Konsequenzen?

- Wo kommt in meinem Leben die Freude zu kurz?

- Wie optimiere ich meine Gesundheit?

- Wie werde ich erfolgreicher?

- Habe ich den idealen Partner bzw. lebe ich meine Partnerschaft ideal?

- Bin ich der ideale Partner?

- Was benötigt meine Partnerschaft zum Glück?

- Wo liegen etwaige Hindernisse?

- Welche Wünsche habe ich in Bezug auf meine Partnerschaft, Gesundheit, mein Einkommen, meinen Beruf, Besitz, meine Lebensumstände?

- Welche Konsequenzen ergeben sich daraus für mein »Hier und Jetzt«?

- Warum?

- Welche Wünsche habe ich an mein Leben?

- Wie kann ich sie erfüllen?

- Welche Schritte muss ich dafür gehen?

- Wie sieht mein klar umrissenes Ziel aus bezüglich Partnerschaft, Beruf, Gesundheit…?

- Was habe ich bisher dafür getan?

- Was bin ich jetzt bereit dafür zu tun?

- Wo liegen meine Prioritäten?

- Wer oder was spielt in meinem Leben die Hauptrolle? Erfolg, Anerkennung, Geld, Besitz, Macht, Liebe, Beziehungen, der Kontakt zur universellen Energie bzw. dem Göttlichen...

- Was macht mein Leben lebenswert: jetzt, früher, in Zukunft?

- Was sind die Konsequenzen?

- Was ist jetzt loszulassen?

- Was ist zu ändern?

- Was ist zu lernen?

- Was will ich mir angewöhnen?

- Welche Fähigkeiten möchten durch mich entwickelt werden?

- Welche Absicht möchte sich durch mich ausdrücken?

- Welche Aussichten habe ich?

- Setze ich mein Geld optimal ein?

- Stelle ich die richtigen Fragen?

- Bekomme ich darauf die richtigen Antworten?

- Warum lebe ich unter diesen Umständen?

- Was mache ich heute besser als gestern?

- Was mache ich morgen noch besser als heute?

- Was ist mein Wunschtraum?

- Wann will/sollte ich ihn verwirklicht haben?

- Bin ich bereit, jetzt damit zu beginnen? Wie?

- Lebe ich meine Wunschbiographie?

- Wie fördere ich meine spirituelle Entwicklung?

- Wie erinnere ich mich ständig an mich selbst?

- Wie lebe ich »wahr-nehmend«?

- Was ist für mich Erfüllung?

- In welcher Beziehung führt mich mein derzeitiger Weg zur Erfüllung?

- Was bedeutet für mich Selbstverwirklichung?

- Wie sieht das konkret aus?

- Wie lange, glaube ich, werde ich leben?

- Was ist nach all dem Erkannten zu tun?

- Wie ist es zu tun?

- Was sind die Prioritäten?
- Was ist mein Gesamtziel?
- Welchen Weg gehe ich?
- Was ist der nächste Schritt?
- Welche Hindernisse bzw. Widerstände könnten entstehen?
- Wie löse ich diese auf?
- Was tue ich, um am Ende voller Glück auf mein Leben zurückblicken und es in Frieden loslassen zu können?

Sie sind sich selbst anvertraut. Sorgen Sie dafür, dass Sie Ihre Wahl nicht bereuen!

Eine weitere Methode, um in die richtige Schwingung zu kommen, ist es, mit dem Erwünschten wie mit einer Person zu reden.

Übung: Mit Erwünschtem reden wie mit einer Person

Führen Sie, wenn Sie möchten, ein Dialogtagebuch, in dem Sie eine positive Beziehung zu ganz bestimmten Lebensbereichen entwickeln, beispielsweise indem Sie das Geld, die berufliche Erfüllung, die Gesundheit, die Traumpartnerschaft – was immer das Thema ist – fragen, wie es ihm bzw. ihr mit uns geht. Erfassen Sie intuitiv die Antwort, notieren Sie sie und führen Sie das »Gespräch« fort. Wichtig beim »Dialogtagebuch« ist es, immer wieder in sich hineinzuhören und die Antworten aufzuschreiben, die Ihnen Ihre Intuition aus der Tiefe gibt.

Einer meiner Klienten, der große finanzielle Probleme hatte, musste sich überwinden, fand sich aber schließlich dazu bereit, folgenden imaginären Dialog zu führen:

»Hallo, Geld, wie geht es dir in der Beziehung zu mir?« –»Du liebst mich nicht!« – »Stimmt, ich habe Angst vor dir!« – »Warum hast du Angst vor mir?« – »Ich habe Angst, dass du verschwindest, sobald ich dich lieb gewonnen habe!« – »Du meinst, sobald du dich an mich zu klammern suchst?« – »O ja, ich glaube, da erkenne ich etwas...«

Nachdem Sie mit dem Lebensbereich Kontakt aufgenommen haben, richten Sie Ihre Liebe darauf. Es ist das Wesen der Liebe, alles zu wandeln, was sie berührt. Und dies ist auch unser wahres Anliegen: die positive Wandlung zu erlauben, die durch Sie geschieht, sobald Sie »das, was ist«, bedingungslos lieben, sobald Sie »den Frosch küssen«. So kann »der Prinz« in Ihnen erwachen. Es genügt erst einmal, eine liebevolle Beziehung zu Ihrem Thema zu entwickeln. Wichtig ist hierbei, dass Ihre Liebe bedingungslos ist. Das stimmige Tun ergibt sich dann aus der veränderten Beziehung zu diesem Lebensbereich von selbst. Sie können ihn auch mit einem Gefühl prägen und dadurch wandeln, beides ist möglich. In der Tabelle finden Sie beispielhaft beide Optionen: in der ersten Spalte Wandlung durch Liebe, in der zweiten Wandlung durch den emotionalen Fokus.

Schritte	Wandlung durch Liebe	Wandlung durch den emotionalen Fokus
1.	Denken Sie an einen bestimmten Bereich Ihres Lebens. Spüren Sie, welches Gefühl und welche Gedanken er in Ihnen auslöst.	
2.	Lassen Sie Liebe zu dem jeweiligen Lebensbereich fließen. Spüren Sie hin, welche Emotionen und Bilder dabei in Ihnen aufsteigen. Akzeptieren Sie eventuelle »negative« Gefühle, Bilder, Gedanken voll und ganz und erleben Sie, wie sie sich dadurch auflösen.	Fragen Sie sich, welche Gefühle und Gedanken dieser Lebensbereich in Ihnen auslösen sollte. Hierbei geht es nicht darum, sich vom Kopf her ein Idealgefühl auszudenken, sondern sich ehrlich zu fragen, welches Gefühl und welcher Gedanke stimmig wären.
3.	Erleben Sie, was entsteht, wenn Sie weiter Liebe auf diesen Bereich lenken. Seien Sie offen für das Ergebnis, das sich Ihnen nun zeigt, ohne es vorweg bestimmen zu wollen.	Verbinden Sie das Thema mit einem stimmigen positiven Gefühl. Falls Ihnen das schwerfällt, beginnen Sie mit positiven Gefühlen, die Sie leicht erzeugen können, etwa durch Entspannung, Gelassenheit usw.

Wichtig bei der Methode des Dialogtagebuchs ist die Konsequenz in der Anwendung. Sie werden dann schon bald spüren, dass Sie einen Fortschritt gemacht haben.

Den Widerstand loslassen gegen »das, was ist«

Suche den Buddha außerhalb deines eigenen
Geistes, und der Buddha wird der Teufel.

Dogen

Immer wieder kommt es im Leben vor, dass wir Widerwil-
len gegen etwas entwickeln, was wir eigentlich tun sollten,
damit sich unsere Projekte manifestieren. Dies beginnt bei
vielen Menschen schon morgens mit der Hemmung, überhaupt das Tagewerk zu beginnen. Hier hilft es erst einmal,
diesen Widerstand zu erkennen und sich nicht blind von
ihm blockieren zu lassen.

Widerstand kann verschiedene Ursachen haben. Oftmals zeigen sich darin unerfüllte Bedürfnisse, die gehört
werden möchten, bevor er sich löst. Auch kann es sein,
dass im Widerstand Angst verborgen ist. Etwas Unange-
nehmes möchte nicht erlebt werden. Hier hilft es, sich
hinzufühlen, das Unangenehme wahrzunehmen und dann
zu prüfen, ob es für uns wichtig ist oder nicht, sich mit
ihm auseinanderzusetzen. Ein Widerstand muss also un-
tersucht werden. Fallen wir stattdessen darauf herein und
reagieren wir mit Vermeidungsverhalten, kann keine
wirkliche Manifestation stattfinden.

Widerstand betrifft nicht nur unsere wichtigsten Projekte, er prägt auch unser zwischenmenschliches Miteinander. Insbesondere wenn Sie sich beispielsweise auf-

machen, etwas zum Positiven hin zu verändern und Neues zu manifestieren, kann es sein, dass Ihre Mitmenschen sich dagegenstellen. Denn Sie passen nicht mehr in das Vorstellungsmuster, das andere von Ihnen haben. Doch das ist kein Problem, wenn Sie sich selbst in Einklang mit den kosmischen Gesetzen verhalten. Wichtig ist es nur, dass Sie – bei aller eigenen positiven Veränderung – nicht »missionieren«. Gehen Sie lieber mit einem guten Beispiel voran.

Ob es nun um Ihre Arbeitskollegen oder Ihren Lebenspartner geht: Sie haben kein Recht, sie ändern zu wollen oder sie auch nur zu kritisieren. Das bedeutet aber nicht, dass Sie über alle Konflikte, die sich aus Ihren Veränderungen ergeben, »Harmoniesoße« gießen. Sie sollten die Konflikte vielmehr miteinander zu lösen versuchen und zwar konstruktiv und stimmig. Doch damit beginnen Sie, indem Sie den Konflikt in sich selbst lösen. Machen Sie Ihre Gedanken, Gefühle und Ihr Verhalten nicht abhängig von der Meinung anderer.

Andere können sich Ihnen widersetzen, doch das ist nicht so wichtig. Entscheidend ist, dass Sie Ihren eigenen Widerstand gegen die anderen und gegen das Leben erkennen und auflösen. Sie müssen einem Menschen, gegen den Sie etwas haben, nicht um den Hals fallen, aber Sie sollten ihm die Ehre erweisen, ihn so zu akzeptieren, wie er ist.

Wenn wir etwas ablehnen, ist das in den meisten Fällen ein Hinweis darauf, dass wir eine bestimmte Lernaufgabe zu bewältigen haben. Deshalb sollten wir zunächst einmal prüfen, ob wir genau die spezielle Gegebenheit in unserem Leben annehmen und möglicherweise transformieren (sprich: uns manifestieren) können, statt sie von vornherein abzulehnen.

Widerstand zu leisten gegen »das, was ist«, bewirkt in der Regel nichts. Es ähnelt – um mit Byron Katie zu sprechen – dem Unterfangen, einer Katze das Bellen beibringen zu wollen. Damit reden wir hier also nicht einem kritiklosen Fatalismus das Wort, sondern sprechen vielmehr von Gegebenheiten, an denen wir nichts wirklich ändern können. Gegen Windmühlen zu kämpfen führt immer zu Blockaden und Beschwerden. Doch wie lösen wir jetzt einen möglichen Widerstand?

1. Als ersten Schritt zum Auflösen der Widerstände gegen »das, was ist«, finden wir heraus, welche Urteile wir über einen Menschen, eine Angelegenheit oder uns selbst gefällt haben. Hierbei sind vor allem die Urteile von besonderer Bedeutung, mit denen Sie starke Emotionen oder auch Blockierungen erleben, denn sie fesseln unsere Aufmerksamkeit, oftmals unbewusst. Der Preis, den Sie für diese Arbeit zahlen, ist möglicherweise groß, aber der Nutzen ebenso. Das wird Ihnen wahrscheinlich erst wirklich klar, wenn Ihr Bewusstsein wieder von Urteilen und Anhaftungen frei ist.

2. Im zweiten Schritt sollten wir zu erkennen suchen, ob unsere Urteile lediglich Überzeugungen sind, die wir verändern können, und nicht wirklich objektiv sind. Es gilt also, die Überzeugungen zu hinterfragen, die sich in

unseren Urteilen ausdrücken. Vieles davon ist nichts weiter als subjektive Wahrnehmung. Leider machen wir uns in den seltensten Fällen die Mühe, sie zu prüfen: Ist mein Körper wirklich unattraktiv, anfällig und bereitet er nur Mühsal? Ist mein Partner tatsächlich so belastend, wie ich ihn empfinde? Ist der Gott, zu dem die Menschen beten, wirklich strafend, richtend, dogmatisch?

3. In einem dritten Schritt prüfen wir dann, ob unsere Überzeugungen hilfreich für uns sind und ob es statt der bisherigen hilfreichere, realistischere Ansichten gibt, die wir gewinnen können – über uns und über unser Gegenüber. Wir befreien uns vom Widerstand und seinen Folgen, indem wir vernichtende Urteile und belastende Überzeugungen erkennen, hinterfragen, loslassen und durch neue, bessere ersetzen.

Sollten Sie einen Menschen kennen, der allein schon durch seine »Art« Abneigung bei Ihnen erzeugt, können Sie bei der nächsten Begegnung vielleicht an die Worte Buddhas denken: »Ohne Geduld keine Erleuchtung, ohne unangenehme Menschen keine Geduld, also dankt ihnen!« Die Welt kann sein, wie sie will. Wenn Sie sich aufmachen, gelassen bzw. realitätsgemäß auch mit ihrer Unvollkommenheit umzugehen und dabei Ihren Widerstand zu transformieren, werden Sie das, was an Ihnen unwesentlich ist, abschälen, und Ihr wahres Selbst kann sich mehr und mehr bewusst durch Sie manifestieren.

Dankbarkeit ist natürlich nicht nur unangenehmen

Menschen gegenüber ein Thema, sondern bei dem Prozess der Manifestation generell. Sie ist unbedingt notwendig, um die Fähigkeit empfinden zu können, etwas zu genießen.

Durch die Kraft der Dankbarkeit sind Sie in der Lage, aus der Fülle heraus zu leben. Als Jesus Lazarus von den Toten erweckte, sagte er nicht nur: »Lazarus, komm [aus dem Grab] heraus!«, sondern er betete vorher: »Vater, ich danke dir, dass du mich erhörst, so wie du mich alle Zeiten erhört hast!«[*] Indem wir in eine Haltung von Dankbarkeit gehen, verwandeln wir jede Situation, auf die wir die Dankbarkeit richten, ins Positive.

Auf dem Weg zu unseren Zielen begegnen uns nicht nur vorhergesehene Schwierigkeiten, sondern wir erhalten auch unerwartete Unterstützung; all das macht unseren Lebensweg reich und spannend.

---

[*] Joh. 11,1–45.

Manifestation für Meister: »Wu-wei«

> Das Tao ist immer in sich ruhend.
> Es bezwingt, ohne zu kämpfen.

Laotse

Wörtlich übersetzt bedeutet der Begriff »Wu-wei« so viel wie »Nicht-Tun«. Damit gemeint ist ein »absichtsloses Handeln«*, was die Haltung des Nichteingreifens in den natürlichen Lauf der Dinge umschreibt, das sich frei von Absichten der jeweils aktuellen Situation anpasst. Wer »Wu-wei« lebt, erkennt in Dankbarkeit, dass nicht er der Handelnde ist, sondern die »eine Kraft«, die durch ihn wirkt. Es bedeutet unschuldiges, karmafreies Handeln, frei von jeglicher Berechnung und von jedem Egoismus. Wu-wei ist ein Zustand bewusster und hellwacher Gelassenheit, in dem man die Dinge geschehen lässt, ohne sich mit den Früchten des Handelns zu identifizieren. Es ist die »Manifestation in der Nichtmanifestation«, das Geschehenlassen des Willens der »einen Kraft«.

»Wollen, ohne zu wollen« (eben »Wu-wei«), können wir überall dort üben, wo wir spüren, dass jede Form des

---

* Ein Begriff aus dem *Tao Te King*. Vgl. zum Beispiel Laotse: *Tao Te King. Eine zeitgemäße Version für westliche Leser*, übersetzt von Peter Kobbe, Arkana 2003; vgl. auch *Lexikon der östlichen Weisheitslehren*, a.a.O.

177

gewaltsamen Eingriffs oder des Unterlassens uns in Disharmonie, Stress oder Frustration bringen würde. Lassen Sie doch einfach die Dinge »durch sich« geschehen; und indem Sie »wollen, ohne zu wollen«, gestatten Sie so Ihrem Unbewussten, mit dem Unbewussten in »allem, was ist«, zu kooperieren und die gewünschte Erfüllung herbeizuführen. So wie die »Atembeobachtung« beim Meditieren uns lehrt, den Atem weder voranzutreiben noch zu unterdrücken, lehrt uns das »Wollen, ohne zu wollen«, dass wir uns im Fluss des Lebens gelassen und stressfrei bewegen.

»Wu-wei« heißt, im Einklang mit sich und der Schöpfung zu sein, ohne auf einen Lohn zu warten. Einfach handeln, um sich selbst und den Augenblick optimal zu erfüllen. Wer aus dem Tao wirkt, ist angeschlossen an die »eine Kraft«. Sein Wirken ist mühelos. Nicht Sie wirken, sondern es wirkt durch Sie. Das Unendliche manifestiert sich durch uns nach außen. Es bedeutet, vom Werkenden zum Wirkenden zu werden. Das ist keineswegs Untätigkeit, Sie können im »Wu-wei« sogar sehr aktiv sein.

Einfach ausgedrückt, ist das Praktizieren von »Wu-wei« lediglich der Verzicht darauf, etwas für sich zu wollen, ein eigennütziges Ziel anzustreben, nach Beifall und Anerkennung zu schielen. Das Wirken erfüllt sich und ist sich selbst Lohn genug. Das Wirken ist der Lohn des Wirkens. Der Erwachte wirkt durch sein »Sosein«. Wirken heißt eins sein mit der Wirklichkeit. Wirken heißt, die Liebe der »einen Kraft« durch sich geschehen zu lassen.

Sobald Sie den Zustand erreicht haben, »Wu-wei« zu

praktizieren, können Sie aufhören, sich Gedanken zu machen über »Ihre« Probleme, sie zu analysieren und nach Lösungen zu suchen – sie sind allesamt aufgelöst. Es genügt, das Handeln durch sich geschehen zu lassen; den »Rest« können Sie getrost dem Tao überlassen …

»Wu-wei« verleiht Ihnen eine innere Autorität, frei von Eitelkeit und Gewinnsucht. Es ist eine Kunst, bei der Sie Künstler, Kunstwerk und Kunstgestaltung zugleich sind. Ihre Instrumente sind Ihr Körper und Ihr Bewusstsein.

Sie leben im »Wu-wei«, wann immer Sie harmonisch mit dem wahren Wesen und den Naturgesetzen zusammenarbeiten, die in Ihrem Umfeld wirksam sind. Dazu müssen Sie sich in Einklang mit der natürlichen Ordnung bringen. Das funktioniert nach dem Prinzip des geringstmöglichen Widerstands. Darum ist es auch so wichtig, widerstandslos zu sein. Es ist so, wie es ist! Am ehesten möchte ich ein Leben im »Wu-wei« noch vergleichen mit dem, was die Wissenschaft über den »Flow« entdeckt hat, einen Zustand, bei dem wir »im kreativen Fluss sind«. Damit beschreibt man den Prozess des »völligen Aufgehens im Leben, des Einswerdens mit einer Tätigkeit, neben der alle anderen bedeutungslos sind. Der Mensch, der Flow erlebt, geht wieder und wieder einer solchen Beschäftigung nach.«[*]

»Wu-wei« führt zur Nichteinmischung. Sie sollten nicht in den natürlichen Verlauf der Natur eingreifen, die alles

---

[*] Vgl. Mihaly Csikszentmihalyi: *Flow. Das Geheimnis des Glücks*, Klett-Cotta 1992.

aus sich selbst bereinigt. Denn nichts ist an sich böse oder schlecht, es kann lediglich ein Ungleichgewicht in manchen Dingen herrschen, das sich aber mit der Zeit automatisch wieder ausgleicht. Die Existenz befindet sich in Harmonie. Das Tao ist unsere Urnatur. Beim »Wu-wei« verhält man sich »den Umständen entsprechend« und horcht auf das Tao, lebt im Einklang mit ihm.

Praktizieren Sie »Wu-wei«, dann leben Sie aus der Quelle. Sie setzen Ihre Kräfte fast mühelos ein und haben endlos Energie. Vergeuden Sie nicht Ihre Kraft für Unbedeutendes, sondern leben Sie aus dem Tao. Wer nicht regeneriert, der degeneriert! Achten Sie deshalb darauf, dass Sie immer genug Reserven haben, und tanken Sie auf, sobald Sie merken, dass Sie aus dem »Flow« gefallen sind, denn ist Ihr Energietank erst einmal leer, brauchen Sie wieder viel Kraft, ihn aufzufüllen.

Die vierte Perle: Glaube

Was du mit Glauben und Mut begonnen hast,
das hilft dir Gott zu vollenden.

Christoph Martin Wieland

Religiöser Glaube und Vernunft

Das Wort »glauben« kommt vom mittelhochdeutschen *gelouben*. Daher stammen auch unsere Begriffe »geloben« und »loben«. Das althochdeutsche *gilouben* bedeutete »für lieb halten, gutheißen« und rückt dadurch in die Nähe des lateinischen *benedictus* und damit in eine Sinnverwandtschaft mit dem »Segnen«. Wenn wir »glauben« mit »segnen« in Zusammenhang bringen, erkennen wir, dass der »Glaube« eine »Tätigkeit« impliziert und durchaus verwandelnden Charakter haben kann.

Im alltäglichen Sprachgebrauch wird das Verb »glauben« auch als Ausdruck von Unsicherheit gebraucht, etwa im Sinne von »meinen, vermuten«. Wenn wir sagen: »Ich glaube, dass es morgen schönes Wetter gibt«, handelt es sich um etwas Hypothetisches, eine Annahme, keinen realitätsverändernden Glauben.

Der Glaube bezeichnet auch unser Vertrauen auf das

Wirken einer höheren Macht, die wir mit unseren Sinnen und dem Verstand, der Ratio, nicht direkt wahrnehmen können, den Glauben an Gott, die Existenz, an das Tao oder wie wir es nennen wollen. Wenn wir uns dem Glauben zuwenden, haben wir keine Beweise im »wissenschaftlichen« Sinne, aber eine Ahnung, eine Sehnsucht, ein inneres Wissen, ja, eine Gewissheit, dass es da etwas Umfassenderes gibt. Wir folgen unserer Sehnsucht. Indem wir dem unerklärbaren Sog in uns folgen, begeben wir uns in ein Reich, das sich unseren Erklärungsmodellen letztlich entzieht.

Eine besondere Herausforderung ist es dennoch, die Sehnsucht des Glaubens mit unserer Vernunft in Übereinstimmung zu bringen, da blinder Glaube fanatisch machen oder in die Sucht führen kann. Die meisten Suchtthemen sind nämlich Ausdruck einer verfehlten Suche, einer nichterfüllten Sehnsucht. Natürlich gibt es auch Fehlentwicklungen wie die spirituelle Sucht, die Sucht nach einer – realitätsfernen – »besseren« Welt, dem »kosmischen Orgasmus« oder auch den feinstofflichen Reichen. Wahrer Glaube braucht Bodenhaftung. Im Christentum hilft uns die praktizierte Nächstenliebe, im Buddhismus das tätige Mitgefühl, damit wir uns nicht in spirituellen Weihrauch eingehüllt benebeln. Ein Sinnbild für die bodenständige Spiritualität ist der Baum: Seine Äste ragen gen Himmel, seine Wurzeln bleiben in der Erde.

Die Begriffe »Vernunft« und »Verstand« werden oft verwechselt, sie sind aber nicht identisch. Der Verstand glaubt, zu verstehen, indem er Daten, Fakten, Bilder logisch durchdenkt und daraus Schlussfolgerungen zieht, die richtig oder falsch sein können. Er kann das eine aus dem anderen herleiten und mehr oder weniger sinnvolle Kausalzusammenhänge herstellen. Ihm fehlt jedoch die allumfassende, ja, man könnte sagen universelle Sicht, die Gabe zu erkennen, wie alles *letztlich* mit allem zusammenhängt. Ganz offensichtlich fehlt uns der Einblick in Dimensionen, die uns vielleicht bestimmte Phänomene erklärbar machen könnten, welche wir nicht verstehen, die aber dennoch real erfahrbar sind. So braucht der Verstand eine übergeordnete Instanz, die wir in der Vernunft finden. Vernunft erfordert Bewusstheit. Wenn Bewusstheit dafür sorgt, dass der Verstand sich der Vernunft unterordnet, breitet sich innerer Frieden in uns aus. Vernunft ermöglicht Rückbesinnung, Reflexion, und unterstützt die »Rückbindung« (lateinisch *religio*). Vernunft ist das »innere Wissen« von der Existenz einer allem Seienden zugrunde liegenden, »vernünftigen« Ordnung.

Seit Jahren gibt es Verbindungen zwischen moderner Quantenphysik und Buddhismus (die »Lehre von der Leere«, die String-Theorie und viele andere mehr). Das Tao als Ausdruck des universellen Gesetzes spiegelt sich im modernen »Tao der Physik« wider, aber auch im »Tao der Liebe«.*

---

* Vgl. zum Beispiel Matthieu Ricard und Trinh Xuan Thuan: *Quantum und Lotus. Vom Urknall zur Erleuchtung*, Arkana 2001, und Fritjof Capra: *Das Tao der Physik. Die Konvergenz von westlicher Wissenschaft und östlicher Philosophie*, O. W. Barth/Scherz 2000.

Dort, wo Glauben dazu dient, uns in Kontakt mit den Dingen zu bringen, die größer sind als die mit unseren Sinnen erfassbare materielle Welt, mit Gott, der universellen Energie, müssen wir unserer Ahnung, unseren inneren (metaphorischen) Sinnen folgen.

Die organisierte Religion kann eine Hilfe auf dem Weg zum Glauben sein, ebenso wie die östlichen oder modernen spirituellen Bewegungen. Welchen Pfad man wählt, hängt offenbar sehr mit der eigenen persönlichen Disposition zusammen. Letztendlich ist die Erfahrung der Kontaktaufnahme mit dem »Göttlichen« bzw. der »einen Kraft« eine individuelle Erfahrung.

Der Glaube schafft Tatsachen

Ernähre meine Seele mit der Milch deiner Sterne, allumfassender Himmel, und ich erzähle dir von der Lust der Erde durch deine Berührung.

Peter Raba

Die Geisteskraft des Glaubens verbindet uns mit der schöpferischen Urkraft des Universums, sodass durch bewussten Glauben nichts mehr unmöglich ist. Wir glauben zu viel an den praktischen Wert des Wissens und wissen zu wenig vom praktischen Wert des Glaubens. Wissen stellt nur Tatsachen fest – Glaube aber schafft Tatsachen. Doch es genügt nicht, den Glauben bloß anzunehmen. Wir müssen den Weg des Glaubens auch gehen.

Dann erkennen wir, dass der Weg des Glaubens uns zur Weisheit führt, ebenso wie die anderen Wege, die in diesem Buch erwähnt sind. Mit dem Glauben Tatsachen zu verändern ist nicht nur ein Pfad, den wir beschreiten, sondern auch eine Kunst, in der wir uns üben, und ein fortlaufendes Training, bei dem wir nicht nur Glaubens-»muskeln« und Geschicklichkeit entwickeln.

Diese »Muskeln« entwickeln wir nicht, indem wir uns vornehmen, an irgendetwas ganz fest zu glauben, denn in einem solchen Akt wäre ja bereits der Zweifel an unserer Annahme beheimatet. Viele Menschen werden engstirnig, weil sie sich an ihren Glauben klammern wie an einen Strohhalm. Andere resignieren, weil sie einmal etwas geglaubt haben und es scheinbar »nicht geklappt« hat. Das alles ist hier mit dem »Fakten schaffenden« Glauben nicht gemeint. Es geht vielmehr darum, eine innere Gewissheit zu haben. Das ist nichts, was man sich vorgaukelt oder an dem man krankhaft fixiert bleiben muss. Es ist eine grundsätzliche, als stimmig erfahrene »innere Bestätigung«, die unseren Glauben fühlbar macht. Diese innere Bestätigung bewusst und feinsinnig zu fühlen bis hin zur wahren Verwirklichung, das ist wahres Vertrauen.

Die »Stimmigkeit« erfahren Sie in der Regel in Form von innerlich aufsteigender Freude und Dankbarkeit.

Freude und Dankbarkeit sind sozusagen die »Empfangs-bestätigung« dafür, dass Ihr Glaube sich manifestiert hat, auch unabhängig davon, ob das äußerlich sichtbar ist oder nicht. Der Glaube hat sich in Ihnen manifestiert. Und Ihr Bewusstsein wächst wie ein Baum von innen nach außen. Und so streben wir durch unseren neuen Glauben in eine neue Realität hinein.

Glaube ist kein blindes Wiederholen von Wünschen. Es ist vielmehr eine »innere Arbeit«, ein Übernehmen der Verantwortung für den gegenwärtigen Zustand der Lebensumstände, ein Annehmen dessen, was man – auch karmisch bedingt – kreiert hat, verbunden mit der Gabe, dies mittels seines Glaubens zu verändern. Jesus sagt, hätten wir nur den Glauben so groß wie ein Senfkorn, könnten wir Berge versetzen.*

Glaube ist eine höchst intelligente Angelegenheit, denn im Glauben liegt die Bereitschaft, die Wandlungsfähigkeit der »Realität« anzunehmen. Dazu gehört unter anderem auch die Bereitschaft, anzuerkennen, dass man sich geirrt hat in dem bisherigen Glauben, dass dieser oder jener Mensch »böse«, dieses oder jenes Ziel »unerreichbar«, eine Beziehung »hoffnungslos« oder eine Krankheit »unheilbar« sei. Je nach Art des Glaubens arbeitet dieser für oder gegen uns, denn die Kraft des Glaubens verwirklicht letztendlich das, wovon Sie innerlich überzeugt sind. Dies bedeutet, dass sich tatsächlich an den eigenen Lebensumständen ablesen lässt, was man insgeheim glaubt.

---

* Matth. 17,20.

Die Welt, die wir mit unseren Sinnen erfahren können – das heißt sehen, hören, riechen, schmecken –, erleben wir vornehmlich als unsere äußere Welt. Was wir über diese Welt glauben, hängt zusammen damit, in welchen »inneren Welten« wir uns beheimatet fühlen. Vielleicht denken wir, dass es nur eine innere Welt gibt, doch wir können unser »inneres Erleben« in verschiedenen Ebenen sehen. Man kann sich das vielleicht vorstellen wie bei einer Zwiebel oder auch bei den ineinander »verschachtelten« russischen Matrjoschka-Puppen. Diese Ebenen gestalten sich etwa so:

- Die äußerste Schicht kann die materielle Welt repräsentieren.
- Die nächstfeinere Ebene sei die Welt der Emotionen.
- Noch etwas feiner ist die mentale Welt. Denn wir können nur klar denken, wenn wir nicht mit heftigen Emotionen identifiziert sind. Haben wir emotionalen Frieden erreicht – statt »blind« vor Wut, aber auch vor Liebe zu sein –, dann sind wir viel eher als zuvor in der Lage, unsere Gedanken zu lenken und mit klarem Kopf unsere Wirklichkeit zu gestalten.
- Irgendwann stoßen wir möglicherweise an die nächste »Schicht«, die ich »Kausalebene« nenne. Wir erkennen vielleicht, dass wir zwar positiv denken, uns dabei aber fast selbst vergewaltigen, weil in uns Glaubenssätze angelegt sind, die unseren Erfolg verhindern. So denken wir beispielsweise auf der einen Seite: »Ich bin reich«, und auf der anderen Seite bergen wir in uns einen Glau-

benssatz, der uns suggeriert, es sei »nicht in Ordnung«,
reich zu sein. Um diese Spannung zu lösen, ist es erforderlich, hinderliche Glaubenssätze aufzulösen.

- Danach gibt es die »Superkausalebene«. Hier erleben
wir uns in jedem Augenblick als Ursache von »allem,
was ist«.

- Und jenseits der Superkausalebene finden Sie die rein
»göttlichen« Ebenen, Ebenen »jenseits von Gut und
Böse«, in denen die Transzendenz, das Überschreiten
der diesseitigen Welt und der Kontakt mit umfassenderen Energien möglich ist.

Wenn wir uns dem Glauben zuwenden und unser Leben
positiv gestalten möchten, müssen wir uns stets dort abholen lassen, wo wir stehen. Haben wir uns beispielsweise
schon oberflächlich mit Seinszuständen bekannt gemacht,
die man erst nach einer längeren Zeit erreicht bzw. in ihrer
Gesamtheit erfassen kann, machen wir unter Umständen
spirituelle Erfahrungen von »göttlicher« Berauschung, von
Erhabenheit und Glückseligkeit; und trotzdem kann es
sein, dass wir zugleich gesundheitliche, emotionale oder
mentale Schwierigkeiten davontragen. Das wird in diesem
Fall dann an anderen Ebenen liegen, die zuvor noch nicht
aufgelöst worden sind: Möglicherweise tun wir zu wenig
für unsere Gesundheit, ernähren uns falsch, missachten
die Botschaft unseres Körpers und wundern uns, wenn
wir trotz unserer »hochfliegenden« Erfahrungen krank
werden. Wo wir in einem solchen Fall ansetzen müssen,
ist sicher klar.

Oder wir leben in Beziehungskonflikten, streiten mit unserem Partner, ärgern uns über ihn, finden nicht den Mut, ihm die Wahrheit zu sagen, und suchen dann vielleicht die Lösung in der Religion. Angesichts von Liebesschmerz und »Erleuchtungserlebnissen« ist die Gefahr groß, der »bösen Welt« entfliehen zu wollen. Auch hier gilt es, erst einmal die vordringlichen Angelegenheiten zu regeln, damit wir auf einem soliden Fundament wachsen können.

Bei unserem Bestreben nach Erlangung von Weisheit werden wir die einzelnen Erfahrungsschritte stets in der Reihenfolge vollziehen müssen, die uns entspricht. Dies bedeutet, dass wir die Aspekte, die wir »ungelöst« zurückgelassen haben, realisieren und integrieren müssen, damit wir uns vollkommen und ganz fühlen können. Es ist also sinnvoll, sich zuerst um das körperliche, dann sukzessive um das Emotionale, Mentale oder Kausale und das Spirituelle zu kümmern. Die Reihenfolge liegt in der individuellen Disposition. Doch letztlich sollte alles zusammenkommen.

Deshalb werden wir das Thema im Kapitel über die Verwirklichung (achte Perle) wieder aufgreifen und uns dort mit dem Erwachen und der Erleuchtung beschäftigen. An dieser Stelle fahren wir nun damit fort, dass wir uns mehr um die praxisbezogenen Aspekte des Glaubens kümmern. Manches von dem, was wir jetzt besprechen, überschneidet sich mit Themen der anderen Kapitel. So lernen wir, sie aus verschiedenen Blickwinkeln zu sehen und sie in ihrer Vieldimensionalität zu begreifen.

Glaube und Glaubenssätze

Man soll Denken lehren, nicht Gedachtes.

Cornelius Gustav Gurlitt

»Euch geschehe nach eurem Glauben«, lautet ein Christuswort.* Deshalb kommt es stets darauf an, dass wir das für uns »Stimmige« glauben. Die meisten Menschen halten irgendeine x-beliebige Sache, irgendwelche Wahrnehmungen, Schlussfolgerungen, vermeintliche Überzeugungen für wahr. Sie leiten daraus leichtfertig ihren »Glauben« ab, oftmals, ohne zu erkennen, dass die Art ihres Glaubens auch Ursache für ihr Erleben ist. Und manche sagen auch: »Ich glaube das erst, wenn ich es sehe« (zum Beispiel, dass Heilung, Erfolg, Lebensglück möglich ist). Doch in Wirklichkeit verhält es sich oft umgekehrt: Erst wenn man etwas glaubt, wird man es auch sehen! Mit dieser Einstellung kann ich wählen, in welcher Welt ich leben will, und danach wird sich meine Wirklichkeit manifestieren.

Dies geschieht in der Regel über Glaubenssätze. Sie sind an sich zunächst einmal »wertfrei« zu sehen. Solche grundsätzlichen Annahmen, die wir internalisiert haben, helfen uns bei Routineabläufen, sodass wir nicht von Gedanken und Emotionen, die im Alltag auftauchen, jedes

---

* Matth. 9,29.

190

Mal aufs Neue vollkommen hin und her gerissen sind. Eine bisher noch nicht so weit verbreitete Funktion, die in der letzten Zeit jedoch immer mehr Bekanntheit erlangt, ist die, dass Glaubenssätze – nach dem bereits erwähnten Resonanzprinzip – auch massiv die Wirklichkeit beeinflussen und zwar unsere wie auch die unserer Mitmenschen. Wir können mit dieser »Mechanik« zusammenarbeiten und sie auf eine konstruktive Weise nutzen.

Wie drücken sich Glaubenssätze aus? Alle Bewertungen, die Sie über einen Menschen haben und natürlich auch über sich selbst, haben ihre Wurzeln in Glaubenssätzen. Unsere Überzeugungen über unsere Partner, unsere Eltern, »die Welt« liefern uns niemals eine vollständige oder gar wahrhaftige Beschreibung darüber, wie unser Partner, unsere Eltern, »die Welt« *wirklich* sind. Da wir stets subjektiv urteilen, nur Teilwahrheiten kennen und unser Gehirn die Lücken kompensiert, indem es das Unbekannte am Maßstab des Bekannten interpretiert, nehmen wir in der Regel nur eine relative Wirklichkeit wahr, auch wenn wir uns noch so sehr um Objektivität bemühen.

Wichtig ist es für unsere Arbeit deshalb vor allem, Überzeugungen zu unterscheiden in solche, die für unser Leben hilfreich sind, und solche, die weniger nützlich oder gar kontraproduktiv sind. Schmerzbringende Glaubenssätze und Einstellungen sollten Sie aufzulösen, zumindest aufzulockern versuchen. Hierbei ist es wichtig, dass Sie die neuen Überzeugungen als ebenso realistisch erfahren wie die alten. Eine Überzeugung sollte in dem Sinne »funktional« sein, dass sie eine positive, stimmige Veränderung bewirkt – aber keinen geistigen Höhenflug mit programmierter anschließender Enttäuschung. Wenn Sie arbeitslos sind, können Sie vielleicht nicht glauben, dass der absolute Traumjob auf Sie wartet. Ihnen erscheint dies sicher unrealistisch. Eine Gefahr liegt auch darin, sich in Phantasien zu begeben, etwa indem man sich auf einen Lottogewinn »verlässt«. Wenn Sie Ihr Traumziel nicht wirklich glauben können, fragen Sie, was Sie davon für realistisch halten oder welcher Teilaspekt davon relevant ist. Nehmen wir einfach einmal an, dass es nicht nur das Geld, sondern auch der Spaß am Tun ist. Falls Sie bisher – um beim Beispiel der Arbeitslosigkeit zu bleiben – geglaubt haben: »Niemand gibt mir einen Job«, ersetzen Sie diesen Glaubenssatz durch die realistische Annahme: »Immer wieder mal gibt es kleine Jobs, die Spaß machen, warum nicht auch für mich?« Wenn Ihnen doch eher die finanzielle Sicherheit ein Anliegen ist, dann glauben Sie zum Beispiel: »Immer wieder gibt es Menschen, die bereit sind, für eine Entlastung Geld zu zahlen, warum nicht auch in meinem Umfeld?«

Es geht bei der Wahl neuer Glaubenssätze also nicht darum, sich etwas vorzumachen, sondern um eine kleine, hilfreiche Veränderung in der Art, in der Sie andere oder sich selbst sehen können. Und sobald sich diese kleine, positive Veränderung etabliert hat, können Sie darauf aufbauen und im gleichen Sinne weitere Fortschritte machen.

Nehmen wir als Beispiel einmal den Glaubenssatz »Es

war ein Fehler, zu heiraten«. Hilfreiche, ebenso realistische, neue Glaubenssätze, die Ihre Situation zum Besseren wenden können, wären in dem Fall auch die folgenden:

- Ich kann damit leben, dass ich meinen Partner geheiratet habe.
- Menschen heiraten und sind manchmal glücklich und manchmal unglücklich mit ihrem Partner.
- Ich kann nicht wirklich wissen, ob es ein Fehler war, zu heiraten.
- Zu heiraten bedeutet nicht, »meine Seele zu verkaufen« – ich bin trotzdem frei.

Durch die Formulierung von neuen Glaubenssätzen soll nun keineswegs bestritten werden, dass die bisherige Annahme richtig sein kann. Doch Sie erweitern so auf jeden Fall Ihren Horizont und Ihre Optionen, um zu einer für Sie und andere möglichst guten Lösung zu kommen. Beziehungen sind übrigens ein besonders dankbares Betätigungsfeld für »Glaubenssatzarbeit«, weil hier die positiven Veränderungen oftmals binnen kurzem in Erscheinung treten.

Durch Ihre – meist unbewussten – Glaubenssätze prägen und leben Sie eine »innere Formel«, die sich im Außen dann als Ergebnis zeigt. Vielleicht erscheint es Ihnen zunächst unglaublich, dass eine innere Formel einen solchen Einfluss auf Ihr Leben haben soll, aber die Erfahrung gibt dieser These recht. Der Bewusstseinsforscher und Initiator der Avatar-Bewegung Harry Palmer zum

Beispiel sagt, Überzeugungen seien Gedankenformen, mittels derer wir unsere Realität erschaffen, interpretieren und mit ihr in Interaktion treten. Das »Handhaben« von Überzeugungen verleihe uns die Macht, unser Bewusstsein umzustrukturieren und neue Realitäten zu schaffen.*

Übung: Positive Glaubenssätze formulieren

Wenn Sie es sich nicht vorstellen können, dass Sie begrenzende Vorstellungen in sich tragen, gehen Sie doch einmal einige Ihrer Lebensbereiche (etwa Familie, Beruf, Hobby) durch und schreiben Sie auf, wovon Sie im jeweiligen Umfeld überzeugt sind. Notieren Sie nicht, was Sie darüber denken sollten oder wollen, sondern das, was Sie wirklich glauben, wovon Sie zutiefst überzeugt sind. Dafür ist es wichtig, tief in sich hineinzuspüren. Schreiben Sie diese Vorstellungen und Überzeugungen auf die linke Seite eines Blattes. Dabei werden Sie vermutlich feststellen, dass einige Glaubenssätze schon jetzt nicht mehr Ihrem neuen Maßstab entsprechen.

---

* Vgl. Harry Palmer: *ReSurfacing. Wiederauftauchen. Techniken zur Erforschung des Bewusstseins*, J. Kamphausen 1995.

Dies wird Ihnen helfen, Ihre Denkmuster umzustellen und alte Blockaden und Glaubensmuster zu lösen. Wenn Sie sich anschließend Ihre derzeit für Sie stimmige, realistische innere Formel bewusst machen und diese freudig bejahen, beginnt sie im gleichen Augenblick unaufhörlich für Sie zu arbeiten.

Der renommierte Onkologe O. C. Simonton zum Beispiel beweist in seinem Krebsheilungszentrum, dass allein durch Glaubenssatzarbeit sogar Tumorheilungsprozesse in Gang gesetzt werden können.* Sorgen Sie also stets dafür, dass Sie »das Richtige« glauben, denn die Geisteskraft des Glaubens verbindet Sie mit der schöpferischen Urkraft des Universums, sodass von da an Energie in den richtigen Kanal fließt.

Indem Sie Ihrer »inneren Formel« als Ursache für Ihr Erleben auf die Spur kommen, übernehmen Sie wieder mehr Verantwortung für Ihr Leben. In dem Begriff »Verantwortung« steckt das Wort »Antwort«. Wenn wir die »Verantwortung« für unsere Lebensumstände übernehmen, entdecken wir unsere »Antwort« auf sie. Wir erleben uns selbst damit als Ursache für unser Erleben.

Um die positive Formel zu finden, die Sie stattdessen jetzt verinnerlichen wollen, fragen Sie sich beispielsweise,

---

* O. C. Simonton: *Wieder gesund werden*, Rowohlt 2001.

195

welche Glaubenssätze ein Mensch haben könnte, bei dem genau diese Angelegenheiten offensichtlich optimal geregelt wären (Punkt 5 der nächsten Übung). Sie erkennen so den belastenden und den hilfreichen Glaubenssatz und können zwischen beiden wählen.

Übung: »Umglauben«

Die Technik, die wir »Umglauben« nennen, kann man in folgende Schritte gliedern:

1. Ich notiere meine aktuelle Lebenssituation, insbesondere eine Schwierigkeit, an der ich leide. Hierbei achte ich auf eine genaue Formulierung.

2. Ich erkenne und akzeptiere, dass einzig und allein meine innere Formel diese Situation geschaffen hat.

3. Ich mache mir bewusst, welche von diesen Glaubenssätzen mich betreffen und wo sie in meinem Körper lokalisierbar sein könnten, das heißt, wie mein Körper reagiert, wenn ich diese Glaubenssätze denke.

4. Ich mache mir bewusst, dass ich selbst die Ursache bin für das, was ich erlebe, und versuche, Kontakt aufzunehmen mit meinem »Ich bin«.

5. Ich frage mich, welche Glaubenssätze/Überzeugungen ein anderer Mensch haben müsste, der genau dieses Problem optimal gelöst hat.

6. Ich verinnerliche realistische, aber hilfreichere Glaubenssätze, die ich statt der bisherigen bejahe. Ich liste Bestätigungen dafür auf, dass diese neuen Glaubenssätze wahr sind. (In der Tabelle sind einige Überzeugungen von Klienten für belastende und für funktionale, hilfreiche Überzeugungen bzw. Glaubenssätze aufgeführt.)

Belastende Überzeugung	Hilfreiche Überzeugung
Mein Hauptkunde ist immer schlecht gelaunt und vermiest mir die Freude an meinem Beruf.	Mein Hauptkunde gibt mir jeden Tag erneut die Möglichkeit, meine Kommunikationsfähigkeit zu trainieren.
Mein Partner ist ein Tyrann, der mir den Lebenssaft aus den Adern saugt.	Mein Partner weiß ganz genau, was er will, und das kann mich ermuntern, für mich selbst herauszufinden, was ich will.
Ich bin hässlich, es lohnt sich nicht, etwas für mein gutes Aussehen zu tun, und einen Partner finde ich schon gar nicht.	Mein Körper fordert mich auf, Vorstellungen darüber loszulassen, wie er sein sollte, und ihn bedingungslos zu lieben.

Ich erreiche meine Tagesziele nicht, weil ich so viel Zeit für mich selbst brauche – ich bin ein nutzloser Mensch.	Meine Tagesziele sind mir ebenso wichtig wie der liebevolle Umgang mit mir selbst, und ich werde ein Meister darin, beides zusammenzubringen, ohne eins von beiden zu vernachlässigen.
Auch wenn ich etwas noch so will, es ist für mich unerreichbar.	Wenn der Wille mich durchdringt, ist ein realistisches Ziel auch erreichbar.
Man kann sich nicht alle Wünsche erfüllen.	Wenn ein Wunsch mir wirklich auf der Seele brennt, ist auch die Erfüllung möglich.
Man kann nicht immer so, wie man will.	Ich bin bereit, für mich stimmige Wege zu finden.
Es ist schwer, wirklich gute Freunde zu finden.	Ich bin mir selbst und anderen ein guter Freund.
Ich habe nie Zeit für das, was mir wichtig ist.	Ich kann mir Zeit nehmen für das, was mir wirklich wichtig ist.
Ich habe keine Möglichkeit, mein Leben zu beeinflussen.	Ich habe immer wieder einen gewissen Einfluss selbst erlebt, also habe ich Einfluss, zumindest manchmal.
Erfolg zu haben ist mühsam.	Erfolg zu haben macht Freude.
Mein Umsatz ist zurückgegangen, ich bin ein Versager.	Ich nehme zur Kenntnis, dass ich mein Vorjahresergebnis nicht erreicht habe, akzeptiere diese Tatsache und prüfe, was das Leben jetzt von mir erfordert.

Glaubenssätze über die Partnerschaft und das Mann- bzw. Frausein

> Männer wollen immer die erste Liebe einer Frau sein, Frauen sind gern der letzte Roman eines Mannes.
>
> *Oscar Wilde*

Natürlich haben wir ebenso Glaubenssätze über Beziehungen generell und auch über unsere aktuelle Partnerschaft, falls wir gerade nicht »solo« sind. Wir glauben möglicherweise, dass diese Annahmen ihre Berechtigung haben, weil sie auf unseren Erfahrungen beruhen. Manche haben vielleicht erlebt, dass ihr Partner mürrisch, arrogant oder auch widerspenstig ist. Doch das, was wir in unserer Beziehung erleben, ist immer auch eine Folge dessen, was *wir* glauben. Darum ist es so wichtig, das »Umglauben« ebenso auf diesen Bereich auszudehnen. Indem Sie Ihre Glaubenssätze verändern, verändern Sie automatisch Ihre Beziehung. Wenn Sie bei Ihrer Glaubenssatzarbeit ein Stück weitergekommen sind, werden Sie wahrscheinlich sehr leicht erkennen, dass Ihr Partner bisher fast keine andere Wahl hatte, als so zu reagieren, wie es »von ihm erwartet wurde«, und dass ihm erst jetzt die Option eines neuen Verhaltens offensteht.

Auch hier ist es wichtig, neue realistische Glaubenssätze zu finden, da Sie nur selten einfach das Gegenteil von dem glauben können, was Sie bisher angenommen haben. Wenn Sie zum Beispiel der Meinung sind, Beziehungen seien »harte, unangenehme Lernaufgaben«, werden Sie nicht ohne weiteres von heute auf morgen glauben können, dass Beziehungen »wunderbare, leichte, ausschließlich angenehme Bereicherungen des eigenen Lebens« sein können. Ihr Unbewusstes kann dies nicht übernehmen und wird so lange den Haken an der Beziehung bzw. die Fehler im anderen suchen, bis es den alten Glaubenssatz bestätigt findet.

Wenn wir zugleich am alten wie am neuen Glaubenssatz festhalten, werden wir uns als gespalten erleben zwischen dem Negativen, das wir für realistisch halten, und der Utopie, die wir uns wünschen. Aber indem wir das Negative, das wir bisher geglaubt haben, durch etwas Realistisch-Positives ersetzen, das für uns ebenso wahr ist, öffnen wir das Türchen zu dem Wunderbaren, das uns der Glaube bieten kann.

Ergänzend ist es ebenso im Bereich der Beziehungen wichtig, nicht nur die bisherigen dysfunktionalen durch realistische, aufbauende Glaubenssätze zu ersetzen, sondern auch dafür die Bestätigung zu finden, weil wir dadurch das Positive verankern. Wenn wir bisher geglaubt haben, dass Beziehungen »harte, schicksalhafte und unangenehme Lernaufgaben« sind, können wir möglicherweise bereits heute schon glauben, dass Beziehungen Lernaufgaben sind, die auch viel Glück mit sich bringen, und unsere gedankliche Energie darauf richten. Wir betrachten unseren bisherigen Lebensweg, erinnern uns tatsächlich an Situationen, in denen wir »glücklich« waren, und sagen uns: »Ja, das stimmt!« Indem wir also unsere Glaubenssätze in dem Grad positiv verändern, zu dem sie uns realistisch erscheinen, verändern wir die Art und Weise, wie wir unsere Beziehung erleben, eindeutig zum Positiven hin.

Übung: Glaubenssätze über Beziehungen verändern

Betrachten Sie alle Ihre bisherigen Beziehungen und achten Sie einmal auf den gemeinsamen Nenner, aber auch auf Besonderheiten. Waren alle bisherigen Lebensgefährten untreu, ist es wahrscheinlich, dass Sie glauben, Partner gingen generell fremd.

Entdecken Sie auch »verschachtelte Glaubenssätze«, die sich in Bedingungen zeigen – listen Sie diese auf. Beispiel: Nehmen wir einmal an, Ihre bisherigen Partner waren sanft, aber langweilig. Nun haben Sie einen unterhaltsamen, jedoch hysterischen Partner. Dann entlarven Sie als möglicherweise dahinterstehenden Glaubenssatz: »Unterhaltsame Partner sind hysterisch.«

Verschachtelte Glaubenssätze (Bedingungen) wie »Zuverlässige Frauen sind langweilig im Bett«, »Schöne Männer sind untreu« oder »Man kann keine Beziehung führen, die stabil und zugleich spannend ist« sollten dringend positiv verändert werden. Wie hatten wir schon mehrmals angedeutet? – Sobald du es glaubst, wirst du es sehen!

Notieren Sie einmal drei unangenehme Eigenschaften, die Sie Ihrem Partner zuschreiben. Und dann verändern Sie die am meisten schmerzhafte Einschätzung durch eine realistische andere. In vielen Fällen erleben Sie die vitalste Auflösung, indem Sie den Glaubenssatz auf sich selbst oder Ihre Einstellung beziehen (Verantwortungsrücknahme). Als dritten Schritt wählen Sie einen positiven Glaubenssatz, als vierten Schritt Bestätigungen für die Richtigkeit des neuen Glaubenssatzes, zum Beispiel so:

1. *Verantwortungsabgabe:* Mein Partner saugt mich aus.

2. *Verantwortungsübernahme:* Meine Einstellung zu meinem Partner saugt mich aus.

3. *Selbstermächtigung:* Meine Beziehung nährt mich.

4. *Bestätigungen:* Ich lerne, mir Freiräume zu schaffen, kommuniziere meine Bedürfnisse, ich spüre immer klarer, was ich fühle und brauche… (Am besten fügen Sie hier noch konkrete Erlebnisse ein.)

Besonders wichtig ist es auch, zu prüfen, welche Glaubenssätze Sie über das eigene und welche Sie über das andere Geschlecht haben. Wenn Sie zum Beispiel ein eher sensibler Mann sind und denken, Männer seien im Allgemeinen grob, dann werden Sie sich schwertun, im Berufs- wie im Privatleben »Ihren Mann zu stehen«. Denn auf einer unbewussten Ebene wird der »Archetyp Mann« Ihnen nicht den Rücken stärken, wenn Sie sich als »anders« erleben. Sie leiden dann vielleicht unter Verzärtelung und Überempfindlichkeit, statt Ihre »männliche Sensitivität« zu genießen.

Den Glaubenssatz über das eigene Geschlecht positiv zu verändern heißt in diesem Fall nun nicht, dass Sie zum »Macho« mutieren. Es bedeutet vielmehr, einen Weg zu finden, Ihre Sensibilität mit der Schönheit des Mannseins zu verbinden.

Kommen wir nun zu den Glaubenssätzen über das andere Geschlecht. Wenn Sie beispielsweise ein Mann sind und denken, Frauen seien »hinterlistig und gemein«, dann kann Sie das in Schwierigkeiten bringen. Entweder Ihre gegenwärtige Partnerin entspricht dieser Vorstellung, dann ist sie zwar nach Ihrer Definition eine »richtige« Frau, doch Sie werden unter ihren »Gemeinheiten« leiden. Oder aber Ihre Partnerin ist »ehrlich, offen und meint es gut mit Ihnen«, dann könnten Sie sie unbewusst nicht als »richtige Frau« einstufen. Möglicherweise suchen Sie sich dann eine Geliebte, die keine Probleme mit einer solchen »Ménage à trois« hat, weil Sie nur derartige Damen als »richtige« Frauen erkennen und begehren.

Übung: Sich der Glaubenssätze über das eigene Geschlecht bewusst werden

Um sich der Glaubenssätze über das eigene Geschlecht bewusst zu werden, fragen Sie sich doch einmal:

● Welche typischen Eigenschaften an Männern oder Frauen mag ich nicht?

● Was ist mein hinderlichster Vorbehalt gegenüber dem eigenen und gegenüber dem anderen Geschlecht?

● Welcher Bereich des eigenen und welcher des anderen Geschlechts braucht am dringendsten eine Neubewertung?

Scheuen Sie sich nicht, ehrlich und wahrhaftig gegenüber sich selbst und Ihren Glaubenssätzen zu sein und das aufzuschreiben, was am deutlichsten eine eventuelle Belastung zeigt. Wenn Sie Ihre Beziehungen in einem neuen Licht sehen und aus einer anderen Perspektive bewerten, wird sich das mit ziemlicher Sicherheit positiv auf Ihre bestehende Partnerschaft auswirken.

Im Beispiel eines Klienten ergab sich folgende Veränderung: Der negative Glaubenssatz »Frauen sind traumatisierend und belastend für Männer« wurde zu dem hilfreichen, dennoch realistischen Glaubenssatz »Frauen bieten uns eine Möglichkeit, uns selbst besser kennenzulernen«.

Sinnvoll ist es auch, sich die Beziehung zu den eigenen Eltern sowie der Eltern untereinander bewusst zu machen und auch in diesem Bereich die Glaubenssätze positiv zu verändern. Oft finden Sie in Ihrer eigenen Beziehung eine Projektion Ihrer Elternbeziehung wieder. Indem Sie diese Glaubenssätze untersuchen und umschreiben, befreien Sie sich von dem Zwang, sie unbewusst nachzumodellieren bzw. kompensieren zu müssen.

Übung: Glaubenssätze über die Partnerschaft ergänzen

Vervollständigen Sie die nachfolgend aufgeführten Satzanfänge um für Sie aktuelle Glaubenssätze. Um sie zu finden, ist es sinnvoll, in sich zu gehen, sich Ihre Biographie zu vergegenwärtigen und bewusst wahrzunehmen, welchen Glaubenssatz Sie jeweils (er)leben. Gegebenenfalls fragen Sie sich, welchen Glaubenssatz ein anderer haben müsste, damit er das Gleiche erlebt.

Den veränderten positiven Glaubenssatz sollten Sie aus Ihrer Bewusstheit heraus finden. Ihre Intuition wird Ihnen sagen, ob er »stimmig« ist:

- Beziehungen sind …

- Frauen/Männer sind …

- Mein gegenwärtiger Partner ist …

- Sexualität ist …

- Mit meinem Partner zu reden bedeutet …

- Erfüllung finde ich …

- In (m)einer Beziehung bin ich verpflichtet, …

- Bezüglich meiner eigenen Bedürfnisse erlebe ich …

- Das Potenzial meiner Beziehung erlebe ich …

- Mein Vater/meine Mutter ist/war beziehungsmäßig …

- Die Beziehung zu meinem Vater/meiner Mutter ist/war …

In der Tabelle finden Sie typische Beispiele aus meiner Beratungspraxis.

Zu ergänzender Satz	Bisheriger belastender Glaubenssatz	Neuer aufbauender Glaubenssatz
Beziehungen sind...	... traumatisierend und belastend.	... Möglichkeiten, sich selbst besser kennenzulernen.
Frauen...	... sind gemein, hinterlistig und nutzen mich emotional aus.	... haben eine eigene Art, das Leben anzugehen, die wertvoll ist und den Mann in mir gut ergänzt.
Männer ...	... sind grobe, liebesunfähige Rabauken, die dumm daherreden und immer saufen.	... können gut zupacken, haben das Recht, anders zu sein als Frauen, und sind wertvoll und attraktiv. Ich ehre den Mann in mir.
Mein gegenwärtiger Partner...	... ist repressiv, intolerant und vorstellungsbesessen.	... bringt Struktur und Verantwortung in mein Leben.
Sexualität...	... ist ein Thema, von dem ich mich so langsam verabschieden muss.	... ein Thema, das von mir auf eine völlig neue Art angegangen werden muss.
Mit meinem Partner zu reden bedeutet,...	... Streit, Verletzung und Ärger zu riskieren.	... in Gesprächen auch einmal zuzuhören und die eigene Wichtigkeit nicht zu überschätzen.

207

Erfüllung finde ich …	… nur in einigen Lebensbereichen, in anderen fühle ich mich sträflich unterversorgt.	… indem ich die schönen Seiten meiner Beziehung annehme und auch nach meiner eigenen Fasson lebe.
In (m)einer Beziehung bin ich verpflichtet …,	… absolut treu zu sein und allem nachzukommen, was mein Partner von mir verlangt.	… mir selbst treu zu sein und mit den Bedürfnissen meines Partners reif und liebevoll umzugehen.
Hinsichtlich meiner eigenen Bedürfnisse erlebe ich …,	… dass ich in meinem Ausdruck zu kurz komme und mich nicht entfalten kann.	… dass ich die Chance habe, mich auf das Wesentliche zu konzentrieren und stimmigere Strategien der Erfüllung zu finden als bisher.
Das Potenzial meiner Beziehung erlebe ich …	… als begrenzt.	… als unbegrenzt, da es immer wieder Wunder gibt, wenn ich es nur zulasse.
Mein Vater ist/ war beziehungsmäßig …	… blockiert und unterdrückt(e) eine große Wut auf meine Mutter.	… ein Mensch mit viel Feingefühl, der dadurch gewachsen ist, dass er bei meiner Mutter geblieben ist.

Meine Mutter ist beziehungs- mäßig…	… hilflos und hat(te) Angst vor meinem Vater. Sie wünscht(e) sich ein anderes Leben.	… stark, selbstständig und liebevoll gewor- den, indem sie sich dieser Beziehung gestellt hat.
Die Beziehung meiner Eltern ist/war…	… eine Katastrophe.	… ein Zeichen dafür, wie zwei Menschen durch die Ehe wach- sen können.
Die Beziehung zu meinem Vater/meiner Mutter ist/war…	… schwierig.	… eine Chance zum Wachstum.

Wichtig ist es, den neuen, positiven Glaubenssatz in Gedanken, Worten, Emotionen und Taten regelmä- ßig zu bestätigen. Lassen Sie hierbei die Vorstellung los, wie genau sich Ihr Glauben bestätigt. Erleben Sie stattdessen, wie die Intelligenz des Lebens zu Ihren Gunsten arbeitet.

Zum Beispiel lautet Ihr neuer Glaubenssatz mögli- cherweise, dass Ihr Partner zärtlich ist, doch in Ihrer Beziehung ändert sich erst einmal nichts. Dafür aber erleben Sie, wie Ihr Partner zärtlich mit Pflanzen und Blumen umgeht. Erkennen Sie dies als ersten Schritt und als Bestätigung an.

Eigene Bedürfnisse erfüllen durch sinnvolles »Umglauben«

> Ich flattere von Stange zu Stange in einem Käfig, der kleiner und kleiner wird und dessen Tür offen steht, weit offen.
>
> *Gyula Illyés*

Viele Menschen haben belastende Glaubenssätze über den Umgang mit den eigenen Gefühlen, insbesondere in der Beziehung mit ihren Mitmenschen. Sie unterliegen dem Irrtum, andere seien für ihre Gefühle zuständig. Doch dieser Glaube ruft automatisch abhängige Beziehungen hervor. Es ist sinnvoll, sich das bewusst zu machen, sie aufzulösen und so einen freieren Umgang mit den eigenen Gefühlen zu erlauben. Indem Sie auch im emotionalen Bereich hinderliche durch realistische, aufbauende Glaubenssätze ersetzen, wird der Weg frei für erfüllte Beziehungen. In der Tabelle finden Sie Beispiele aus meiner Praxis.

Belastender Glaubenssatz über Gefühle	Realistischer hilfreicher Glaubenssatz
Der andere ist für meine Gefühle verantwortlich.	Der andere verstärkt in mir Gefühle, die ohnehin da sind, und bietet mir durch seine Art die Chance, bewusst damit umzugehen.
Wenn ich meine Gefühle mitteile, gibt es Ärger bzw. werde ich bestraft.	Wenn ich meine Gefühle mitteile, habe ich die Chance, dass wir einander näherkommen.
Es ist nicht gut, zu seinen eigenen Gefühlen zu stehen.	Es ist für meine eigene Lebendigkeit und mein eigenes Heil lebensnotwendig, bewusst zu fühlen, was ich empfinde, weil ich nur so frei von Gefühlsprojektionen werden kann.
Niemand nimmt meine Bedürfnisse wahr und ist an ihnen interessiert.	Ich bin daran interessiert, was meine eigenen Bedürfnisse sind. Ich bin an den Bedürfnissen meines Partners interessiert – weil ich ihn liebe.
Ich bin stets derjenige, der nicht verstanden, dafür aber zurecht- und zurückgewiesen wird!	Wenn mein Partner mich nicht versteht, ist dies nur ein Zeichen dafür, dass ich mich selbst noch tiefer verstehen muss, und bietet mir die Chance für einen erneuten Anlauf.
Mein Partner wird sich nie ändern.	Mein Partner bleibt nur so lange »stur«, wie ich ihn in einem starren Bild festhalte. Wenn ich ihn aus diesem Bild entlasse, kann er sich ändern oder auch nicht. Doch die Wahrheit kann ich nur herausfinden, wenn ich ihm unvoreingenommen begegne.

211

Ich habe nicht das Recht, meine Gefühle zu empfinden, etwa traurig zu sein, weil ... (beispielsweise: ... es Menschen gibt, denen es noch schlechter geht)!	Ich habe das Recht, zu fühlen, was ich empfinde, und kann meine Gefühle als Botschafter nehmen, die mir helfen, tiefer zu verstehen, was ich brauche.
Das Leben besteht nicht nur aus Spaß, ich muss diese Beziehungsform wohl ertragen, bis dass der Tod uns scheidet.	Das Leben ist, wie es ist, und ich habe die Chance, in jedem Augenblick zu fühlen, was ich empfinde und meine Gefühle dem Partner mitzuteilen – und dadurch ihm und mir aus der Stagnation herauszuhelfen.
Erwachsen sein bedeutet, sich so weit wie möglich von seinen Gefühlen zu entfernen und sie nur gelegentlich zu erwähnen, ohne jemandem zu nahe zu treten!	Erwachsen sein bedeutet, liebevoll und umsorgend mit den eigenen Gefühlen umzugehen, ihren Botschaften zu lauschen und sie dort bewusst mitzuteilen, wo dies angemessen ist.
Echte Gefühle sind bedrohlich.	Echte Gefühle sind authentisch.
Es ist bedrohlich, meinem Partner die Wahrheit darüber zu sagen, was ich fühle.	Es gibt uns beiden Orientierung, wenn ich mitteile, was ich fühle.

Weisheit bedeutet nicht Askese. Zur Weisheit gehört auch die Gabe, die eigenen Bedürfnisse wahrzunehmen und für sie einzustehen. Dort, wo die Wahrnehmung oder der Ausdruck der eigenen Bedürfnisse nicht gelingt, liegen oftmals belastende Überzeugungen vor, zum Beispiel, dass es nicht in Ordnung sei, Bedürfnisse zu haben.

Indem wir diesbezüglich »umglauben«, lernen wir, was wir wirklich brauchen, und sind auch in der Lage, dies anderen mitzuteilen. In der Tabelle finden Sie wieder einige Beispiele unserer Klienten.

Blockierender Glaubenssatz über Bedürfnisse	Hilfreicher Glaubenssatz
Bedürfnisse sind etwas Negatives.	Bedürfnisse sind aufschlussreich, es ist gut, mit ihnen liebevoll umzugehen.
Der Ausdruck meiner Bedürfnisse ist unerwünscht.	Ich finde verbindende Wege, meine Bedürfnisse angemessen auszudrücken.
Es passt nicht zu meinem spirituellen Weg, diese oder jene Bedürfnisse zu haben.	Ich kann auf eine liebevolle und spirituelle Weise mit meinen Bedürfnissen umgehen. Es ist zutiefst spirituell, wahrzunehmen, was meine wirklichen Bedürfnisse sind.
Mein Partner ist dafür zuständig, meine Bedürfnisse zu hören oder gar zu erfüllen.	Ich selbst bin dafür zuständig, meine Bedürfnisse auszudrücken und zu erfüllen.
Ich habe kein Recht auf die Erfüllung meiner Bedürfnisse.	Meine Bedürfnisse sind wichtig, weil sie mich mit dem Menschsein verbinden.
Meine Beziehung lässt mir keinen Raum dafür, meine Bedürfnisse zu erfüllen.	Ich selbst kann mir den Raum dafür geben, auf die Erfüllung meiner Bedürfnisse zu achten.
Es ist nicht möglich, dass alle wichtigen Bedürfnisse zugleich erfüllt werden.	Ich kann darauf achten, was das jeweils dringliche Bedürfnis ist, und mich liebevoll darum kümmern und es mitteilen.

Manche Bedürfnisse müssen ein Leben lang erfüllt werden, manche nicht. Zuweilen genügt es, wenn Sie ein wesentliches Bedürfnis einmal in Ihrem Leben ausgekostet haben und dieser Erfahrung einen Ehrenplatz in Ihrem Herzen gönnen. Nur die, die für Sie jetzt akut sind, müssen Sie versorgen, indem Sie für sich einstehen und belastende Glaubenssätze positiv verändern, die ihrer Erfüllung im Wege stehen.

Wenn Sie dysfunktionale Glaubenssätze durch funktionale ersetzen, erleben Sie eine deutliche Verbesserung Ihrer Lebensumstände. Wo dies nicht gelingt, liegt die Ursache sehr wahrscheinlich darin, dass Sie unbewusst noch die Verantwortung für Ihr Erleben an jemand anderen delegieren. Dies ist insbesondere der Fall, wenn Sie »falsche Zuschreibungen« gemacht, zum Beispiel indem Sie Urteile oder gar Stigmatisierungen ausgesprochen haben.

Das bedeutet, dass Sie Ihre Projektionen ganz gezielt zurücknehmen müssen, damit sich die Öffnung zeigt für eine erfreulichere Realität. Die Projektionsrücknahme geschieht am leichtesten, indem Sie sich das Urteil bzw. die Projektion bewusst machen und dann auf sich selbst beziehen.

Nehmen wir einmal an, Sie behaupten, Ihr Partner sei unsensibel. In dem Fall haben Sie drei verschiedene Möglichkeiten der Umkehrung:*

---

* Die Methode der »Umkehrung« ist bekannt geworden durch die Lebenslehrerin Byron Katie. Weitere Informationen finden Sie etwa in dem Buch *Byron Katies The Work. Der einfache Weg zum befreiten Leben* von Moritz Boerner, Arkana 1999.

214

1. *Sie behaupten das Gegenteil des bisherigen Urteils*, zum Beispiel: »Mein Partner ist sensibel.« Beschreiben Sie dann mindestens drei Situationen, in denen diese Aussage ebenfalls wahr ist.

2. *Sie beziehen das Urteil auf Ihre Gedanken.* Beispiel: »Was ich über meinen Partner denke, ist unsensibel!« Sicherlich ist es unsensibel, über Ihren Partner zu denken, er sei »grob«, ohne sich näher mit seinen Beweggründen beschäftigt zu haben. Indem Sie erkennen, dass Ihr Denken die Ursache ist für das, was Sie von Ihrem Partner glauben, übernehmen Sie die Verantwortung für Ihre Situation und erhöhen damit die Chance auf Transformation.

3. *Sie beziehen das Urteil auf sich selbst.* Beispiel: »Ich bin unsensibel!« Auch hier bekommen Sie die Chance zur Wandlung in die Hand, sobald Sie Ihre Projektion zurücknehmen. Finden Sie auch dafür drei Beweise.

Hier ein Praxisbeispiel zur ersten Umkehrung: Einer meiner Klienten, zuvor »eingefleischter« Junggeselle, bedauerte kurz nach seiner Hochzeit, geheiratet zu haben. Er litt unter schweren Depressionen und Schlafstörungen. Als er gefragt wurde, wie er denn seine Entscheidung beurteile, antwortete er: »Es war ein großes Unglück, geheiratet zu haben!« Der Klient erkannte zuerst nicht, dass es weder seine Ehefrau noch sein neuer Familienstand an sich war, was ihn unglücklich machte, sondern die eigene Bewertung seiner veränderten Lebensumstände.

Eine für ihn zutreffende Umkehrung wäre: »Es war ein großer Segen, dass ich geheiratet habe!« Ist dies nicht genauso wahr? Denn selbst wenn er an eine »Xanthippe« geraten wäre, hätte er dadurch nicht etwas Wesentliches über sich selbst erfahren und wäre er dadurch nicht auch gereift?

Um es kurz zu machen: Durch die Umkehrung seiner Bewertung nach der oben beschriebenen Methode gelang es dem Klienten mit der Zeit, seine Ehe zunächst »neutraler« zu sehen und schließlich sogar wieder eine liebevolle Einstellung zu seinem neuen Familienstand zu gewinnen. Mit Hilfe der Umbewertungsmethode bekam sein Leben einen neuen Sinn; er überwand seine Depressionen und fand wieder zu einem normalen Schlaf.

Besonders interessant sind die Umkehrungen Nummer zwei und drei, weil sie uns mit unserem Innersten verbinden, jenen Anteilen, die wir so gern als Schattenanteile verbannen und in denen doch das »Gold der Tiefe« verborgen liegt, wenn wir uns ihnen öffnen. Wir kennen das Beispiel von dem Splitter und dem Balken:* Indem wir den Balken aus unserem eigenen Auge entfernen, löst sich auch der Splitter beim anderen. Dies ist das Potenzial, Ihnen Frieden zu bringen und damit Ihrem »Heilsein« näherzukommen.

Da es nichts in unserem Leben gibt, was nicht mit uns selbst, also unserer ureigenen Resonanz, zu tun hat, ist die Umkehrung der einfachste Weg, um etwas über sich selbst

---

* Matth. 7,3; Lk. 6,41.

zu erfahren. Manchmal mag es einige Tage oder sogar Wochen dauern, bis man den Spiegel erkannt hat.

Wenn Sie glauben: »Mein Partner klammert an mir und lässt mir keine Luft zum Atmen«, lässt Sie Umkehrung Nummer drei möglicherweise erkennen, dass Sie selbst klammern und sich oder anderen die Luft abschnüren. Indem Sie sich dann fragen: »Woran klammere ich mich eigentlich?«, realisieren Sie vielleicht, dass Sie beispielsweise aus »Bequemlichkeit« an einem Partner festhalten (es ist ja so unangenehm, etwas ändern zu müssen), aus »Harmoniesucht« klammern oder wegen der »Angst vor der Auseinandersetzung« – denn sonst hätten Sie das Klammern Ihres Partners ja schon längst unterbunden. Byron Katie sagt in dem Zusammenhang, niemals sei jemand ärgerlich über andere, wir seien nur ärgerlich über unsere Geschichte von ihnen.

Immer sind es Flausch und Klebefläche, die den Klettverschluss zusammenhalten. Und durch die Umkehrung findet die Klebefläche keine Flausch mehr.

Wenn Sie Ihre Umkehrung verstanden haben, haben Sie Ihre Lektion gelernt, Ihre eigene Resonanz erkannt. Und indem Sie Ihr eigenes Klammern loslassen und sich selbst ein losgelösteres Leben ermöglichen, ändert sich auch der Spiegel im Außen.

Es gibt Menschen, die scheinen ihre »innere Formel« auf der Stirn geschrieben zu haben: »Bitte unterdrückt mich!« – und sie wundern sich dann, wenn andere dies auch tatsächlich tun. Irgendwann, vielleicht in der Kindheit, wurde das Muster »Ich muss lieb sein« gesetzt, was fehlinterpretiert wurde zu: »Ich muss mich unterdrücken (lassen).« Viele haben ihre Selbstbeschränkung bereits so weit verdrängt, dass sie sie gar nicht mehr bemerken und sich deshalb nicht gegen äußere Unterdrückung und Manipulation wehren zu können glauben – weil sie sie für normal halten.

Da unser Organismus irgendwann intuitiv bemerkt, dass »etwas nicht stimmt«, zum Beispiel im Umgang mit dem Chef, stellt er aggressive Energie bereit, damit wir die notwendige Veränderung »anpacken«. Wenn wir nun auch diese Aggression unterdrücken, also nicht konstruktiv bzw. lösungsorientiert nutzen, stauen sich die Gefühle, und wir werden vielleicht bei unpassenden Gelegenheiten ausfallend gegenüber Unbeteiligten, die schwächer sind.

Die Unterdrückung unser selbst kann so, auch wenn wir noch so altruistisch eingestellt sein mögen, die Unterdrückung von anderen mit sich bringen. Im Umkehrschluss mag dies bedeuten, dass Gewalttäter »selbstunterdrückte« Menschen sein können, deren Einstellung zu einem gewissen Zeitpunkt begonnen hat, ein schlimmes Eigenleben zu führen. Wie der amerikanische Psychologe und Entwickler des Konzepts der »gewaltfreien Kommunikation« Marshall B. Rosenberg betont, will selbst der Mörder eigentlich »nur« seine Bedürfnisse erfüllt haben, er bediene sich dafür freilich einer sehr »dysfunktionalen« Strategie: Er wisse nicht, was er wirklich brauche! Warum weiß er es nicht? Weil er keinen Zugang zu seinem wahren Selbst hat und fühlt. (Diese Ausführungen sollen natürlich keineswegs Gewalttäter in Schutz nehmen, sondern lediglich zu erwägen helfen, wo auf einer tiefer gehenden Ebene im Vorfeld anzusetzen ist.)

Da jeder letztlich für sein Schicksal und seinen Gemütszustand selbst verantwortlich ist, sollte er seine Emotionen und Empfindungen als Botschafter nutzen, insbesondere den Spiegel, den ihm andere Menschen vorhalten. Deshalb sind die praxisbewährten Umkehrungen, wie sie hier vorgestellt wurden, derart segensreich. Verraten sie uns doch so viel über uns selbst und unsere »blinden Flecken« – und helfen uns dabei, sie aufzulösen.

»Umglauben« und fünf hilfreiche Schritte, um zu den eigenen Ressourcen zu finden

> Betrachte das ganze All so, als befinde es sich
> bereits in deinem Kopf mit all seinem Glanze.
>
> *Osho*

Manchmal fällt es uns schwer, an die neue Realität zu glauben, die wir durch unsere bisherige Arbeit erkannt haben. In dem Fall kann uns beispielsweise der folgende Fünf-Schritte-Prozess helfen.*

1. Identifizieren Sie Thema und Ort:
   - Entspannen Sie sich. Öffnen Sie die Tür Ihres Herzens und bitten Sie um innere Führung.
   - Erkennen Sie: Welchen Bereich in meinem Leben möchte ich am dringendsten ändern?
   - Wo in meinem Körper kann ich die damit verbundenen Emotionen und Gedanken lokalisieren?
2. Identifizieren Sie den Glaubenssatz, wägen Sie Vor- und Nachteile ab:
   - Welcher unterschwellige Glaubenssatz stützt die bisherigen Ansichten?
   - Welche Vorteile erhalte ich aus diesem Glaubenssatz?

---

* Inspiriert durch die Arbeit von Dr. Andrew Vidich.

- Welche Nachteile bzw. negativen Konsequenzen ziehe ich daraus?
- Überwiegen die Vor- oder die Nachteile?

3. Erinnern Sie sich früherer Transformationen – spüren Sie Ihre Sehnsucht zur positiven Veränderung:
- Wann war ich schon einmal erfolgreich darin, solch ein »Erleben« positiv zu verändern?
- Ich aktiviere geistig alle inneren Sinne für die betreffende Situation.
- Ich erlebe mit allen Sinnen innerlich, dass ich diese Veränderung jetzt vollziehe.
- Ich bringe meine tiefste »Sehnsucht zur Veränderung« in den jetzigen Augenblick.

4. Bitten Sie um innere Führung:
- Ich bitte die höhere Macht um Führung und vertraue (inneres Gebet).
- Was kann ich praktisch tun, um mein Erleben zu verändern? Ich mache eine Liste von drei Dingen, die ich physisch, emotional, mental, spirituell tun kann.
- Ich lebe in Zukunft aus der Identifizierung des neuen Erlebens heraus.

5. Leben Sie in ständiger Erinnerung an die wahre Absicht und die größere Perspektive. Fragen Sie sich:
- Was ist das stimmige Ziel, meine größere Vision aus der Sicht meines höheren Selbst?
- Welches Selbst dirigiert (jetzt) mein Handeln? Es geht immer darum, wer ich wirklich bin, ob ich mich mit meinem Ego oder meinem Selbst identifiziere.
- Wie kann ich im Jetzt stimmig leben?

Die Beantwortung dieser Fragen setzt den Zugang zu Ihrer höheren Vernunft bzw. Weisheit voraus. Um eine optimale Wirkung zu erzielen, ist es hilfreich, die Fragen aus tiefster Bewusstheit heraus zu beantworten und dabei der »inneren Stimme« oder Inspiration zu lauschen. Insbesondere empfiehlt es sich, die Fragen mit einer tiefen Meditation oder Verinnerlichung zu verbinden.

Die fünfte Perle: Heil sein

Wenn du die Natur beherrschen willst, musst du ihr gehorchen.

Sprichwort

Heil sein – eine Herausforderung an uns selbst

Unsere moderne Medizin tut sehr viel dafür, dass unser Körper funktionsfähig bleibt. Mit Hilfe von Medikamenten und teuren Geräten gelingt es ihr immer besser, Krankheitssymptome abzustellen. Dadurch werden, besonders in Not- bzw. akuten Fällen, viele Leben gerettet. Doch ein Mensch, der keine Symptome aufweist, ist damit noch lange nicht heil – er zeigt lediglich keine äußeren Anzeichen einer gesundheitlichen Störung.

Heil zu sein bedeutet wesentlich mehr, als frei zu sein von physischen Beschwerden oder einen funktionsfähigen Körper zu haben. Die eigentliche Bedeutung erkennen wir, wenn wir das »Heilsein« in einem erweiterten Zusammenhang sehen – im Sinne des »Ganzseins«.

Der Begriff hängt sprachlich auch zusammen mit dem Wunsch nach dem »Heil« und schließlich dem »Heiligsein«. Der Heilige ist zur Verkörperung des »Heils« geworden. Mit dem Wort »Heiland« bezeichnen wir Jesus Christus, dessen Beispiel und Lehre letztlich uns allen zum Heil gereichen kann.

Heil und auch sein Gegenteil, das Unheil, erleben wir nicht zufällig, sondern aufgrund unserer eigenen Disposition. Wir sind eingebettet in den Kosmos und von ihm durchdrungen. Das griechische Wort *kósmos* bedeutet »Weltall, (Welt)ordnung«. Da wir ein Teil dieser Ordnung sind, leben wir von unserem wahren Wesen her in Einklang mit der Schöpfung, sind »in Ordnung«. Herrscht dieser Einklang, erleben wir unser Dasein als Wohlgefühl, Lebensfreude, Vitalität und Gesundheit.

Wenn wir diese Ordnung bewusst oder unbewusst »stören«, bekommen wir früher oder später eine Botschaft vom Leben, das auf dem kosmischen Gesetz beruht (die chinesische Philosophie nennt es »Tao«). Der wichtigste Bote ist unser Körper. Die Störung der natürlichen Ordnung erleben wir als Mangel, Leid oder Krankheit. So haben wir einen Indikator, der uns auffordert, zu lernen und zu wachsen. In solchen Fällen ist neben der eventuell physischen Therapie vor allem die Suche nach Erkenntnis der wichtigste Schritt in die richtige Richtung, die demütige Frage an das Leben, den Kosmos, den Körper: »Ja, was soll ich denn lernen bzw. ändern?«

Unser Organismus, dieser wunderbare Botschafter, kann uns nicht nur zeigen, wo wir uns nicht lebensgerecht verhalten, er zeigt uns auch ganz genau, was zu tun ist, um wieder ganz in Harmonie mit unserem wahren Selbst und dem Leben zu sein. Er gibt uns ständig Informationen, die wir verstehen sollten, denn der Körper kann nicht lügen. Er spiegelt uns den (oftmals verdrängten) Inhalt unseres Bewusstseins wider und lässt so etwas für uns sonst Unsichtbares erkennbar werden.

Wie ich immer wieder betone, ist der Körper die Projektionsfläche unserer inneren Haltung. Und so drückt er auch jede mentale, emotionale oder beziehungsmäßige »Fehlstellung« früher oder später durch ein Symptom aus. Viele Redensarten weisen bereits darauf hin, welche seelischen Probleme sich durch welche organischen Beschwerden Gehör zu verschaffen suchen: Etwas geht uns »arg an die Nieren«, nehmen wir uns »zu sehr zu Herzen«, oder es spuckt einer »Gift und Galle«. Natürlich können wir in vielen Fällen einem solchen Symptom etwa durch die Gabe von Medikamenten beikommen, und oft ist dies auch erforderlich; doch wenn wir es dabei belassen, verpassen wir dadurch unseren »Heilsweg«. Das Symptom ist zwar zunächst nicht mehr da, aber die ihm zugrunde liegende Ursache, für die das Krankheitszeichen als »Bote« diente, besteht in aller Regel weiter. Je tiefer die Ursache verdrängt wird, desto deutlicher sucht sie sich schließlich wieder bemerkbar zu machen. So gilt es etwa mittlerweile als klassisches Beispiel, dass rein äußerlich behandelte Hautprobleme wie Milchschorf Vorboten einer späteren Asthmaerkrankung sein können.

Wollen wir an unserem Auto lange Freude haben, müssen wir es pflegen und auf die »Signale«, die es uns gibt, eingehen und die notwendigen Konsequenzen ziehen. Ähnlich hat, wenn unser Körper uns ein Symptom als

Signal schickt, auch das immer einen Grund. Ein Symptom lediglich oberflächlich abzustellen wäre ähnlich unsinnig, wie das Birnchen herauszudrehen, wenn die Ölkontrolllampe aufleuchtet: Mit unserem Auto würden wir aus einsichtigen Gründen einen solchen Unsinn normalerweise nicht veranstalten. Wir kennen die Ursache und sorgen für Abhilfe. Doch mit unserem Körper gehen wir oft wesentlich weniger sorgsam um.

Keine Krankheit kommt »von selbst« oder »zufällig«. Wir laufen nicht irgendwo aus Versehen durch ein »Rheumafeld« oder dergleichen, sondern setzen – unbewusst – durch unsere geistige Haltung dafür Jahr für Jahr die Ursache, bis der Körper diese dann früher oder später spüren wird. Wir können das, was mit ihm geschieht, nicht von unserem Verhalten, Reden, Denken trennen. Wir können keinen noch so flüchtigen Gedanken haben, ohne dass dadurch gleichzeitig eine, wenn auch noch so subtile, Wirkung auf unseren Organismus ausgeübt wird. Dies gilt insbesondere für Gedanken, die mit einem starken Gefühl verbunden sind, weil dann die Wirkungen auf unseren Körper noch gravierender sind und schneller eintreten. Dies betrifft insbesondere Ängste, etwa vor Krankheiten, unserem Partner, dem Jobverlust, dem Altern usw.

Leider wird die seelische Ursache einer Erkrankung sehr häufig bagatellisiert, oftmals, weil man nicht bereit ist, eine eigentlich notwendige, aber drastische Änderung seiner Lebenseinstellung vorzunehmen. Wenn wir derart in der »Arroganz des Leidens« verharren – damit meine ich den Irrglauben, wir wüssten schon alles und bräuchten uns nicht mehr zu ändern –, schickt das Dasein uns einen stärkeren Schmerz, um die Botschaft zu verdeutlichen; und wenn wir sie weiter ignorieren, schickt es uns vielleicht – als letzte Möglichkeit – den Tod.

Viele Menschen benutzen die Krankheit mehr oder weniger unbewusst auch als Fluchtmöglichkeit. Sie mögen dann zwar »jammern«, wollen aber eigentlich gar nicht gesund sein. Durch ihr äußerlich sichtbares Leiden finden sie vielleicht die Zuwendung, die sie benötigen, und interpretieren dies dann als eine Bestätigung dafür, dass sie sich ja gar nicht verändern müssen und auch nicht können.

In der »unschuldigen« Form kann man das beispielsweise sehr häufig bei Kindern sehen, deren Eltern nicht genug Zeit und Aufmerksamkeit für sie aufbringen.

In der Mehrzahl werden Menschen also krank, wenn in ihrem Leben etwas nicht so läuft, wie sie es gern hätten, wie es sein sollte, oder wenn sie sich nicht den Realitäten stellen. Wird zum Beispiel durch Trennung, Trauer, einen Unfall, Streit oder den permanenten Alltagsärger das Immunsystem geschwächt, ist die Disposition für eine Krankheit günstig. Und der Widerstand gegen »das, was ist«, kostet Energie und schafft Krankheiten, etwa die Weigerung,

– zu fühlen, was man wirklich fühlt,
– das »Hier und Jetzt« zu akzeptieren und in Übereinstimmung mit den kosmischen Gesetzen zu leben,
– eine Aufgabe auszuführen, die unausweichlich ist,

- etwas ganz Bestimmtes loszulassen, worauf man keinen Einfluss hat,
- etwas zu unterlassen, was Schaden anrichtet,
- etwas ganz Bestimmtes, was für die eigene Existenz von grundlegender Bedeutung ist, zu konfrontieren, sich ihm zu stellen.

Gerade im Falle einer Erkrankung ist es doppelt wichtig für Sie, Ihr Leben so zu gestalten, dass Sie Glück und Zufriedenheit erfahren. Hören Sie immer wieder in Ihren Körper hinein. Fragen Sie ihn bereits beim ersten Schnupfen, was er Ihnen damit sagen möchte. Nehmen Sie die »not-wendige« (also »die Not wendende«) Veränderung in dem Augenblick vor, in dem Sie ein Symptom bemerken. Lauschen Sie auch Ihren Empfindungen, Gefühlen und Emotionen. Erkennen Sie ihre Botschaft. Gehen Sie liebevoll mit Ihren Wahrnehmungen um. Verstehen Sie sie. Kommen Sie dadurch zu mehr Bewusstsein und zugleich zu einem »bewussten Sein«.

Es gibt Menschen, die körperlich gesund und »wohlhabend« bleiben, obwohl sich in ihrem nächsten Umfeld Epidemien ausbreiten oder die Pleitewelle rollt. Sie haben sich doch sicherlich auch schon oft gefragt: Wie schafft so jemand das nur – trotz scheinbar harter Schicksalsschläge? Aus der Kampfsportart des Judo vermögen wir eine mögliche Strategie zu erkennen: zuerst den Widerstand loslassen und sich dann wieder aufrichten. So wird man »widerstandslos« und damit »unwiderstehlich« und steht wieder »in sich selbst«. Es ist eine Frage der Einstellung. Spüren

Sie, wie der innere Kämpfer durch Sie aktiv wird. In diesem Sinnbild ist zu erkennen, wie man durch Hingabe an »das, was ist«, in Verbindung mit dem »inneren Krieger« fast alles erreichen kann.

Zum Heilsein gehört es dabei, nicht nur den eigenen Körper, sondern auch die »Sprache der Lebensumstände« wahrzunehmen. Erkennen Sie, wozu diese Sie auffordern. Und entwickeln Sie so immer mehr Stimmigkeit. Legen Sie auf dem Weg mehr und mehr die Eigenwilligkeit ab, nicht zugunsten der Egos anderer Menschen, die dann über Sie bestimmen, sondern zugunsten eines immer tieferen Einklangs mit dem »einen Gesetz«, dem Tao. Werden Sie zu seiner Verkörperung und stehen Sie so weit darin, dass bei Ihnen, wie bei einem Pharao, Ihr Wort das Gesetz ist.

Das »Heilsein« hat einen seelischen Ursprung. Unsere Seele inkarniert sich in unserem Körper. Wir sind in dieses Leben getreten mit ganz bestimmten Themen, Aufgaben, Problemen und letztlich auch »Symptomen«, um sie zu lösen. Indem Sie tun, was Sie heil macht, heilt durch die positiv veränderte Lebenseinstellung auch Ihre Seele. So wird Ihr gesamter Lebensweg, wenn Sie ihn bewusst gehen, ein einziger Heilsweg. Sie kehren nach dem Tode um ein ganzes Stück bewusster, liebender und vor allem weiser wieder in die jenseitige Ebene zurück. Sie erfüllen dadurch Ihren Lebenssinn und nutzen Ihr Dasein bewusst.

Die fünfte Perle, das Heilsein, ist also eine große und spannende Herausforderung, bei der es nicht nur um Ihre körperliche Gesundheit, sondern auch um emotionale, mentale und beziehungsmäßige Gesundheit geht, letztlich um Ihr »Seelenheil«.

Eine andere Form von Diagnose

Dass es nicht komme erst zum Knackse,
Erfand der Arzt die Prophylaxe.
Doch lieber beugt der Mensch, der Tor,
Sich vor der Krankheit als ihr vor!

Eugen Roth

Die Krankheit, die Entartung, die Störung, das Symptom gehören nicht wirklich zu uns. Es handelt sich hierbei lediglich um eine falsche Geisteshaltung, einen falschen Glaubenssatz, eine Vorstellung, »Betriebsblindheit«. Damit die natürliche Heilkraft durch uns wirken kann, müssen wir nun ganz gezielt das Symptom verstehen, erfassen und loslassen. Heilsein hat also mit dem Losgelöstsein (von der Krankheit) zu tun. Indem Sie zum Beispiel genau das lassen, was Ihnen nicht guttut, lösen Sie ein Problem bzw. eine Krankheit, und die Heilung kann wirken. Sie verhindern sie nicht länger.

Wir können jedoch nur das loslassen, was wir zuvor

»in Besitz genommen« – das meint »umarmt«, verstanden – haben. Damit Loslassen geschehen kann, ist es also notwendig, erst einmal wahrzunehmen, was der Körper uns mit einem Symptom bzw. ein Problem mit seiner Aufgabenstellung uns sagen will, welches Thema in die Stimmigkeit zu bringen ist.

Der erste Schritt zur tatsächlichen Heilung liegt deshalb in der wirklichen Diagnose, nicht darin, den richtigen lateinischen Namen für das Symptom herauszufinden mit der anschließenden unhinterfragten Unterdrückung der Information, dem alleinigen Beseitigen eines Symptoms, etwa durch Pillen oder Apparatemedizin. Das Wort »Diagnose« leitet sich vom griechischen Substantiv *diágnosis* (= »unterscheidende Beurteilung, Erkenntnis«) ab und geht auf das Verb *diagignóskein* zurück, das »durch und durch erkennen« heißt. Diagnose bedeutet daher, den wirklichen »Durchblick« zu bekommen, die wahren Zusammenhänge zu erkennen und die »heilende Erkenntnis« in die Tiefe unserer Zellerinnerung einfließen zu lassen.

Die heilende Diagnose ist eine »Durchforschung« im Sinne von »Unterscheidung«, aber auch »Entscheidung«, das heißt, der »Diagnose« muss eine Entscheidung folgen, die intrinsisch (von innen her) motiviert ist.

Statistische Untersuchungen haben ergeben, dass jede zweite Diagnose fehlerhaft bzw. falsch ist und demzufolge dann auch nicht die richtigen Maßnahmen folgen. Ein Arzt sagte mir einmal: »Wenn ich nach fünfzig Jahren Praxis zurückblicke, kann ich sagen, dass zehn Prozent der medizinischen Interventionen eine Besserung brachten, zehn Prozent hatten eine Verschlechterung zur Folge, und achtzig Prozent – ganz gleich, wie der Zustand oder die Diagnose auch war – bewirkten keine Veränderung.«

Warum ist das so? Selbst wenn eine Diagnose aus Sicht der Schulmedizin richtig ist, werden dann doch wie gesagt in der Regel nur Symptome diagnostiziert, nicht die wirkliche Krankheit, das heißt die dahinterstehende eigentliche Ursache. Tatsächliches Heilen ist aber nicht möglich, ohne die wirkliche Ursache zu erkennen und aufzulösen.

Dies legt einmal mehr die Verantwortung für die eigene Heilung und das eigene Heilsein zurück in unsere Hände – zusammen mit der Unterstützung durch einen kompetenten Arzt oder Heilpraktiker. Denn worum es geht, ist, und dies kann nicht oft genug betont werden, unsere wahre Natur zu erkennen und in Einklang mit ihr zu leben.

Wir müssen daher eine andere Form der Diagnose praktizieren: weg von der rein symptomatischen Beschreibung und oberflächlichen organischen Therapie hin zu einem wirklichen »Durch-und-durch-Erkennen« der kausalen Zusammenhänge. Diese ursächliche Form der Diagnose, die den Erkrankten wieder bewusst zum Schöpfer seiner Gesundheit macht, könnte man mit einer »Schau des Wesentlichen« übersetzen, die den Patienten zu einer befreienden Einsicht führt, die einen Bewusstseinsschub auslöst und die Sinnhaftigkeit des Heilungsprozesses offenlegt.

Hat der Erkrankte den Sinn seiner Erkrankung verstanden, das, was sie ihm sagen will, ist er zu ebenjener Einsicht gekommen. Dann gilt es natürlich noch, die bisherige Gewohnheit zu verändern. Wenn der Erkrankte zwar die Botschaft hört, aber weiterhin das tut, unterlässt, denkt und spricht, was er schon immer getan, unterlassen, gedacht und gesprochen hat, wird er nach wie vor das erhalten, was er schon immer bekommen hat. Nimmt er jedoch die entsprechende Umstellung vor, kann er sich anschließend in aller Regel dankend von dem Symptom verabschieden. Er braucht es dann nicht mehr. Das Symptom hat seine Aufgabe erfüllt und kann gehen. Ist der Erkrankte aber nicht lernwillig und möchte nur das lästige Symptom oder den Schmerz beseitigen, zwingt er das Leben dazu, für seinen Körper ein neues Symptom mit derselben, meist schmerzlicheren Information zu schaffen. Das Spiel beginnt von vorn.

So ist jeder Mensch im wahrsten Sinne des Wortes so lange krank, bis er aus seinem Leiden gelernt und sich neu ausgerichtet hat. Schön ist es, wenn er auf diesem Weg einen kompetenten Helfer findet, einen Freund, Partner, Coach oder Lebensberater, der ihn ebenfalls an seine wahre Natur erinnert, dann braucht es nicht allein die Krankheit zu tun.

Und so kann die stereotyp gestellte Frage »Was fehlt Ihnen denn?« eine für viele ganz unerwartete Antwort bekommen, nämlich: »Eine bestimmte heilende Erkenntnis.« Den Rest besorgen die nun nicht mehr blockierten Selbstheilungskräfte des Körpers, sodass eine wahrhaftige Diagnose bereits die richtige, nachhaltige Therapie einleiten kann.

Jedes Symptom enthält also bereits in sich die ganz konkrete Information, welche heilende Erkenntnis uns fehlt. Ob es sich um körperliche, mentale, emotionale, beziehungsmäßige oder seelische Heilung handelt, immer gibt es drei Ebenen, von denen das hinter dem Symptom stehende Gesetz zu uns spricht:

1. Der Zeitpunkt der Entstehung:
   - Wann entstand das Symptom?
   - Was geschah zeitlich mit der Entstehung des Symptoms, was war damit verbunden?
   - Wie wurde das Syndrom geschaffen?
2. Der Ort, der betroffen ist (das Knie, die Galle, die Hüfte, der Kopf …):
   - Welcher Funktion entspricht der korrespondierende Körperteil physisch (bzw. um welchen äußeren »Funktionsbereich« geht es, falls es sich um ein Problem handelt)?
   - Wie lässt sich diese Funktion psychisch übersetzen?*
3. Die Art der Erkrankung bzw. des Problems (zum Beispiel Prellung, Entzündung, Stauung):
   - Welche Funktion hat diese Krankheit körperlich für mich?
   - Welche Symptome treten in Erscheinung?
   - Wozu zwingt mich das Symptom?

---

* Vgl. Kurt Tepperwein: *Die Botschaft deines Körpers. Die Sprache der Organe*, mvg 2004.

Wenn Sie die Umsetzung in die Sprache beachten, können Sie alle Informationen herauslesen.* Eine reine Verstandeserkenntnis ist hierbei jedoch zu wenig. Es gilt, sich für eine gewisse Betroffenheit zu öffnen, das heißt, sich für die Botschaft der Krankheit berührbar zu machen, sodass eine Umkehr eingeleitet wird. Vorher kann eine Behandlung zur oberflächlichen Symptomfreiheit führen, aber nicht zur wahren Heilung.

Im Heilungsprozess gibt es verschiedene Schritte, die zu vollziehen sind. Um diese bewusst zu machen, lasse ich meine Klienten ein Blatt mit folgenden Fragen ausfüllen:

1. Sind Sie bereit zur Konfrontation? Der erste Schritt zur Heilung ist die Bereitschaft, mich mit der Krankheit auch wirklich auseinanderzusetzen, die eigentliche Ursache zu erkennen und die Botschaft der Krankheit auf sich wirken zu lassen.
2. Welches Organ, welcher Körperteil ist betroffen? Welche Funktion hat er/es körperlich? Welche entspricht ihm geistig?
3. Welches Symptom tritt in Erscheinung? Schreiben Sie das körperliche Geschehen ganz unbefangen aber ausführlich auf, und prüfen Sie dann sorgfältig, welche Hinweise bereits in Ihren Redewendungen enthalten sind. In der treffenden Formulierung steckt meist auch schon die Information über die wahre Ursache. Ob Sie bei einem Autounfall »ins Schleudern geraten« sind,

---

* Vgl. ebenda.

235

ob Ihnen etwas »zum Hals raushängt«, Sie »nicht zu
Potte kommen«, Ihnen etwas »an die Nieren geht«
oder »schwer im Magen liegt«, Sie »die Nase voll haben«, »schlecht sehen«, »nicht hören« oder sich »nicht
mehr bücken« können – stets zeigt sich in der Weisheit
der Sprache, worum es auch im übertragenen Sinne
geht.

4. Seit wann haben Sie das Problem? Fragen Sie nach dem
genauen Zeitpunkt der Erkrankung, denn wenn Sie sich
daran erinnern, erkennen Sie auch den Zusammenhang
mit wesentlichen Veränderungen der Lebenssituation
oder in Ihren Gefühlen.

5. Hilfe: Was hilft Ihnen bei diesem Symptom körperlich?
Was hilft geistig?

 – Wozu zwingt Sie das Symptom?

 – Was gilt es zu tun?

 – Was gilt es zu unterlassen?

 – Welche Konsequenzen ergeben sich daraus für Sie?

Bleiben Sie nicht bei äußeren Anlässen wie Bakterien,
Viren, Unfall etc. stehen und geben Sie auch weder den
Umständen noch Einzelpersonen die »Schuld« oder die
Verantwortung an sie ab. Lassen Sie Gedanken wie »Du
machst mich krank!« los. Denn mit der Verantwortung
geben Sie zugleich auch die Macht zur Selbstheilung ab.
Erkennen Sie stattdessen die geistigen und seelischen Ur-
sachen, die Wirklichkeit hinter dem Schein, die in Ihnen
liegt. Kein Lebensumstand und kein anderer Mensch kann
Sie krank machen, wenn Sie nicht die Disposition dafür in

sich selbst tragen. Als Beispiel dafür kann folgender Dialog mit einem Klienten aus meiner Praxis dienen:

Klient: »Bei meiner Partnerin kann ich meine Männlichkeit nicht ausleben!«

Lebensberater: »Dann kann ich Ihnen nicht helfen!«

»Warum?«

»Weil es bei dieser Einstellung von Ihrer Partnerin abhängt, ob Sie Ihre Männlichkeit leben können!«

»Ja, so ist es aber doch, bei anderen Partnerinnen klappte das immer ganz prima, und jetzt habe ich das Empfinden, dass ich degeneriere, und daran ist nur meine Partnerin schuld!«

»Wenn Sie so denken, können Sie vielleicht Ihr Mannsein wiederentdecken, aber nicht heil werden!«

»Warum nicht?«

»Weil etwas in Ihnen krank sein muss, damit Sie das überhaupt erleben! Formulieren Sie den Satz noch einmal, aber lassen Sie Ihre Partnerin dabei aus dem Spiel!«

Klient: »Ich kann meine Männlichkeit nicht leben.«

»Genau, fühlen Sie das, allein, ohne irgendetwas anderes. Wie fühlt sich das an?«

Der Klient beginnt zu weinen: »Ich fühle die ganze Wucht dieses Satzes und erlebe mich sehr betroffen! Ich bin sehr nah an meinem wahren Empfinden.«

Lebensberater: »Gut, jetzt können wir etwas damit anfangen. Nehmen Sie nun Kontakt zu dem Teil in sich auf, der seine Männlichkeit leben kann!«

Damit war das Problem natürlich noch nicht gelöst, aber nachdem der Klient zu dieser Einsicht gekommen war, bot sich auch ein Weg der Heilung an.

Wie sehr Erkrankungen von den persönlichen Anlagen – und nicht von einem anderen Menschen – abhängen, erkennen wir bereits daran, dass jeder Mensch bei der gleichen Belastung anders reagiert und demzufolge auch andere Symptome zum Ausdruck bringt. Nehmen wir einmal an, jemand leidet unter einer unerfüllten Beziehung:

– Der eine bekommt Gallensteine. *Symptomsprache*: »Ich finde nicht den richtigen Weg zu konstruktiven Aggressionen!«
– Ein anderer bekommt Rückenbeschwerden. *Symptomsprache*: »Ich bin nicht in der Lage, für die Beziehung geradezustehen, mache den ›Duckhansel‹ oder verliere meine ›Aufrichtigkeit‹!«
– Ein Dritter bekommt Potenzprobleme. *Symptomsprache*: »Ich kann wirklich nicht lustvoll zu dieser Beziehung stehen!«

– Eine Partnerin wird frigide. *Symptomsprache*: »Ich kann mich nicht erwärmen, öffnen und lustvoll hingeben!«

Machen Sie sich bewusst, dass jedes Symptom eine Botschaft mit hohem Warncharakter an Sie ist. Unterdrücken Sie diese Botschaft nicht, sondern verstehen Sie sie, nehmen Sie sie an und lassen Sie sie anschließend los. Nehmen Sie die Essenz, die Botschaft, in sich auf. Im »Aufbrechen« der Botschaft und der entsprechenden Betroffenheit liegt der Schlüssel für Ihre Heilung.

Als Sinnbild soll eine Nuss dienen: Eine Nuss mit Schale ist in der Regel ungenießbar. Sie liegt schwer im Magen. Wir können nichts mit ihr anfangen. Wenn wir sie aber knacken (das Symptom entkleiden), liegt ihr Kern frei. Nehmen wir diesen auf, kann er uns als gesunde Nahrung dienen (im übertragenen Sinne: Der Kern heilt uns).

Die Aufgabe jedes Symptoms ist es, uns daran zu erinnern, dass ein Heilungsschritt getan werden muss. Je mehr wir in der Harmonie mit dem Ganzen und damit aus unserem Selbst – und nicht mehr aus unserem »kleinen Ich« – heraus leben, umso weniger notwendig wird eine Krankheit.

Um in Zukunft Krankheiten vorzubeugen, tun Sie mir Ihrer Gesundheit und Ihrem Wohlbefinden zuliebe einen Gefallen: Lassen Sie vor allem ab von Dingen, die Sie unnötig belasten, insbesondere unangebrachten Aufregungen, Sorgen und Lieblosigkeiten, denn sie schaden Ihnen und machen Sie krank. Es wird viel leichter für Sie werden, wenn Sie sich von allem lösen, was nicht mehr zu Ihnen gehört, und im Einklang mit den kosmischen Gesetzen Ihr Leben genießen. Das heißt nicht, dass man kritiklos alles hinnehmen sollte. Wirkliche »Probleme« müssen lösungsorientiert angegangen werden. Aber durch jede unnötige Aufregung und jeden Ärger, den Sie wegen Angelegenheiten haben, die für Sie eigentlich von eher nachgeordneter Relevanz sind, schaden Sie letztlich nur sich selbst. Prüfen Sie, was stimmig für Sie ist, und handeln Sie entsprechend.

Für Notfälle bei drohenden Stress- oder Ärgeranfällen kann ich Ihnen jedoch einen altbekannten Tipp geben: Halten Sie kurz inne und atmen Sie dreimal tief durch. Danach werden die »Wutenergien« bzw. das Nervenflattern Sie in der Regel nicht mehr terrorisieren.

Das Heilsein erleben Sie, wenn Sie im Einklang mit dem Tao sind. Letztendlich sind Sie nicht nur ein physischer Körper, sondern Sie sind das Ganze. Je mehr Sie »stimmen«, umso mehr werden Sie aus dem »Ganzheitsgeist« genährt. Mit zunehmender Entwicklung werden Sie sich immer weniger überfordern, und Ihr Weg wird immer klarer.

Heil zu sein bedeutet auch, dass Sie darauf verzichten, sich in fremde Angelegenheiten einzumischen. Wie Byron Katie immer wieder betont, gibt es drei Arten von Angelegenheiten: Ihre, die der anderen und die Gottes. Wenn Sie sich um fremde Angelegenheiten kümmern, ist niemand mehr da, der sich um Sie selbst kümmert. Hören Sie deshalb noch heute damit auf, sich einzumischen. Vermeiden Sie insbesondere ungefragte Kritik und »Nacherziehungsversuche« bei Ihrem Partner und Ihren Lieben. Kümmern Sie sich stattdessen ausschließlich um Ihre eigenen Angelegenheiten, um diese aber so ganzheitlich und stimmig wie möglich. Dann wird sich Ihr »Heilsein« positiv auf andere auswirken, und der gewünschte Effekt tritt von selbst ein.

Die Identifikation verändern

> Wenn ich gesund werden will, muss ich meine Identifikation mit dem Kranken lösen.
>
> *Nada*

Wir haben gesehen, dass wir erst einmal die Krankheit genau erkennen müssen, damit wir sie loslassen können. Dies ist aber nur der erste Schritt. Der zweite liegt darin, geistig »umzuziehen«, eine neue Identifikation zu finden. »Der Kranke in uns« kann nämlich niemals gesund werden. Solange wir ein Symptom oder ein zu heilendes Thema als »das unsrige« identifizieren, ist keine positive Veränderung möglich. »Unsere« Krankheit können wir nicht loswerden, solange wir sie als zu uns gehörig betrachten. Denn wir sind das, mit dem wir uns identifizieren! Die Energie folgt der Aufmerksamkeit.

Das Geheimnis des »Heilseins« liegt darin, die Aufmerksamkeit auf das Heile in uns zu verlagern. Indem wir dem Unstimmigen in uns die Energie entziehen und sie auf Stimmigkeit verlagern, erleben wir, wie sich die Energie verändert – und damit auch unser Leben. Falsche Identifikationen sind:

- mein Knieproblem,
- meine Neurose,
- mein Muster,
- meine Rolle,
- meine Probleme,
- mein Kindheitstrauma,
- meine Glaubenssätze oder
- mein Beziehungsproblem.

Heilsein kann nur von etwas Heilem ausgehen. Dies bedeutet, dass wir uns zu Beginn jedes Heilungsschrittes dem zuwenden müssen, was in uns bereits heil *ist*. Wir brauchen den Kontakt zu dem Teil in uns, der immer war und immer sein wird, unserem ewigen Selbst.

Es handelt sich hierbei um einen »Referenzpunkt«, von dem aus wir unser Bewusstsein dann hinlenken können zu jedem Teil, der der Heilung bedarf. Indem wir uns an diesem Referenzpunkt orientieren, verändern wir unsere Identifikation.

Als Beispiel für die Verlagerung der Aufmerksamkeit

soll ein nur scheinbar simples Bild dienen. Nehmen wir einmal an, eine Herdplatte ist angeschaltet und auf ihr kokelt ein Topf mit Verbranntem. Eine andere Herdplatte ist ausgeschaltet. Auf ihr steht ein Topf mit schmackhaftem Essen, das wir kochen möchten. In dem Fall ist die Aufgabe klar: die falsche Herdplatte ausschalten, das Verbrannte von der Platte nehmen und die »richtige« anschalten. Genau dieses Umschalten ist Heilung. Wenn wir gewohnt sind, die »falsche« Herdplatte anzuhaben, gilt es, entgegen der Gewohnheit umzuschalten, die richtige Herdplatte anzustellen, sinnbildlich: die Aufmerksamkeit auf das Stimmige zu legen.

Die Erinnerung an das »Heil«, das Heile, in uns kann auf verschiedene Weisen erfolgen. Die Art und Weise des Zugangs ist individuell verschieden und hängt mit Ihrer persönlichen Disposition zusammen.

Wenn wir uns die Vielzahl an Heilslehren, Religionen und neugeistlichen Bewegungen anschauen, kommen wir vielleicht in Verwirrung, denn die einzelnen Lehren scheinen einander in vielen Bereichen zu widersprechen. Haben wir dann etwas gefunden, was für uns funktioniert, dann wollen wir mit unserer Entdeckung vielleicht missionieren, andere »zwangsbeglücken«, und glauben, unser Heilsweg sei der einzig wahre. Doch damit »vergewaltigen« wir andere und stören sie häufig auch in ihrem eigenen Heilsweg. Letztendlich gibt es so viele Rückverbindungen zum »Heilsein«, wie es Menschen gibt.

Wir sind wie verschiedene Musikinstrumente, die auf eine ganz bestimmte Weise auf die Quelle allen Heils eingestimmt sind. Statt zu versuchen, aus einer Geige eine Bratsche zu machen, also einander zu »belehren«, sollten wir unsere einzigartigen und unterschiedlichen Rückverbindungen tolerieren, mehr noch, ehren und schauen, wie wir alle miteinander daraus ein heilendes und stimmiges Miteinander gestalten können, indem wir jeweils auf die Essenz achten und nicht auf die Form. Lediglich als Anregung seien einige Möglichkeiten der Rückverbindung hier erwähnt:

- die Einstimmung auf das Tao (zum Beispiel durch das *I Ging*),
- die Erinnerung an das Aufblitzen von Erwachenserfahrungen,
- Gebetspraxis (Vaterunser, Ave-Maria, Rosenkranz, Wallfahrten, Mantrameditation),
- die Hingabe an einen spirituellen Meister, der als Katalysator für die Rückverbindung zur Ur- bzw. Heilquelle dient,
- in den Körper hineinhören,
- das Lesen eines Buchs, das eine Rückverbindung auslöst,
- die Meditation über ein Bild, eine Ikone oder einen Gegenstand, der Verehrung symbolisiert,
- Meditation mit Licht und Ton,
- Musik machen, zum Beispiel mit Klangschalen,
- Musik hören, zum Beispiel klassische oder spirituelle Musik,
- stille Meditation, in die Stille gehen, reine Wahrnehmung (Vipassana-Meditation) usw.

Das Geheimnis ist bei jedem Weg das Gleiche: die Verlagerung der Aufmerksamkeit. Eine Möglichkeit, um die Aufmerksamkeit und Identifikation zu verlagern, ist die Erinnerung an das wahre Selbst, das in jedem Menschen und natürlich auch in Ihnen wohnt. Diese kann auf verschiedene Weisen »angeklickt« werden:

- Ich erinnere mich daran, wer ich wirklich bin!
- Ich frage mich: Wenn es darum geht, wer ich wirklich bin, was ist dann wichtig?
- Ich verbinde mich mit dem »ewigen Geliebten« in mir, meinem wahren Selbst.
- Ich nehme Kontakt auf mit dem Meister, dem Vollendeten, dem Gottesfunken, der in mir wohnt.

In jedem einzelnen Fall ist es eine Verlagerung des Bewusstseins vom »kleinen Ich« hin zu etwas Größerem, das durch Sie wirkt.

Nachfolgend wieder ein vordergründig einfaches Sinnbild dafür: Stellen Sie sich einen CD-Spieler vor, der akkubetrieben ist. Irgendwann sind die Batterien fast leer, die Lautstärke geht zurück, die Geschwindigkeit lässt nach. Und dann schließen Sie den CD-Player an den Strom an, und alles funktioniert wieder einwandfrei. So schnell und so leicht wird der Übergang von der Krankheit zur Gesundheit freilich nicht vonstatten gehen. Doch entspricht dieses Umschalten der Verlagerung der Aufmerksamkeit vom Problem zum Selbst, oder wie Sie diese »Heilsquelle« nennen möchten. Entdecken und leben Sie Ihre Strategie der Rückverbindung zur eigenen Heilsquelle, um Ihren Zustand wie auch immer zum Besseren hin zu verändern. Ihr inneres Empfinden, die Intuition, wie Sie am leichtesten in diese Rückverbindung kommen, kann Ihnen einen guten Hinweis darauf liefern, welcher Weg für Sie optimal ist.

Die Quantenphysik hat der Wissenschaft des Lebendigen ein neues Gesicht gegeben. Aus heutiger Perspektive zeigt sich der lebende Organismus als ein Energiekörper. Jeder Mensch stellt dabei ein einzigartiges Energiefeld mit einer ganz individuellen Frequenz dar. Diese Schwingung kann harmonisch sein, dann zeigt sich das als Gesundheit. Oder sie ist disharmonisch, dann erleben wir Krankheit.

Sie können die Schwingung Ihres Energiefelds jedoch durch Ihre Aufmerksamkeit verändern. Wohin Sie Ihre Aufmerksamkeit richten, dorthin fließt die schöpferische Energie. Woran Sie denken, das wird stärker und verwirklicht sich, und zwar unabhängig davon, ob Sie bewusst oder unbewusst daran denken und ob dies positiv oder negativ ist.

Richten Sie Ihr Bewusstsein auf die negativen Seiten des Lebens (das, was Sie nicht wollen), so nehmen Sie damit die negativen Schwingungen (Ihren Widerstand) in Ihr Bewusstsein auf und kränken sich selbst.

Ein kranker Mensch, der nur über seine Krankheit spricht und darüber, wie schlecht es ihm geht, wird kaum gesunden, wenn er ständig denkt und spricht: »Mit geht es so schlecht!« Dies wirkt als negative Autosuggestion, und wenn andere ihn dann noch in seinem Selbstbild bestätigen, wird Heilung nahezu unmöglich.

Sobald Sie allerdings Ihr Bewusstsein auf das Positive richten, das, was das Leben Ihnen günstigstenfalls signalisieren will (das Stimmige, das zu Ihnen gehört, das, was Sie stattdessen erleben wollen oder sollten), nehmen Sie eine harmonische Schwingung in Ihr Energiefeld auf. Dann beginnen Sie, selbst an Ihrer Heilung mitzuwirken, nur durch dieses gute Gefühl und die Gedanken.

Jeder Ihrer Gedanken und jedes Gefühl hat eine energieverändernde Wirkung, die Sie beispielsweise wie im nachfolgenden »Vier-Schritte-Prozess« bewusst einsetzen können:

1. *Machen Sie sich bewusst, was Sie nicht mehr möchten.* Akzeptieren Sie das Vorhandensein des Unerwünschten, ziehen Sie daraus stimmige Lektionen und lassen Sie es dann los.

2. *Machen Sie sich bewusst, was Sie stattdessen erleben möchten.* Dies ist ein ganz entscheidender Schritt nicht nur für die Heilung von körperlichen Leiden, sondern für alle Lebensbereiche. Es ist ein kreativer Quantensprung in Ihrem Gehirn und Bewusstsein, nicht mehr an das zu denken, was Sie nicht wollen, sondern die Aufmerksamkeit nunmehr und dauerhaft auf das zu lenken, was Sie haben möchten. Also beispielsweise:

   - *flexible Gelenke* statt »keine Kniebeschwerden«,
   - *eine gute Verdauung* statt »keine Verstopfung mehr«,
   - *Vitalität bis ins hohe Alter* statt »keine Altersbeschwerden« oder

– *eine intakte Beziehung* statt »keine Beziehungsprobleme mehr«.
3. Wählen Sie diese *neue Identifikation.*
4. Drücken Sie *Wertschätzung und Dankbarkeit* aus.

Verbunden mit einer Lebensweise, die Ihrem Ziel entspricht, tragen Sie so die Verantwortung für Ihren Gesundheitszustand. Das Steuer für den Kurs, den Sie in Richtung Heilung fahren, liegt in Ihren Händen.

Jung bleiben bis ins hohe Alter

> Sympathie zieht Sympathie an.
> Gesundheit zieht Gesundheit an.
> Energie zieht Energie an.
> Das Leben strömt dem Leben zu.
>
> *Lebensweisheit*

Zuweilen wirkt ein Mensch mit zwanzig Jahren älter als ein anderer mit fünfzig und ein Fünfzigjähriger jünger als so mancher Zwanzigjährige. Wie kann das sein? Unser *wahres* Selbst ist alterslos. Unser Körper weist zwar ein natürliches Alterungsprogramm auf, das wir jedoch je nach Einstellung und Lebensweise dramatisch be-

248

schleunigen oder auch verlangsamen, ja, fast »umkehren« können.

Vorschnelle Alterung und Degeneration entstehen aus einer fehlerhaften Einstellung zur eigenen Person, zum Beispiel wenn man sich selbst nicht genügend Wert beimisst. Dazu gehören in der Praxis schon so profane Dinge wie ein Überkonsum an Fastfood, mit dem man seinen Körper verschandelt, Bewegungsmangel, die fehlende Verbindung zur Natur und übermäßig häufiges Fernsehen, also typische Verhaltensweisen, für die der Begriff der »Couchpotato« kreiert wurde. Doch nicht nur Stubenhockerei, sondern auch zu viel Stress führt zur Degeneration. Viele Menschen schaffen, schaffen, schaffen, bis sie dann irgendwann einmal selbst »geschafft« sind …

Ein abschreckendes Beispiel für die verfrühte Alterung bieten auch manche »konventionellen« Altersheime. Senioren werden hier schnell zu Greisen, verkümmern geistig und energetisch. Die Atmosphäre und das Gefühl von Sinnlosigkeit haben ihre Degeneration gefördert, sie jedweder Energie und Vitalität beraubt. Diese Menschen sind innerlich gestorben, so schrecklich dies klingen mag! Natürlich gibt es auch moderne Seniorenresidenzen, in denen die Alten unter fachkundiger Anleitung noch einmal neu das Leben entdecken. Sie sind jedoch für den »Normalbürger« oft unerschwinglich. Leider verfügen wir heute vor allem in den urbanen Lebensräumen der sogenannten Industrienationen immer seltener über eine Struktur, in der ältere Menschen zusammen mit ihren

Kindern und Enkeln wohnen und dadurch eine für alle gesunde Mischung aus jugendlicher Frische und Altersweisheit gepflegt wird.

Wir müssen uns regenerieren, damit wir nicht degenerieren. Wir brauchen Zeit für die Liebe und Zeit für uns selbst.

Wenn Sie sich immer wieder daran erinnern, dass Ihr Geist stets jung und vital sein kann, und Ihre Vitalität pflegen, erkennen Sie in jedem Augenblick, was zu tun ist, um fit und vital zu bleiben – bis ins hohe Alter. Sätze wie »Dafür bin ich zu alt« kommen dann kaum mehr über Ihre Lippen. Gerade im Alter sollten Sie sich jung und fit fühlen und mit Energie geladen sein.

Nicht das »Baujahr« Ihres Körpers ist ausschlaggebend, sondern die innere Einstellung: Man ist so alt, wie man sich fühlt.

Deshalb erfüllen Sie sich Ihre Träume, werden Sie aktiv. So bleiben Sie auch im Alter jung und haben den nötigen Schwung. Achten Sie auf Ihr äußeres Erscheinungsbild, indem Sie sich geschmackvoll kleiden. Auch eine Veränderung an der Frisur könnte von Vorteil für Sie sein. Oder vielleicht eine neue Brille? Dies könnte Sie um einige Jahre »jünger« wirken lassen und auch Ihnen selbst neuen Pep geben. Trauen Sie sich, denn das Abenteuer Leben wartet. Probieren Sie ruhig einmal etwas Neues aus, wozu Sie schon lange Lust haben, und freuen Sie sich des Lebens. Machen Sie doch auch einmal etwas »Verrücktes«, wenn Ihnen danach ist. Solange Sie sich und anderen dadurch keinen Schaden zufügen, kann dies Ihr Dasein nur bereichern.

Wenn Sie sich innerlich gut fühlen, strahlen Sie dies auch zum eigenen Wohl wie zur Freude anderer aus; das setzt voraus, dass Sie mit sich absolut zufrieden, das heißt im Frieden sind.

Erweitern Sie Ihren Horizont. Wussten Sie schon, dass Menschen, die gute Musik, Literatur oder Theater genießen, viel länger leben? Sozialmediziner in Schweden führten eine Untersuchung mit über zwölftausend Senioren durch. Das Ergebnis: Die »Kulturfans« unter ihnen wiesen ein viel besseres Immunsystem und weitaus weniger Krankheiten auf. Als besonders gesund erwiesen sich Menschen, die selbst künstlerisch kreativ sind. Musizieren Sie bzw. lernen Sie, ein Instrument zu spielen! Auch so tragen Sie zu Ihrer mentalen, also auch generellen »Fitness« bei.

Lesen Sie gute Bücher. Schreiben Sie – Gedichte, Romane, Erinnerungen, Briefe oder Sachtexte. Im kreativen Umgang mit dem Wort »feuern« Ihre Neuronen, Ihr Denken bleibt jung. Vitalisierend wirkt auch Weiterbildung. Hören Sie nicht auf, zu lernen, damit Sie nicht stehen bleiben. Denn Stagnation ist der schlimmste Feind für Geist und Körper.

Wenn Sie sich schwertun, all dies allein anzugehen, dann fragen Sie doch Freunde, ob sie mitmachen wollen. Besuchen Sie eine Veranstaltung der Volkshochschule, etwa einen Koch- oder PC-Kurs. So lernen Sie zudem auch neue Menschen und eventuell Gleichgesinnte kennen.

Unternehmen Sie auch möglichst viel mit jungen Menschen (das »strahlt ab«) – besuchen Sie mit ihnen Sportveranstaltungen, führen Sie einen regen Gedankenaustausch, feiern Sie gemeinsam. Viele Senioren sind noch einmal ganz jugendlich geworden, als ihre Enkel auf die Welt kamen, mit denen sie spielten und denen sie zur Seite stehen konnten. So wertvoll der Austausch mit Gleichaltrigen ist, schätzen und tanken Sie auch das aktive Potenzial der Jugend, ihre Frische, Spritzigkeit und Lebendigkeit.

Es gibt noch zahlreiche weitere Aktivitäten, die Ihrer Jugendlichkeit dienen können: Besuchen Sie – je nach Geschmack und Disposition – eine Kletterhalle, eine Volkstanzgruppe oder einen Salsakurs, wandern Sie zu einer Berghütte in den Alpen. Hier können Sie Menschen begegnen, die vielleicht aussehen wie Sechzigjährige. Sie erkennen ihre Kraft, Dynamik und relativ hohe Lebensenergie. Und vor allem sehen Sie das Leuchten in ihren Augen. In einem Gespräch erfahren Sie dann möglicherweise später das wahre Alter dieser Personen, sie sind siebzig oder älter. Und Sie sehen ihnen keine Ermüdung an. Im Gegenteil: Sie haben ihr Ziel erreicht, ohne körperlich erschöpft zu sein – kein schneller Atem, kein Schweiß, keine müden Augen, nichts. In sich ruhende, vitale Energie sitzt Ihnen da gegenüber.

Wenn Sie solchen Empfehlungen gemäß leben, können Sie auch ein hohes Alter genießen. Das sollte es Ihnen wert sein! Deshalb fangen Sie rechtzeitig damit an, damit Sie auch später noch »jung« und vital sind. Sie haben nur diese eine »Maschine«. Sie sollten sich dessen bewusst sein und demgemäß auch pfleglich mit ihr umgehen. Bleiben Sie jung in Ihrem Körper und in Ihrem Herzen. Eines Tages werden Sie dann auf ein erfülltes Leben mit Höhen und Tiefen zurückblicken und es, wenn die Zeit gekommen ist, im Einklang mit den kosmischen Gesetzen loslassen können.

Die sechste Perle: Liebe

> Wenn man Liebe definieren sollte, dann ist
> Leben das einzige Wort, das groß genug ist,
> alles zu umfassen. Liebe ist Leben in all seinen
> Aspekten. Wenn du die Liebe verfehlst, ver-
> fehlst du das Leben. Tu das bitte nicht.
>
> *Leo Buscaglia*

Das Wesen der Liebe

Die Liebe gilt bei uns als eins der höchsten Güter, doch
kaum jemand macht sich bewusst, was Liebe eigentlich
ist. Wir sagen: »Ich liebe dich«, doch was meinen wir
damit? Wollen wir ausdrücken, dass der andere für uns
attraktiv ist oder unsere Vorstellungen erfüllt? Wenn sich
unser Empfinden darauf beschränkt, dann ist das noch
lange keine Liebe.

Es gibt viele Definitionen von Liebe, und doch kann
keine davon die Liebe letztendlich beschreiben, weil die
Liebe selbst unbeschreiblich ist. Man kann sie wohl nur
erleben.

Marshall Rosenberg betonte, wie wichtig es ist, statt
der Worte »Ich liebe dich« genauer zu sagen, was wir füh-

len, wenn wir mit einem Menschen zusammen sind. In einem Interview mit David Luczyn und Serena Rust meinte er:

> »Wenn wir sagen: ›Ich liebe dich‹, können das dreißig unterschiedliche Gefühle sein. Es wäre so viel bereichernder, wir würden diese Vielfalt beibehalten, statt uns nur auf dieses eine Wort ›Liebe‹ zu beschränken! Manchmal ist es Freude, manchmal ist es richtige Leidenschaft, manchmal ist es eher Dankbarkeit... Dann hieße ›Ich liebe dich‹: ›Ich bin so dankbar, dass du das für mich gemacht hast!‹ Zu anderen Zeiten meint es etwas ganz anderes. Worte sind geradezu bedeutungslos, wenn sie nicht ausdrücken, was wirklich in der Person vorgeht, wenn sie das sagt...

> Hier ein Beispiel: Als meine Tochter sechs war, war ich auf dem Weg zur Küche, um mir etwas zu trinken zu holen. Ich schrieb gerade an einem Artikel über das Thema ›Liebe‹, und mir war bei den Paaren, mit denen ich arbeitete, aufgefallen, wie bedeutungslos sie diesen Satz ›Ich liebe dich!‹ anwendeten. Dass sie sich nicht darüber im Klaren waren, was in ihnen lebendig war, wenn sie das sagten. Auf dem Weg zur Küche begegnete ich also meiner Tochter, die im Esszimmer am Tisch malte. In meiner gewohnten Art beugte ich mich zu ihr hinunter und wollte sie auf den Kopf küssen und ihr sagen:

›Ich liebe dich!‹ Dann hielt ich inne und fragte mich: ›Wie kann ich das wahrhaftiger ausdrücken?‹ Also sagte ich: ›Marla, wenn ich dich hier so sitzen sehe, dann fühle ich … ja, was fühle ich dann eigentlich? Ich fühle eine solche Freude …‹ Und dann war ich so froh, als mir klar wurde, was ich tatsächlich fühlte – solch eine Freude … Und welches Bedürfnis erfüllte das? ›Es erfüllt das Bedürfnis in mir, einfach nur in Verbindung zu sein mit so einem Wesen wie dir.‹ Ich konnte an ihren sechsjährigen Augen ablesen, dass sie dem viel mehr entnehmen konnte, als wenn ich gesagt hätte: ›Ich liebe dich!‹ Wenn wir wirklich innehalten und klar sagen, worauf genau wir reagieren und wie wir uns fühlen und welches Bedürfnis erfüllt ist, ist das viel bereichernder für die Person.«*

Übung: Alternativen zum Satz »Ich liebe dich«

Setzen Sie sich mit Ihrem Partner oder einem Ihrer liebsten Freunde zusammen, die offen für solche Übungen sind. Am besten sitzen Sie gegenüber. Schließen Sie die Augen und spüren Sie tief in sich hinein. Denken Sie den Satz »Ich liebe dich«. Und dann, aber erst dann, wenn Sie wahrnehmen kön-

---

* www.gewaltfrei-frankfurt.de.

nen, dass dieser Satz für Sie absolut stimmt, ehrlich und authentisch gemeint ist, öffnen Sie die Augen. Schauen Sie einander an. Und dann sagen Sie abwechselnd diesen Satz: »Ich liebe dich!« Spüren Sie, wie Sie meinen, was Sie sagen, und wie die Aussage des anderen auf Sie wirkt.

Und dann schließen Sie wieder die Augen. Spüren Sie erneut in sich hinein. Und fühlen Sie, welches »echte« Gefühl unter dem Satz »Ich liebe dich« liegt. Dann, aber erst dann, wenn Sie das spüren, öffnen Sie erneut die Augen. Schauen Sie Ihren Partner/besten Freund liebevoll an und sagen Sie ihm, was Sie fühlen, und danken Sie ihm dafür. Beispiele:

- »Wenn ich mit dir zusammen bin, fühle ich mich ›allumfassend‹, weit und stimmig; und dafür danke ich dir.«

- »Ich fühle mich mit dir so lebendig, kraftvoll und inspiriert, weil du mich so treffend in meiner Männlichkeit ansprichst; und dafür danke ich dir.«

- »Ich fühle mich mit dir so weit, offen, vertrauensvoll und weiblich. In der Art, wie du mit mir umgehst, erlebe ich, dass du mich siehst, wie ich wirklich bin, und ermöglichst mir diese Öffnung; und dafür danke ich dir.«

Unterschiedliche »Strategien«, Liebe auszudrücken

> Eine Liebe, die endet, ist nur der Schatten der Liebe; wahre Liebe hat keinen Anfang und kein Ende.
>
> *H. I. Khan*

Viele Menschen glauben, Liebe sei ein Gefühl, doch ist dies wirklich so? Gefühle kommen und gehen, Liebe aber ist ewig. Sie existiert unabhängig vom Gefühl. Natürlich kann die Sonne der Liebe mal hinter den Wolken von Ablehnung, Widerstand oder Dissonanz versteckt sein, doch die wahre Liebe ist nicht abhängig von einem Gefühl.

Der Vergleich von Liebe und der Sonne ist sehr anschaulich. Er eignet sich insbesondere deshalb, weil wir wissen, dass die ganze Natur das Sonnenlicht braucht, um zu leben. Ohne Sonne stirbt alles. Und genauso ergeht es uns auch mit der Liebe.

Wir wissen, dass Babys, wenn sie über eine längere Zeit keine liebevolle Zuwendung erhalten, sterben – auch wenn sämtliche physischen Bedürfnisse wie Nahrung, Wärme etc. erfüllt sind. Dies lässt den Schluss zu, dass wir alle Liebe brauchen, dass Liebe ein Bedürfnis ist.

Nun mag man vielleicht annehmen, man sei als erwachsener Mensch über dieses Stadium hinaus. Doch wenn wir genauer hinschauen, stellen wir fest, dass wir alle den Kon-

259

takt zur Liebe brauchen – egal, wie spirituell oder säkular wir ausgerichtet sind. Wem keine Liebe zuteilwird, der degeneriert.

Indem wir Liebe als ein grundlegendes Bedürfnis anerkennen (nicht zu verwechseln mit Bedürftigkeit), wird uns klar, dass wir für unseren Kontakt zur Liebe sorgen müssen. Genauso, wie wir dafür zu sorgen haben, dass wir essen und trinken, so müssen wir auch darauf achten, dass wir lieben können.

Es gibt viele Möglichkeiten (»Strategien«), dieses Bedürfnis zu kanalisieren, insbesondere auch im zwischenmenschlichen Bereich. Dies ist nichts Schlechtes, sondern die Voraussetzung dafür, dass wir uns friedlich und »rund« fühlen.

Wir erleben diese unterschiedlichen »Strategien« vor allem auch im religiös-spirituellen Bereich: Dort erfüllt der eine sein Bedürfnis nach Verbundenheit mit der »einen Kraft«, indem er betet, der andere, indem er wandert und die Schönheit der Natur liebt. Wir leben in einer Zeit, in der wir mehr und mehr die Unterschiedlichkeiten anerkennen, wie Menschen ihre Verbundenheit zu dem Göttlichen erleben. Aber sind wir schon so weit, dass wir erkennen können und anerkennen, dass wir unterschiedliche »Strategien« haben, Liebe fließen zu lassen? – Marshall Rosenberg sagt hierzu:

> »Ich habe mal mit einem Ehepaar in den USA zu diesem Thema gearbeitet. Sie sagte: ›Mein Bedürfnis nach Liebe wird nicht erfüllt!‹ Und er antwor-

tete: ›Ich liebe dich doch!‹ Sie wollte etwas erwidern, aber bevor sie das tat, sagte ich: ›Halt, halt! Hör nicht auf, nachdem du zu ihm gesagt hast, dein Bedürfnis nach Liebe sei nicht erfüllt, sondern füge hinzu, was du von ihm möchtest, damit dieses Bedürfnis erfüllt wird!‹ Sie sagte: ›Du weißt es doch!‹ Und er antwortete: ›Offensichtlich weiß ich es nicht!‹ Sie sagte: ›Aber es ist so schwer in Worte zu fassen!‹, und er meinte: ›Wenn du es schon nicht in Worte fassen kannst, kannst du dann sehen, wie schwer es für mich ist, es zu tun?‹ Da wurde ihr klar, dass sie möchte, dass er errät, was sie braucht, bevor sie es selber weiß – und dass er es dann immer tut.«*

Der Psychologe Paul Watzlawick hat ein interessantes Buch geschrieben, in dem er herausarbeitet, dass wir alle verschiedene Vorstellungen von Liebeserfüllung haben: *Wenn du mich wirklich liebtest, würdest du gern Knoblauch essen.*** Der Buchtitel sagt bereits klar, worum es geht: Wir haben grundverschiedene Vorstellungen, Erwartungen und Hoffnungen darüber, was der andere tun sollte, damit unser Bedürfnis nach Liebe erfüllt wird. Und meistens sagen wir es ihm nicht.

---

* Marshall Rosenberg in dem bereits zitierten Interview mit David Luczyn und Serena Rust, www.gewaltfrei-frankfurt.de.
** Paul Watzlawick: *Wenn du mich wirklich liebtest, würdest du gern Knoblauch essen. Über das Glück und die Konstruktion der Wirklichkeit*, Piper 2008.

Auch die Schweizerin Julia Onken spricht mit ihrem Buch *Wenn Du mich wirklich liebst** und ihrem Live-Interview beim Radio Vorarlberg*** dasselbe Thema an. Aus ungesagten Vorstellungen heraus scheitern viele Beziehungen.

Marshall Rosenberg meint, als Definition für Liebe müsste vielfach die Annahme herhalten, dass der andere schon wisse, was man wolle. Wer so denke, merke erst nach der fünften Scheidung, dass man auf diese Weise niemanden findet, der unsere Bedürfnisse erfüllt.***

Beispiel: Er sehnt sich nach Sinnlichkeit, Zärtlichkeit, Streicheln, erfüllter Sexualität. In allen Krisen seines Lebens war dieser Bereich stets die »Aufladestation«. Deshalb hat er sich zu einem »Liebeskünstler« ausgebildet, Tantra- und Massagekurse besucht usw. Sie sucht Sicherheit, Beständigkeit und materiellen Erfolg. Da sie in der Vergangenheit lange Zeiten der finanziellen und materiellen Entbehrung erlebt hatte, drückt sich bei ihr Liebe darin aus, jemand anderem finanziell zu helfen, ihm ein gutes Essen zu kochen oder ihm ein schickes Kleidungsstück zu kaufen. Er hat zwar wenig Geld und kleidet sich bescheiden, doch ihm ist dies nicht wichtig. Sie schenkt

---

* Julia Onken: *Wenn Du mich wirklich liebst. Die häufigsten Beziehungsfallen und wie wir sie vermeiden*, C. H. Beck 2001.
** Nachfolgend ein Link für einen wunderbaren Audiovortrag von Julia Onken: http://your.orf.at/vbgwebcam/radio/focusplayer.php?uri=focus021109.RA&title= JULIA ONKEN: Wenn Du mich wirklich liebst ... Beziehungsfallen erkennen und vermeiden.
*** www.gewaltfrei-frankfurt.de.

ihm einen Anzug nach dem anderen, bekocht ihn, wäscht die Wäsche für ihn und wundert sich, dass er von Tag zu Tag verbitterter wird, obwohl sie ihm doch »so viel Liebe gibt« ...

Eine Koryphäe auf dem Gebiet der Erforschung von Liebes»strategien« ist Gary Chapman. Er geht wie Rosenberg davon aus, dass Liebe ein Bedürfnis ist. Seine Untersuchungen kamen zu dem Ergebnis, dass es fünf sehr klar unterscheidbare Kategorien von Bedürfniserfüllung in der Liebe gibt. Diese lauten:

1. *Lob und Anerkennung:* Wir wertschätzen und bewundern uns!
2. *Zweisamkeit:* Wir machen etwas gemeinsam!
3. *Geschenke:* Wir beschenken uns!
4. *Hilfsbereitschaft:* Wir unterstützen einander!
5. *Zärtlichkeit:* Wir nähren uns sinnlich/sensuell/sexuell.*

---

* Gary Chapman: *Die fünf Sprachen der Liebe. Wie Kommunikation in der Ehe gelingt,* Francke 1994.

Übung: Ihre Liebes»strategie«

Beantworten Sie die folgenden Fragen:

● Was ist derzeit Ihre »Strategie«, um Ihrem Partner gegenüber Liebe auszudrücken? Machen Sie ihm Komplimente (1), passen Sie sich seinen Freizeitaktivitäten an (2), bringen Sie ihm Blumen oder Geschenke mit (3), helfen Sie ihm zum Beispiel bei der Hausarbeit, im Büro oder in Krisenfällen (4) oder massieren Sie ihn zärtlich (5)?

● Wie würden Sie denn am liebsten Ihre Liebe ausdrücken? Orientieren Sie sich wieder an den Kriterien 1 bis 5.

● Welche »Strategie« fährt Ihr Partner, um Ihnen seine Liebe auszudrücken?

● Welche »Strategie« würden Sie denn am liebsten erfahren?

● Wo haben Sie derzeit den größten Mangel, wo finden Sie die meiste Erfüllung?

● Was wäre eine Bitte an Ihren Partner bzw. jemand anderen, damit Ihre Bedürfnisse erfüllt würden?

Lassen Sie die so gewonnenen Erkenntnisse einfach wieder auf sich wirken.

Bei einem Klientenpaar dachte der Mann: »Ich habe sicherlich ein hohes Guthaben auf dem Partnerschaftskonto, denn ich bringe ihr ja jeden Tag Blumen mit und sage ihr, wie schön sie ist« (»Strategie« 1 und 3). Und er fiel aus allen Wolken, als seine Partnerin zu ihm sagte: »Dein Partnerschaftskonto ist sehr stark im Minus, denn du bist dieses Jahr noch überhaupt nicht mit mir zum Wandern gegangen, obwohl du weißt, wie wichtig mir das ist; und dass wir das letzte Mal eine Liebesnacht verbracht haben, ist auch schon vierzehn Tage her« (Strategie 2 und 5).

Übung: Eine Liste unserer Bedürfnisse

Erstellen Sie eine Liste darüber, wann bzw. wie Sie die Erfüllung Ihres Bedürfnisses nach Liebe erfahren. Sie können dafür sowohl Ereignisse aus der Vergangenheit anführen wie auch Sehnsüchte und Träume. Dadurch werden diese Bedürfnisse nicht automatisch erfüllt, aber Sie wissen jetzt deutlicher, was Ihnen wichtig ist, und können auf die Verwirklichung Ihrer Träume hinarbeiten.

Was tun wir aber nun, wenn die eigene Liebes»strategie« vom Partner nicht angenommen werden kann? Da Liebe auf Austausch, Verwurzelung, Begeisterung und Hingabe beruht, leiden wir, wenn unser Liebesangebot, sei es ein Geschenk, eine Einladung zu einem Essen oder zu einer Liebesnacht, verschmäht wird. Beginnen wir in einem solchen Fall, einen neuen Kanal zu bauen, durch den unsere Liebe fließen kann, erweitern wir dadurch unser Bewusstsein und unser Potenzial, vorausgesetzt, dass wir das Ganze auch für uns erfüllend erleben.

Wenn bisher zum Beispiel die Erotik der Bereich war, durch den Sie am leichtesten Liebe ausdrücken konnten, und mit Ihrem Partner klappt es im Bett nicht nach Ihren Vorstellungen, dann hilft Ihnen vielleicht das Feld der Romantik, der gemeinsamen Unternehmungen oder auch der Zusammenarbeit, damit Ihr Liebesaustausch nach und nach wieder fließen kann.

Anfängliche Wahrnehmungen von »Entbehrungen« sind dabei normal, sie sind mit der Umstellung auf eine andere Liebes»strategie« verbunden. Wenn sich Ihr Liebesaustausch jedoch dauerhaft unerfüllt »anfühlt«, müssen Sie prüfen, ob dies an einer Ihrer Vorstellungen liegt oder ob Sie hinsichtlich Ihrer Liebes»strategien« einfach nicht übereinstimmen.

Dort, wo Hobbys, Freizeitbeschäftigungen und Vorlieben nicht zusammenpassen, mag eine starke spirituelle oder Seelenliebe der Kanal sein, durch den die Liebe fließen kann. In dem Fall tun wir gut daran, anzuerkennen, dass unsere »normalen« Liebesbedürfnisse durch den Partner nicht oder nur teilweise abgedeckt werden. Indem Sie auf seine »Strategien« eingehen, wird er sich wahrscheinlich auch nach und nach für die Ihren öffnen.

Wenn Sie aus spiritueller Verbundenheit heraus mit Ihrem Partner zusammenbleiben wollen, obwohl der Austausch von Liebe schwierig ist, dann suchen Sie am besten andere Wege, durch die Sie Ihre Liebe kanalisieren können. Auch eine Tätigkeit als freiwilliger Helfer bei der Caritas oder die Teilnahme an einem Gebetskreis oder einer Sangha kann eine Möglichkeit sein, in den Austausch von Liebe zu kommen, falls dies Ihrer »Strategie« entspricht. Und wo es Ihnen nicht oder kaum möglich ist, die Liebes»strategie« zu wechseln, Sie beispielsweise auf Zärtlichkeit fixiert sind, hilft Ihnen vielleicht der (gemeinsame?) Besuch einer Massagegruppe oder einer sogenannten Kuschelparty. Auch wenn in solchen Fällen unser natürlicher Liebesaustausch erschwert ist, können wir uns dies eingestehen und unseren Partner trotzdem lieben. Schließlich ist Lieben nicht nur ein Bedürfnis, sondern auch eine Tätigkeit. Nähren müssen wir uns in den Fällen jedoch dann möglicherweise woanders. Man kann zum Beispiel mit einer Freundin oder einem Freund statt dem Partner wandern und, mit dieser Erfüllung aufgeladen, abends seinem Partner Liebe schenken.

Liebe und die vier Elemente

> Frage nicht, was die Welt braucht. Frage viel-
> mehr, was dich lebendig macht. Dann geh hin
> und tu es. Denn die Welt braucht Menschen,
> die lebendig sind.
>
> *Carlos Castaneda*

Die Liebe ist wie Wasser, sie will fließen. Sie ist wie Feuer und will brennen. Sie ist wie Erde, sie möchte sich verwurzeln. Und sie ist wie Luft, sie möchte atmen, das heißt sich austauschen.

Gerade am Beispiel der Luft in der Übung auf Seite 265 erkennen wir: Wir müssen Liebe nicht nur von irgendwoher aufnehmen, wir müssen sie auch geben können, damit wir uns gesund fühlen. Jeder Mensch braucht ein Feld, auf dem er Liebe zum Ausdruck bringen, auf dem er lieben kann. Am Beispiel der Erde sehen wir, wie wichtig es ist, dass unsere Liebe einen Nährboden findet. Das Feuer sagt uns, dass wir stets etwas brauchen, was Liebende gegenseitig begeistert. Und das Wasser lehrt uns Hingabe in der Liebe, völliges Loslassen. Können Sie in Gegenwart Ihres Partners entspannen? Wenn nicht, was müsste denn geschehen, damit die Liebe frei fließen könnte?

Übung: Liebe und die vier Elemente

Beantworten Sie die folgenden vier Fragen. Nehmen Sie ein Blatt Papier und schreiben Sie die Antworten auf. Sinnvoll kann es sein, die Übung gemeinsam mit Ihrem Partner durchzuführen und über die Ergebnisse zu sprechen.

1. *Wasser:* Wann in Ihrem Leben hatten Sie einmal erlebt, dass die Liebe wie Wasser floss oder Sie in der Liebe »baden« konnten? Notieren Sie eine Erinnerung, eine Phantasie und eine Strategie, wie Sie die Liebe zum Fließen bringen.

2. *Feuer:* Wann in Ihrem Leben haben Sie vor Liebesfeuer gebrannt? Wann war Ihre Begeisterung entfacht, wobei es sich nicht um ein Strohfeuer handelte, sondern Sie sich selbst gleichsam als eine leuchtend brennende Fackel erlebten? Wer oder was, welcher Stimulus löst in Ihnen das Brennen vor Liebe aus? Notieren Sie eine Erinnerung, Phantasie und eine Strategie, wie Sie Ihr inneres Feuer entfachen.

3. *Erde:* Erinnern Sie sich an eine Erfahrung, in der Ihre Liebe Wurzeln bekam, Sie sich in der Liebe geborgen, sicher, stabil gefühlt haben, wie etwas Solides, auf das man bauen kann, oder wie ein Baum, der langsam wächst. Wann und wo war das? Was er-

det Ihre Liebe? Notieren Sie eine Erinnerung, Phantasie und Strategie, mit der Sie Ihre Liebe erden.

4. *Luft:* Wann in Ihrem Leben haben Sie es erfahren, dass die Liebe mit Leichtigkeit verbunden war, dass sie frisch und frei atmen konnte wie ein Frühlingswind? War dies beim Flirten oder mit einem besonderen Ort verbunden? Notieren Sie, was Ihnen hilft, damit Liebe sich »austauschen« kann, frei und unverbindlich, so wie die Luft, die wir ein- und ausatmen. Was erleichtert Ihnen das Lieben? Notieren Sie eine Erinnerung, Phantasie und eine Strategie, mit der Sie die Liebe als »leicht« erleben.

Lassen Sie wie immer Ihre Antworten auf sich wirken. Intuitiv werden Sie angemessene Lösungsmöglichkeiten finden.

Wir sehen an der Botschaft unseres Körpers sehr leicht, welches Element des Liebens nicht in Harmonie ist. Wenn wir Herz- oder Verdauungsprobleme haben, ist sehr häufig etwas mit dem »Feuer des Liebens« nicht in Ordnung. Schwierigkeiten mit dem Flüssigkeitshaushalt des Körpers, insbesondere Blasen- und Nierenprobleme, weisen auf Probleme mit dem Wasserelement hin. Atemprobleme (Lunge, Bronchien) zeigen auf, dass der freie Austausch der Liebe im Ungleichgewicht ist. Und Knochenprobleme weisen darauf hin, dass wir uns schwertun, unsere Liebe zu verwurzeln. So können wir aus der Botschaft unseres Körpers erkennen, was zu tun ist.

Dies gilt übrigens unabhängig davon, ob Sie gerade Single oder in einer festen Beziehung sind. Letztere bringt nur Aspekte hervor, die in *Ihnen* latent vorhanden sind. Diese Aspekte können angenehm und stimmig oder auch unangenehm und unstimmig sein.

Ehrlichkeit sich selbst und dem anderen gegenüber – Liebe und die Kunst des angemessenen Neinsagens

> Man kann den nicht retten, dem man folgt.
> *Carol K. Anthony*

Wenn unsere Bereitschaft, Liebe auszudrücken, trotz nachhaltiger Bemühung vom anderen nicht angenommen wird oder nicht in der Form, wie wir Liebe geben können, dann erfahren wir Frustration. In solchen Fällen brauchen Sie dringend einen anderen Nährboden für Ihre Liebe. Damit Sie diesen Nährboden finden können, müssen Sie sich in solch einer Situation erst einmal eingestehen, dass Ihre Liebe hier nicht auf eine für Sie erfüllende Weise fließen kann. Dieses Eingeständnis ist ein Ausdruck von Selbstachtung. Selbstachtung ist zwingend erforderlich, und zwar auch dann, wenn Sie sich vornehmen, »selbstlos« zu lieben. Denn selbstlose Liebe braucht ebenfalls ein Becken, in dem sie fließen kann. Vermag sie dies nicht, nutzt alle Selbstlosigkeit der Welt nichts.

Auch wenn Ihr Partner Sie wegen Ihrer Duldsamkeit lobt, weil Sie stillhalten, stehen Sie dazu, falls Sie nicht erfüllt sind. Heucheln Sie keine Zufriedenheit aus Angst vor negativen Konsequenzen, Liebesentzug oder davor, Ihren Partner zu enttäuschen oder zu »verletzen«. Seien Sie ehrlich – zumindest erst einmal sich selbst gegenüber.

In die Praxis eines Therapeuten kam beispielsweise eine verheiratete Frau mit einem Myom in der Gebärmutter. Der Therapeut befragte sie nach ihrem Sexualleben. Die Patientin antwortete: »Ja, ja, da ist alles in Ordnung, mein Körper funktioniert, wie er funktionieren muss. Ich bin ja verheiratet!« Der Therapeut sagte: »Ich weiß, dass Sie verheiratet sind, aber Ihr Körper kann nicht lügen. Die Botschaft Ihres Körpers sagt Ihnen, dass etwas mit der Sexualität im Argen liegt. Was fühlen Sie denn, wenn Sie mit Ihrem Mann schlafen?« Daraufhin brach die Frau in Tränen aus und sagte: »Ich fühle Ekel, mir macht es überhaupt keinen Spaß, aber wir haben doch das Häuschen zusammen gebaut, und unsere Nachbarn mögen uns als Paar so gern, und außerdem sagt er mir immer, dass er mich liebt. Auch will ich ihn nicht verletzen. Er reagiert immer so gekränkt, wenn ich nur Ansätze darüber äußere, dass unser Liebesleben nicht optimal ist. Darum halte ich den Mund. Wenn ich mich sogar verweigern würde, dann hätte ich die Hölle zu Hause!«

Der Therapeut sagte zu ihr: »Sie müssen einen Weg finden, damit ehrlich umzugehen, wenn Sie gesund werden wollen! Und diese Ehrlichkeit beginnt damit, dass Sie wenigstens mit sich selbst kein falsches Spiel treiben und ehrlich bereit sind, sich einer Lösung zu öffnen. Sobald Sie offen sind für eine Lösung – wie auch immer –, wird sich Ihnen diese zeigen.«

Offenheit sich selbst gegenüber ist auch dann besonders wichtig, wenn die Grade von Erfüllung völlig verschieden erlebt werden.

Beispiel: Ein Paar verbringt einen gemeinsamen romantischen Abend am See. Sie ist glücklich und erlebt ein Hochgefühl bei dem Anblick des Sonnenuntergangs. Er ist frustriert über die vielen Stechmücken. In solchen Fällen ist es wichtig, die Unterschiedlichkeit der gegenseitigen Erlebnisse anzuerkennen. Wenn er anerkennt, dass es für sie trotzdem schön war, und sie akzeptiert, dass es für ihn nicht so toll war, ohne dass die beiden sich gegenseitig Vorwürfe machen, können zwei unterschiedliche Wahrnehmungen nebeneinander bestehen bleiben. Dies ist wichtiger als ein »Einklang um jeden Preis«. Denn dadurch bleibt jeder in seiner Authentizität und Würde.

Das scheinbar profane Beispiel lässt sich natürlich auf viele Lebensbereiche ausdehnen: Sie erfreut sich beim Bergsteigen an der Schönheit der Natur, für ihn ist die Kletterei die reinste Qual. Oder auch im Bett: Für ihn war

273

es toll, doch ihr hat es gar nichts gebracht. Eine reife Beziehung zeichnet sich dadurch aus, dass jeder die Wahrheit sagen darf, ohne dass der andere eingeschnappt ist oder Liebesentzug praktiziert. In einer reifen Beziehung lässt der Enttäuschte dem anderen sein Hochgefühl, und der Begeisterte genießt seine Erfüllung, auch wenn der andere nicht mitmacht. Später kann dann der Enttäuschte sagen, wie er sich Erfüllung wünschen würde, und der andere kann dann im Idealfall sagen: »Prima, dann machen wir es das nächste Mal so, dass es für dich toll ist, und ich lerne dich dadurch besser kennen. Danke, dass du so offen und ehrlich zu mir bist!«

Wir brauchen also eine reife Konfrontationsbereitschaft, in der jeder sagen darf, wo er steht, ohne dass ihm das angekreidet wird. Im günstigsten Fall erweitert dadurch jeder seine Perspektive um die des anderen.

Dort, wo Sie die Reaktionen Ihres Partners fürchten und Ihr Partner nicht auf konstruktive Weise konfrontationsbereit ist, hilft Ihnen die Wahrheit sich selbst gegenüber, eine gute Lösung zu finden. Das Neinsagen zu einem Missstand widerspricht nicht dem Gesetz der Akzeptanz. Beim Neinsagen akzeptiere ich erst einmal, dass die Situation so ist (erster Schritt), aber ich sage nein dazu, sie beizubehalten (zweiter Schritt), dann, wenn sie dem wahren Selbst bzw. der Liebe nicht entspricht. Es kann für die Qualität unseres Liebens entscheidend sein, an der richtigen Stelle auch nein sagen zu können, denn nur wenn wir nein zur »Nichtliebe« zu sagen vermögen, hat unser Ja zur Liebe einen Wert.

Manche Menschen haben offensichtlich einen »Sprach-fehler«. Sie können das Wort »nein« nicht aussprechen – oftmals mit verhängnisvollen Konsequenzen. Wenn wir es stets vermeiden, da, wo es nötig wäre, auch einmal nein zu sagen, gleitet uns unser Leben, unsere Beziehung, unser Beruf aus den Händen. Das heißt allerdings nicht, dass wir ständig nein sagen sollen, sondern nur da, wo dieses Nein für uns stimmt. Ein Ja ist sicher dort nicht ange-bracht, wo Ihr ganzer Organismus auf Ablehnung einge-stellt ist, Ihr wahres Selbst ebenfalls nein sagen möchte und Sie trotzdem mitmachen. Denn wie heißt es so schön: »Mitgegangen, mitgefangen, mitgehangen!«

Die Unfähigkeit, nein zu sagen, führt dazu, dass Sie dann Dinge tun, für die Sie sich später verachten. Sie lenkt von Ihren wahren Gefühlen und Bedürfnissen ab, sodass Sie diese eines Tages gar nicht mehr wahrnehmen können. Wir glauben vielleicht, indem wir zu allem ja und amen sagen, erheischen wir uns die Sympathie und vermeint-liche Liebe, die wir so dringend zu brauchen glauben. Doch ein flotter Spruch weiß: »Everybody's darling is everybody's Depp.« (»Jedermanns Liebling ist jedermanns Depp.«) Ja zu sagen, wenn wir nein meinen, ist kein Be-weis für Liebe, sondern schlicht und einfach Heuchelei.

Wie Herbert Fensterheim in dem Buch *Sag nicht ja, wenn du nein sagen willst* betont, gibt es verschiedene Strategien, nein zu sagen. Sie alle sollten aufrichtig, direkt, entschie-den und unzweideutig sein, zum Beispiel wie folgt:

– *In der Kürze liegt die Würze:* Beginnen Sie mit dem Wort »Nein«, verbunden mit einer kurzen Erklärung.

275

Seien Sie dabei in der Aussage kurz und klar. Beispiel: »Nein, das stimmt gerade nicht für mich!«, »Nein, ich bin gerade nicht in Stimmung!«, »Nein, ich habe mich entschieden, stattdessen meine Wohnung zu putzen« … Ein liebevoller, doch eindeutiger Tonfall sorgt dafür, dass keine langen Diskussionen aufkommen müssen.

- *Verschieben:* Wenn Ihnen nur der Zeitpunkt nicht passt, erkennen Sie das Ja bzw. eine frühere Zusage an, sagen aber, dass es zeitlich nicht passt: »Nein, heute geht es nicht, wie sieht es morgen aus?«
- *Abgeben:* Wenn die Bitte jemand anders erfüllen kann, verweisen Sie auf ihn: »Nein, frag doch einmal Paula, die macht das doch so gern«, »Nein, ich habe für heute meinen Beitrag schon geleistet«.*

Manchmal sind wir nicht schlagfertig genug, um nein zu sagen. Hier kann Ihnen eine vorbereitete Liste wie in der folgenden Übung helfen.

---

* Vgl. Herbert Fensterheim und Jean Baer: *Sag nicht ja, wenn du nein sagen willst. Wie man seine Persönlichkeit wahrt und durchsetzt,* Goldmann 2006.

Übung: **Standardantworten lernen**

Denken Sie an Situationen, in denen Sie sich zu einem »Ja« genötigt fühlten. Finden Sie Standardantworten, mit denen Sie damals hätten nein sagen können. Notieren Sie diese auf eine Liste und lernen Sie die Liste auswendig. – Hier einige Beispiele:

- Nein, dazu habe ich jetzt keine Lust.

- Nein, das möchte ich heute nicht tun.

- Nein, das möchte ich nicht.

- Nein, dafür kenne ich dich noch nicht gut genug.

Sollte der andere weiterbohren, gibt es eine Standardformulierung, die Byron Katie regelmäßig in ihren Seminaren verwendet. Diese kann in verschiedenen Varianten ausgesprochen werden:

- Du hast mich gefragt, ob ... und meine Antwort ist »Nein«.

- Ich höre dein Argument ... und meine Antwort ist »Nein«.

- Ich fühle deine Emotionen dazu ... und meine Antwort ist »Nein«.

Das Geheimnis bei diesen Formulierungen besteht in dem Wort »und«. Während »aber« oder »trotzdem« wohl den Widerstand des anderen herausfordern würden, ermöglicht das »und«, dass die Argumente des Gegenübers wahrgenommen werden und dennoch der eigene Standpunkt beibehalten werden kann.

Der Führungskräftecoach, Autor und Verleger August Höglinger vergleicht die unterschiedlichen Reaktionen auf Ansprüche mit Straßen.* Derjenige, der alles mitmacht, ist wie eine Straße ohne Mittellinie. Derjenige, der gegen alles trotzt, ist wie eine Straße mit durchgezogener Mittellinie. Doch was wir wirklich suchen, ist die gestrichelte Mittellinie, also den Ausdruck, bei dem wir mal ja und mal nein sagen und unsere Grenze (Mittellinie) den Umständen angemessen souverän überqueren können. Dort, wo ich mich selbst vergewaltige oder etwas gar nicht stimmt, muss ich nein sagen!

Falls wir es versäumen, unser Nein zu spüren, dann geben wir dem wahren Selbst die Botschaft, dass es akzeptabel ist, wenn wir – und unsere Persönlichkeit, unsere Bedürfnisse und Gefühle – missachtet werden.

---

* August Höglinger: *Grenzen setzen bei Erwachsenen*, Höglinger 2004.

Es gibt Menschen, die glauben, sie dürften aus »christlicher Nächstenliebe« oder »weil sie spirituell sind« nicht nein sagen. Doch die Bibel lehrt uns genau das Gegenteil. Schon im Alten Testament werden wir in den Sprüchen Salomos* ausdrücklich dazu aufgerufen, auf die Einhaltung der Grenzen zu achten. Wie Anselm Grün in seinem Buch *Grenzen setzen – Grenzen achten* eindrücklich beschreibt, ist es wichtig, die eigene seelische Grenze zu spüren und zu wahren, damit wir nicht innerlich zerfließen, sondern die eigene Identität und die eigenen Konturen bewahren. Grenzen schützen unsere Seele davor, mit Fremdeindrücken überflutet zu werden. Auch wenn wir auf unserem spirituellen Weg erkennen, dass wir »eins mit allem« sind, machen gerade auch unsere Grenzen unser Heilsein (und unser Heiligsein) aus. Das lateinische Wort für »heilig« lautet nämlich *sanctus*, und das Verb *sancire* heißt »heiligen, als unverbrüchlich festsetzen, bei Strafe verbieten«:

»Das Heilige ist das, was der Welt entzogen ist, worüber sie keine Macht hat … Es gibt aber auch in mir einen heiligen Raum, zu dem die Menschen mit ihren Ansprüchen keinen Zutritt haben. Diesen inneren Raum muss ich schützen. Die Geschichte vom heiligen Aegidius erzählt, dass sich zu ihm die Tiere flüchteten, wenn der König auf die Jagd ging. Um den Heiligen herum bestand ein Bannkreis, in den

---

* Sprüche 22,28 und 23,10.

kein Jäger eindringen konnte ... Im Märchen ›Das Mädchen ohne Hände‹ zieht die fromme Müllerstochter mit Kreide einen Kreis um sich ... Dort, wo das Reine und Klare einen Kreis um den Menschen bildet ... können negative Emotionen nicht eindringen ... Auch das Märchen von Jorinde und Joringel zeigt: Es gibt offensichtlich Grenzen, die man nicht überschreiten darf, ohne Schaden zu nehmen.«*

Wer in seiner eigenen Mitte ist, ist gegen Verletzungen seiner Grenzen am ehesten gefeit. Dafür brauche ich ein tiefes Empfinden für das, was für mich (und für das Ganze, zu dem aber sehr wohl meine eigene Persönlichkeit gehört) stimmig ist. Ich muss mich selbst kennen und das, was mein wahres Selbst in der Situation von mir erwartet.

Viele Menschen wurden bereits als Kinder für ihr »inneres Nein« bestraft, und die Sanktionen wurden so lange wiederholt, bis das Kind aufhörte, nein zu Autoritätspersonen zu sagen. Manche Kinder wurden auf dem Weg seelisch gebrochen in dem Irrglauben, diese erzwungene Anpassung sei gut für sie. Damit sich der Zugang zur inneren Autonomie und zur »Fühligkeit« des Stimmigen wieder auftut, müssen wir eventuell vorhandene negative Glaubenssätze deprogrammieren, die uns in Verbindung mit dem Neinsagen eingebläut wurden (siehe den Abschnitt

---

* Anselm Grün und Ramona Robben: *Grenzen setzen – Grenzen achten. Damit Beziehungen gelingen – Spirituelle Impulse*, Herder 2007.

»Glaube und Glaubenssätze« im Kapitel über den Glauben [vierte Perle]), zum Beispiel:

- Ein guter Mensch sagt niemals nein!
- Wenn ich jemanden liebe, dann tue ich, was er von mir verlangt!
- Es ist das Beste für mich, mich unterwürfig gegenüber Autoritäten zu verhalten! (Und auch der eigene Partner kann eine – unbewusste – Autorität darstellen!)
- Wenn ich in dieser Situation nein sage, wird etwas Schlimmes passieren!
- Wenn ich zu einer Autoritätsperson nein sage, weil ihre Forderungen nicht mit meiner inneren Wahrheit übereinstimmen, mache ich mich schuldig!
- Wenn ich nein sage, werde ich bestraft bzw. verdiene es, bestraft zu werden!
- Als ich damals ein inneres Nein einer Autorität gegenüber gesagt habe (zum Beispiel Vater oder Mutter), habe ich mich schuldig gemacht.

Auflösen müssen wir auch falsche Attribute, die uns zugedacht werden bzw. die wir fürchten, falls wir nein sagen sollten: So wollen wir beispielsweise nicht als Egoist oder als schlechter Partner gelten und gehen möglicherweise mit zum Tanzen, obwohl wir absolut keine Lust dazu haben.

Übung: Die Angst vor dem Nein »löschen«

Stellen Sie sich die Angst oder Hemmung, ein stimmiges »Nein« auszudrücken, als Bild oder Person vor und löschen Sie es vor Ihrem geistigen Auge bzw. bitten Sie die »eine Kraft« oder Ihren spirituellen Lehrer, diese Angst zu löschen.

Erst wenn ich meine Ängste, Hemmungen und Überzeugungen deprogrammiert habe, die mit dem Recht aufs Neinsagen zusammenhängen, kann ich mich selbst und das Stimmige spüren. Das Recht, ein »Nein« deutlich zu fühlen, gibt uns die Aufrichtigkeit wieder, die viele Kinder haben, bevor sie darauf konditioniert worden sind, zu »heucheln«. Mit kindlicher Unschuld, Offenheit und Selbstverständlichkeit spüren wir unser »inneres Nein« und stehen zu ihm.

Im sogenannten Dritten Reich gab es zum Teil beeindruckende Beispiele für die Bereitschaft und Fähigkeit, sein »inneres Nein« und die Freiheit seiner inneren Kraft zu spüren – im Widerstand zu politischen Autoritäten und oft angesichts drohender Folter oder der Todesstrafe. Einer war der Jesuit Alfred Delp, jemand, der uns zeigte, wie wir aus der Kraft unserer inneren Rückverbindung, unseres Glaubens, zu unserem inneren Nein stehen können. Der Priester Alfred Delp wurde am 28. Juli 1944 verhaftet, wegen Hoch- und Landesverrats angeklagt und zum Tode verurteilt, obwohl er an den Vorbereitungen des gescheiterten Attentats vom 20. Juli 1944 nicht beteiligt gewesen war. Das Gericht ließ den Vorwurf der Mitwisserschaft zwar fallen, trotzdem genügten Delps andere Aktivitäten,* ihn zum Opfer der NS-Justiz zu machen.

In den ersten Nächten nach seiner Verhaftung hatte Delp fast resigniert, so unerträglich waren die Schmerzen der Folter. Doch nach einigen Tagen überwand er sowohl seine Angst vor der nächsten Folter wie auch seine Schmerzen und erzielte eine Freiheit, die selbst die Folterknechte beeindruckte. Man bot ihm die Freilassung an, falls er auf seine religiösen Wurzeln verzichten und bestimmte Aussagen widerrufen würde, doch Delp lehnte ab. So wurde sein Todesurteil am 2. Februar 1945 vollstreckt.

Aus Bemerkungen in Briefen und Aufzeichnungen, die postum veröffentlicht wurden, haben wir ein Zeugnis von dem, was er erlebte:

»In einer Nacht, es war um den 15. August, bin ich beinahe verzweifelt. Ich wurde, wüst verprügelt, in das Gefängnis zurückgefahren, abends spät. Die begleitenden SS-Männer lieferten mich ab mit den Worten: ›So, schlafen können Sie heute Nacht nicht. Sie werden beten, und es wird kein Herrgott kom-

---

* Zum Beispiel seine Mitarbeit im Kreisauer Kreis um Helmuth James Graf von Moltke, der ein Modell für eine neue Gesellschaftsordnung nach dem Ende des Nationalsozialismus entwickelte.

men und kein Engel, Sie herauszuholen. Wir aber werden gut schlafen und Sie morgen früh mit frischen Kräften weiter verhauen.‹«*

In seinen letzten Aufzeichnungen nach der Verurteilung heißt es: »So will ich zum Schluss tun, was ich so oft tat mit meinen gefesselten Händen und was ich tun werde, solange ich noch atmen darf: Segnen.«

Wir werden jetzt eine Methode kennenlernen, die uns das »Neinsagen« dort, wo es angebracht ist, erleichtert, nämlich indem wir dieses Nein nicht laut aussprechen, sondern ein »inneres Nein« vorbringen und zu ihm stehen.

Das »innere Nein« und der »innere Beschützer« sind sanfte Lösungen, um die Liebe freizulegen. Die Idee des »inneren Neins« stammt aus dem fernen China, dem Land der Mitte, aus einer Tradition, in der es üblich ist, den anderen nicht »das Gesicht verlieren« zu lassen. Es wurde durch Carol K. Anthony und Hanna Moog** in der westlichen Welt bekannt gemacht.

Beim »inneren Nein« wird das Nein nicht verbal zum Ausdruck gebracht. Sie vertrauen stattdessen darauf, dass Ihre innere Haltung, Ihr »Ich bin« (Selbst), das unterschwellig mit allen anderen Wesen verbunden ist, für die gewünschte Veränderung sorgt.

---

* Alfred Delp: *Im Angesicht des Todes*, Echter 2007.
** Anthony/Moog: *I Ging – Das kosmische Orakel*, a. a. O.

Das »innere Nein« ist sinnvoll überall dort, wo ein »äußeres Nein« nur das Ego des anderen auf den Plan rufen würde und damit stundenlange Diskussionen, Streit, vielleicht sogar Hass zur Folge hätte, statt die Situation zum Positiven zu verändern. Wichtig ist es jedoch, dass Sie selbst das »innere Nein« deutlich fühlen und zumindest innerlich sprechen. Es braucht eine klare, eindeutige innere Haltung, die durch Ihren ganzen Körper gehen sollte.

Wir müssen zu unserem Nein stehen. Dafür müssen Sie in tiefem Kontakt mit Ihrer inneren Wahrheit sein. Diese innere Wahrheit finden Sie, wenn Sie eine Haltung von Unschuld einnehmen, aus der heraus Sie empfinden können, was stimmig ist und was nicht. Vielen Menschen wurde dieses natürliche Empfinden aberzogen. Um die Kraft des »inneren Neins« zu aktivieren, brauchen wir wieder den Kontakt zu diesem Empfinden. Ein Weg, diesen Kontakt auch wirklich zu fühlen, liegt darin, mit dem Hara in Verbindung zu treten. Das Hara ist ein Energiezentrum, das sich etwa zwei Zentimeter unter dem Bauchnabel und zirka zwei Zentimeter unterhalb der Hautoberfläche befindet.

Übung: Den Kontakt zum Hara herstellen

Atmen Sie mehrmals leicht und ohne Druck in Ihr Hara. Fühlen Sie den Kontakt zu Ihrem Hara und damit zu Ihrer Lebenskraft, Ihrer Authentizität, Ihrer Wahrhaftigkeit. Und dann denken Sie an eine Situation, in der Sie sich haben überrumpeln lassen, an eine Situation, in der Sie ja gesagt und mitgemacht haben, obwohl ein Nein Ihre innere Wahrheit gewesen wäre. Denken Sie noch einmal an die Situation und sagen Sie dreimal – ohne inneren Druck, ohne Unter- und ohne Übertreibung – klar und eindeutig zu der damaligen Situation nein. Dadurch wird in Ihrem Unterbewusstsein die positive Möglichkeit etabliert, künftig dort nein zu sagen, wo es für Sie stimmt. Ihr damaliges »Ja zum Falschen« wird energetisch korrigiert.

Das »innere Nein« ist kein Instrument, um auf irgendeine magische Weise Ihren Eigenwillen gegen äußere Autoritäten durchzusetzen. Darum geht es nicht. Es geht vielmehr darum, »in die Energie der Stimmigkeit« zu gehen, sodass das Selbst (das Ganze) und nicht das Ego durch Sie oder den anderen wirkt. Deshalb sollten Sie das »innere Nein« zuerst einmal zu Ihrem eigenen Ego sagen, das in Konfliktsituationen ärgerlich oder auch weinerlich und mitleidheischend reagieren möchte.

Das bereits zitierte Autorenteam Anthony/Moog erklärt die Bedeutung des »inneren Neins« wie folgt:

– Das »innere Nein«, das zu den Ego-Aktivitäten eines anderen Menschen gesagt werde, gebe dessen wahrem Selbst die Botschaft, es sei inakzeptabel, dem Ego die Beherrschung der Persönlichkeit zu erlauben.
– Wenn wir es unterließen, das »innere Nein« zu sagen, indem wir jemanden entschuldigten oder sein Ego-Verhalten übersähen, erzeugten wir für uns das, was das *I Ging* »Unheil« nenne. Das »innere Nein« sei am wirksamsten, wenn es dreimal mit fester Entschlossenheit (jedoch ohne feindselige Emotionen) gesagt werde: »Nein, nein, nein.«

Statt mit einem »Nein, nein, nein« können Sie sich selbst gegenüber auch auf andere Weise klar bekunden, dass ein bestimmtes Verhalten nicht in Ordnung ist, zum Beispiel indem Sie jeweils dreimal klar sagen:

– Das ist Ego.
– Das ist Selbstgerechtigkeit.
– Das ist Grenzüberschreitung.
– Das ist eine falsche Zuordnung eines Attributs.
– Das ist eine fehlgeleitete Idee.
– Das ist nicht in (der) Ordnung!

Sie können ein dreimaliges »inneres« Nein auch nachholen, indem Sie noch einmal an eine Situation zurückdenken, in der es nicht präsent war, beispielsweise weil Sie für Ihre Gutmütigkeit bestraft oder missachtet wurden. Sagen Sie nachträglich innerlich nein zu der Person, die Sie bestraft hat, ebenso wie zu der Handlung an sich. So korrigieren Sie energetisch die Situation.

Mit der folgenden Übung können Sie sich auch auf die Zukunft einstimmen und Ihr »inneres Nein« für kommende Zeiten ins Zellgedächtnis programmieren.

Übung: Das »innere Nein« in künftigen Situationen

Machen Sie sich dazu eine für Sie denkbare Situation bewusst, in der ein »inneres Nein« angebracht wäre. Fragen Sie Ihre Intuition, welche Folgen Sie befürchten, wenn Sie an dieser Stelle im Stillen »Nein« sagten (zum Beispiel Überwältigung, Liebesentzug, Ohnmacht). Bitten Sie nun die »eine Kraft«, Ihnen den Mut zu geben, Ihr »inneres Nein« zu sprechen, und erleben Sie vor Ihrem geistigen Auge, wie stimmig das ist.

Machen Sie sich bewusst, dass ein stimmiges »inneres Nein« nicht nur in Ihrem Interesse ist, sondern auch in dem der anderen Person, die gerade vom Ego beherrscht wird, und – im Interesse der Liebe.

Neben dem »inneren Nein« können Sie auch noch die Funktion des »inneren Beschützers« installieren: Ihr »innerer Beschützer« bzw. »Helfer« kann ein Schutzengel sein, ein spiritueller Meister, das höhere Selbst Ihres leiblichen Vaters oder einer anderen Person, die in Ihrem Leben eine protegierende Funktion hat(te), aber auch ein Krafttier*. Wann immer Sie sich einer Situation schutzlos ausgeliefert fühlen, nehmen Sie erst einmal bewusst wahr, was Sie spüren. In vielen Fällen ist Ihr Empfinden – wenn Sie alle Gedanken nicht beachten – schiere Furcht. Fühlen Sie diese »nackte Angst«. Und dann rufen Sie Ihren inneren Beschützer. Erleben Sie, wie Sie durch diesen energetischen Kontakt wieder sich selbst spüren.

Das Sagen des »inneren Neins« können Sie dann auch dem »inneren Beschützer« überlassen: Wann immer es Ihnen nicht möglich ist, selbst ein »inneres Nein« auszusprechen, gehen Sie in Ihr Herz und übertragen Sie diese Aufgabe Ihrem »inneren Beschützer«: Bitten Sie darum, dass er in Situationen, die unstimmig sind, das »innere Nein« für Sie zum Ausdruck bringt, natürlich auch gegenüber Ihrem eigenen Ego. Eine Klientin erzählte mir zum Beispiel einmal:

---

* Krafttiere spielen bei allen Naturvölkern eine Rolle als geistige Helfer und Beschützer. Sie symbolisieren unsere inneren Potenziale und können uns auf unserem Weg der Selbsterkenntnis unterstützen. Vgl. zum Beispiel Irene Dalichow: *Krafttiere – Boten der Göttin. Mit Krafttieren zu Energie und Heilung*, Arkana 2007.

»Jedes Mal vor dem Einschlafen verspürte ich aus unerfindlichen Gründen Angst, wenn mein Mann, der spätabends von der Arbeit kam, mit lauten Schritten durch die Wohnung stapfte und die Türen knallte. Diese Angst war eigentlich unerklärlich, denn er hat mir nie etwas Böses getan. Dennoch: Seit ich in der Situation meinen ›inneren Beschützer‹ rufe, bleibe ich bei der Heimkehr meines Ehemanns entspannt.«

Übung: Den inneren Beschützer bestimmen

Wenn Sie wüssten, wer Ihr innerer Beschützer ist, wer wäre es? Fühlen Sie seine Gegenwart.

Die Kunst des Liebens

> Die Vernunft ist gut, aber besser ist die Liebe,
> die uns der Vernunft entreißt. Es kommt nicht
> darauf an, viel zu denken, sondern viel zu lie-
> ben.
>
> *Teresa von Ávila*

Nachdem man gelernt hat, da nein zu sagen, wo etwas nicht angebracht ist, sind die Wege frei dafür, aus ganzem Herzen dort ja zu sagen, wo es stimmig ist. Ihr Ja sollte mindestens ebenso beherzt zum Ausdruck kommen wie Ihr Nein. Es bedeutet in erster Linie ein Ja zur Liebe und zu der Erkenntnis, dass Lieben eine Kunst ist.

Tatsächlich: Wo wir über die nackte Erfüllung von Bedürfnissen hinausgehen, wird die Liebe zu einer Kunst, die sich selbst durch ihr Vorhandensein beschenkt. Von allen Künsten ist die Kunst der Liebe die am wenigsten studierte und am wenigsten praktizierte.

Die meisten Menschen glauben, dass Liebe eine Sache des Zufalls sei – etwas, was geschehe, weil man eben Glück habe. Und wenn man Pech habe, geschehe es halt nicht oder ihre Liebe werde nicht erwidert. Auf jeden Fall könnten sie nichts dafür, glauben sie. Doch wenn Lieben wirklich eine Kunst ist, dann erfordert sie Wissen um die Zusammenhänge und die Bereitschaft, um das Notwendige dafür zu tun.

Da ist zunächst das Problem, dass viele Menschen sich nur oder vornehmlich für den Teil der Liebe zu interessieren scheinen, der ihnen geschenkt wird; sie wollen vor allem geliebt werden und kümmern sich weniger darum, inwieweit ihre eigene Fähigkeit, zu lieben, ausgeprägt ist, also selbst Liebe zu geben. Wenn sie sich schon bemühen, dann wollen sie zuerst geliebt werden. Dies ist egoistisch, denn sie können kaum Liebe empfangen, wenn sie selbst nichts (zurück)geben.

Viele Menschen glauben auch, es gäbe hier gar nichts zu lernen, weil die Liebe abhängig vom Partner sei und nicht von der eigenen Fähigkeit. Wenn ihnen nur der richtige Partner begegne, dann käme die Liebe von ganz allein. Sie vergessen oder wissen nicht, dass wirkliches Lieben stets ein Geben und Nehmen ist und dass es immer mit dem Geben beginnt.

Vielleicht ist das Erste, was sie »geben«, mehr der gute Eindruck – etwa ihr Äußeres –, aber das hält natürlich nicht lange vor. Andere kochen etwas für ihren Partner, kaufen ihm was Nettes oder versuchen, ihm seine Wünsche von den Augen abzulesen. Das gehört ganz sicher dazu, doch all dies sind nur die Vorboten der Liebe, die einen, wenn es keine reine Liebe gibt, auch irgendwann erdrücken können. Wollen Sie wirkliche Liebe erleben, müssen Sie bald etwas geben, was über all das hinausgeht, was eine ganz eigene Qualität hat. Und Sie bekommen Ihre Chance dazu täglich – nirgendwo können Sie so viel lernen wie in der Liebe.

Wenn Sie sich künstlerisch betätigen, dann fangen Sie

damit an, die Vorbereitungen zu treffen, damit Sie kreativ werden können. Solche Vorbereitungen können Sie auch in der Liebe treffen, damit die Wege im Vorfeld für eine liebevolle Partnerschaft möglichst geglättet sind. Zur wichtigsten Vorbereitung gehört es, sich selbst in die entsprechende Verfassung zu bringen, damit Liebe überhaupt durch Sie »geschehen« kann.

Wenn es sich um die Kreation eines Kunstwerks handelt, sind zuerst der Schaffensdrang und die Begeisterung an dem Kunstwerk da. Natürlich ist die Freude groß, da Sie ja mit Ihrer ganzen Kreativität dabei sind. Und genau so verhält es sich auch in der Partnerschaft: Frisch verliebt und glücklich, sprudeln Sie nur so vor Zufriedenheit. Sie haben jede Menge Auftrieb und neue Ideen, verbunden mit einer enormen Energie. Dann kommt der Zeitpunkt, da Sie an Ihrem Kunstwerk jeden Tag arbeiten müssen, damit es etwas Besonderes wird. Auch in der Partnerschaft wird dies so sein, Sie müssen täglich daran »arbeiten«, damit Ihre Liebe etwas Besonderes wird und bleibt. Irgendwann machen Sie aber zwei wesentliche Erkenntnisse, die Sie umsetzen müssen, damit das Lieben gelingt:

1. Das eigentliche Kunstwerk, an dem modelliert wird, ist nicht Ihr Partner, sondern die Beziehung zwischen Ihnen.
2. Die Liebe folgt keiner Vorstellung, sondern sie lehrt Sie, was sich aus ihr entwickeln soll.

Vergleichen wir die Liebe mit einem Bild, einer Komposition oder einer Skulptur, dann geht es bei der Kunst des Liebens nicht darum, unsere Vorstellungen aufzuprägen, sondern sich vom Kunstwerk selbst in jedem Augenblick führen zu lassen, sodass sich im Laufe des Liebens ergibt, was daraus werden soll. Khalil Gibran drückte dies sehr treffend mit folgenden Worten aus: »Und denkt nicht, ihr könntet den Lauf der Liebe lenken, denn die Liebe lenkt euren Lauf, wenn sie euch für würdig hält.«*

Natürlich kann es zwischenzeitlich immer mal wieder passieren, dass Sie alles aufgeben wollen und der Mut Sie verlässt. So geht es Ihnen auch mit Ihrem Kunstwerk, es gibt einfach immer wieder Tage, an denen Sie glauben, es wird nie so, wie Sie sich dies vorstellen. Die Hindernisse und Widerstände gegen das Gelingen des Kunstwerks Liebe kommen aber nicht von der Liebe, sondern vom Ego, das meistens alles anders haben will, als es ist. Nur wenn Sie sich in jedem Augenblick von der Liebe führen lassen, kann das ersehnte Kunstwerk entstehen.

Lernen Sie, mit der Liebe behutsam umzugehen, damit sie wachsen und gedeihen kann wie eine Blume, die sich zu einer wunderbaren Augenweide entfaltet. Geben Sie ihr Zeit, damit der Stiel fest und widerstandsfähig wird. Pflegen Sie Ihre Blume gut, damit sie blüht und strahlt. Wenn Sie ihr Dünger, Wasser und Licht geben, werden Sie staunen, wie sie sich entwickelt. Setzen Sie diese Formel in

---

* Khalil Gibran: *Der Prophet. Im Garten des Propheten*, Arkana 2002.

der Liebe um, und Sie werden spüren, wie Ihre Beziehung wächst und gedeiht. Wahre Liebe ist Zuneigung, Achtung und Bewunderung. Diese gilt es zu leben. Somit halten Sie das Feuer der Liebe immer am Brennen und veredeln auf diesem Wege gleichsam sich selbst. Das Kunstwerk bildet den Künstler heran.

Um die »Kunst des Liebens« hat sich der Sozialpsychologe Erich Fromm verdient gemacht, von dem wir auch heute noch* sehr viel lernen können. Wichtig für unsere »Konsumgesellschaft« ist vor allem seine Erkenntnis, dass Liebe aktives Bemühen erfordert. Liebe ist also nicht einfach ein schönes Gefühl, dem man sich hingibt, und auch keine Glückssache, sondern eine Fähigkeit.

Auch die Konformität, die durch Meinungsübereinstimmung, die Zugehörigkeit zum gleichen Fußballclub oder zu einer sozialen Gruppierung (»Yuppies«, »Ökos«, »Jeansträger«) erzielt wird, ist eine Pseudo-Einheit. Liebe zu erfahren ist somit keine Sache von Prestige (Glaubenssatz: »Wenn ich die Statussymbole habe, schön bin, mich gesellschaftlichen Normen anpasse, adrett kleide, klug spreche etc., werde ich geliebt«) und auch nicht von Leutseligkeit oder Popularität. Wenn jemand keine Liebe erfährt, hat das nichts mit der Kleidung, dem Haarschnitt oder dem Prestige zu tun. Um Liebe zu erfahren, ist es also nicht so wichtig, was »die Leute über einen denken sollen«.

---

* Sein Buch *Die Kunst des Liebens* (Ullstein 2005) erschien erstmals im Jahr 1956.

Ein weiterer Irrtum ist wie gesagt, wenn man meint, ein anderer sei dafür verantwortlich, dass man Liebe erfährt. Man müsse nur »den Richtigen« bzw. »die Richtige« finden. Dies sind vielleicht verklärte Traumvorstellungen eines Teenagers und in dem Entwicklungsstadium natürlich verständlich; viele Menschen bleiben jedoch hier stehen und sind deshalb auch unfähig, sich zu binden – und zu lieben.

Das eigentliche Problem, wenn wir nicht geliebt werden, liegt weder in unserem Auftreten noch bei dem geliebten oder nichtgeliebten »Objekt«, sondern bei der entwickelten oder meist nichtentwickelten Fähigkeit, zu lieben. Die einzige Lösung liegt in der Kunst des Liebens, welche die ursprünglich vergessene Einheit allen Seins wieder verfügbar macht. Wenn das Erlernen von Liebesfähigkeit nicht den höchsten Stellenwert in unserem Leben bekommt, vor Erfolg, Prestige oder Ruhm, hat die wahre Liebe bei uns keine wirkliche Chance.

Wir haben bereits erkannt, dass Lieben ein Bedürfnis ist. Dem Liebenden ist es ein Bedürfnis, dass er einen Weg findet, seine Liebe auszudrücken, und dies ist genau das Gegenteil von der fatalen »Konsumhaltung« vieler Paare, die man auf die Formel bringen könnte: »Ich gebe dir nur so viel Liebe, wie du mir gibst!«

Wir müssen also die Illusion von bedingter Liebe (»Liebe kann man ›kaufen‹«) auflösen ebenso wie alle Vorstellungen, die damit verbunden sind. Dieser Prozess der eigenen Umwandlung kann zahlreiche verdrängte

Emotionen wie Wut, Zorn oder Selbstzerstörungsgedanken hervorbringen. Erich Fromm betont: »Der Selbstsüchtige liebt sich nicht, er hasst sich sogar. Da er keine Erfüllung durch das Selbst findet, fühlt er sich enttäuscht und versucht, die daraus entstehende Leere durch einen erhöhten Ich-Anspruch zu kompensieren…«[*]

Fromm grenzt in dem Zusammenhang den »Marketingtypen« (»Ich gebe nur in dem Maße, wie ich bekomme«) von dem Menschen ab, der aus freien Stücken gibt, weil es ihm ein Bedürfnis ist und weil es seiner Natur und seinen in ihm gewachsenen Werten entspricht. Zu diesen Werten zählt Fromm unter anderem Fürsorge, Verantwortungsgefühl, Achtung vor dem anderen und vor allem handlungsleitende Erkenntnis:

> »In der ›Kunst des Liebens‹ ist es Mann und Frau möglich, nicht einander zu begreifen, aber zu ›erkennen‹. Im Idealfall kommen hierbei männliche Qualitäten wie Aktivität, Disziplin, Eindringungsvermögen, Entdeckerfreude, Führungsqualität und weibliche Qualitäten wie Aufnahmefähigkeit, Beschützerinstinkt, Geduld, Mütterlichkeit und Realismus zusammen.«[**]

---

[*] Ebenda.
[**] Ebenda.

»Objekte« unserer Liebe

> Wenn man nicht hat, was man liebt, dann
> muss man lieben, was man hat.
>
> *Französisches Sprichwort*

»Liebe« ist im engeren Sinne ein Begriff, der die stärkste Zuneigung beschreibt, die wir einem Menschen entgegenbringen können. Im weiteren Sinne »liebt« man, so die Alltagssprache, aber auch Hobbys oder Leidenschaften, die man eigentlich als Vor»lieben« oder »Lieb«haberei bezeichnen würde. Prüfen wir als nächsten Schritt bei unserer Annäherung an ein Verständnis dessen, was wir als »Liebe« bezeichnen, nun einfach einmal, welche »Objekte« der Liebe wir haben können bzw. wer oder was Ziel unserer Vorstellung von Liebe sein kann. Es gibt zum Beispiel die folgenden Arten von Liebe:

– *Die Liebe zu einem Ideal:* Viele Menschen verwechseln die Hingabe an ein Ideal mit der »Liebe« einer unrealistischen Vorstellung. Sie wünschen sich, dass eine Situation, der andere oder sie selbst bestimmten Vorstellungen entsprechen, doch dies ist in Wirklichkeit keine Liebe, sondern eine Art Perfektionismus, der bis ins Lebensfremde oder Krankhafte gehen kann. Es ist zum Beispiel auch ein großer Unterschied, ob ich die Idee

des Friedens in mir aufnehme und entsprechend zu leben versuche oder aus ihr eine Vorstellung mache und
ihre Realisierung nur von anderen erwarte.

– *Liebe zur Familie:* Gemeint ist die (platonische) Liebe
unter Verwandten. Sie kann im weiteren Sinne auch
Menschen einschließen, mit denen Sie eine Seelenver-
wandtschaft verbindet, also vor allem enge Freunde.
Vater-, Mutter- und Kindesliebe sind allerdings die
stärksten Bindungen. Eine besonders ausgeprägte Liebe
Kindern im Allgemeinen gegenüber ist oft ein Ausdruck
der Liebe zum eigenen »inneren Kind«.

– *Feindesliebe:* Bei der Feindesliebe handelt es sich um die
Verwirklichung eines christlichen bzw. moralisch-
ethischen Ideals, das sicher einen sehr hohen Bewusstseinszustand voraussetzt. Man versucht, eine Feind-
schaft beispielsweise dadurch zu überwinden, dass man
einem Kontrahenten bewusst Wohltaten angedeihen
lässt – mit dem Ziel, so eine Versöhnung zu erreichen –
und auf Rache oder Gewalt verzichtet.

– *Geistige Liebe:* Geistige Liebe ist die »Liebe zur Weisheit«, die Bedeutung des Wortes »Philosophie«.

– *Sexuelle Liebe:* die erotische Anziehung und das Ge-
schlechtsleben.

– *Gottesliebe:* Bei der Gottesliebe wird alle Liebe einem
personifizierten Gott, Göttern oder dem »Göttlichen«,
einem nichtpersonifizierten »Höchsten« (dem Tao),
entgegengebracht.

– *Platonische Liebe:* das nichtsexuelle Liebesideal der gegenseitigen Ergänzung.

– *Romantische Liebe:* Auch wenn die romantische Liebe sich in der Regel einem (manchmal unerreichbaren) Menschen zuwendet, steckt dahinter meist nicht die Liebe zu der betreffenden Person, sondern *zur Romanze.* Kommt es zur Begegnung und kann der oder die Angebetete auf Dauer das hochgesteckte romantische Ideal nicht erfüllen, ist die Angelegenheit oft schnell beendet.

– *Vaterlandsliebe:* Das Wort hat schon allein deswegen negative Konnotationen, weil es so oft als »Motivation« bzw. Deckmantel für die Aggression gegenüber Fremden missbraucht wurde. Ein »gesunder« Patriotismus kann sich aber auch so ausdrücken, dass man seine Wurzeln zu schätzen weiß und seinen Beitrag zum Ganzen im mehr oder weniger nahen Umfeld leistet, ohne Menschen anderer Herkunft herabzusetzen.

Die »Liebe« eines Ideals, einer Vorstellung, die nicht an den natürlichen bzw. kosmischen Gegebenheiten orientiert ist, kann wohl keine Liebe im eigentlichen Sinne sein, auch wenn viele Emotionen damit verbunden sein mögen. Gleich, wie sehr wir uns anstrengen oder aufopfern bei einer solchen Auffassung von Liebe, es wird selten »wahre Liebe« dabei herauskommen. Denn hier wird nicht der Mensch bzw. »das, was ist«, erlebt, sondern die Verwirklichung einer unrealistischen Vorstellung angestrebt. Es handelt sich zuweilen um eine Besessenheit, in die häufig viel Energie gesteckt wird. »Was uns vom größeren Bewusstsein trennt, ist die Art und Weise, wie wir dem

kosmischen Tanz unsere Vorstellungen und Pläne über-
stülpen.«*

Beispiele für solche Vorstellungen sind der begehrte
Partner, der das eigene Image heben soll, weil man etwa
mit der besonders attraktiven Frau vor Freunden angeben
kann – oder mit dem erfolgreichen Geschäftsmann, der
dem Ideal gesellschaftlichen Ansehens entsprechen soll.
Die »Liebe« findet aber auch noch andere Kanäle, die etwa
zum Hund führen, der deshalb besonders »geliebt« wird,
weil er bei der Zuchtauswahl (Körung) erfolgreich war.
Oder zum (Luxus)auto, dem »Liebe« zuteilwird, weil es
seinem Besitzer zu einem besonderen Prestige verhilft…

Unter die Liebesobjekte reiht man auch den Partner ein,
der ausschließlich deshalb geliebt wird, weil er dem Ideal
von Treue entspricht. Kennzeichen einer Liebe zum Ideal
ist in diesem Sinne, dass die andere Person bzw. das Tier,
die Pflanze oder was auch immer nicht (wirklich) gemeint
ist, sondern nur die Funktion, die es im Leben des Betreffenden ausfüllt. Der Astrologe Peter Orban hat auf ein-
drucksvolle Weise beschrieben, dass jede seelische Ver-
sklavung immer mit einer Vorstellung beginnt, der wir
selbst auf den Leim gehen oder die wir anderen überstül-
pen.** Der Versuch, unsere Mitmenschen zu verändern,
sodass sie in das eigene Bild passen, ist narzisstisch.

Indem wir unsere Vorstellungen loslassen und es auch

---

* Erich Fromm, ebenda.
** Vgl. Peter Orban: *Pluto. Über den Dämon im Innern der Seele*,
Schirner 2004.

aufgeben, andere in Vorstellungen zu zwängen, befreien wir unsere Liebesfähigkeit und holen unsere Seele aus der Knechtschaft des Ungelösten. Dies bedeutet, dass wir begrenzenden Auffassungen darüber, wie wir sein sollten, ein klares »inneres Nein« entgegensetzen – egal, ob sie von innen oder von anderen Menschen stammen.

Übung: Sich von falschen Vorstellungen befreien

Um sich von unangemessenen Erwartungen an sich und an andere zu befreien, können Sie folgende Schritte nachvollziehen. Gehen Sie dazu meditativ in Ihre Mitte und machen Sie sich »die eigene Unendlichkeit« bewusst.

Nehmen Sie eine Identifizierung der belastenden Vorstellung vor: Was genau ist das Ideal, dem ich glaube gehorchen zu müssen? Welcher Vorstellung eines anderen Menschen folge ich? Welche Vorstellung in mir erlaubt, dass der andere seine Erwartungen auf mich überträgt?

Halten Sie dann jeder einzelnen Vorstellung ein »inneres Nein« entgegen, wie es bereits beschrieben wurde, oder »entprogrammieren« Sie sie durch Glaubenssatzarbeit, wie bei der »vierten Perle« vorgestellt.

Spüren Sie die Freiheit, die daraus erwächst, das neue Bild wahrzunehmen, das sich daraus ergibt, und seien Sie dankbar.

Im Umgang mit einem anderen Menschen (dem Partner oder auch dem Vorgesetzten), von dem wir uns »unterdrückt« fühlen, geht es nicht in erster Linie darum, sich von diesem Menschen zu trennen, sondern vor allem müssen wir die Vorstellung identifizieren, die der andere möglicherweise auf uns übertragen will und der wir stillschweigend gehorchen. Nur wenn wir diese Vorstellung loslassen, sind wir wirklich frei. Falls wir uns, ohne dies zuvor aufzuarbeiten, von jemandem trennen, behalten wir möglicherweise dasselbe Problem, und es begegnet uns beim nächsten Partner mit einem anderen Gesicht.

Mütterliche und väterliche Liebe

> Eine Mutter, die nicht in der Lage ist, ihre Liebe zu ihrem Kind im Laufe der Zeit zu wandeln, wird zu einer Gefahr für das Kind.
> *Fritz Riemann*

Als Kinder werden wir normalerweise von der Mutter um unser selbst willen geliebt, ohne dass wir dafür eine Gegenleistung erbringen müssten. Die Mutterliebe ist nicht von unserem Verhalten, unserem Aussehen, unserer Klugheit abhängig. Der »Anspruch« des Kindes, von seiner Mutter bedingungslos geliebt zu werden, ist vor allem im Kleinkindalter natürlich und überlebensnotwendig. Mutterliebe bedeutet jedoch nicht nur, ein Kind großzuziehen, sondern auch, es später als erwachsen anzusehen und das Abhängigkeitsverhältnis »loszulassen«.

Mutterliebe ist gesund, wenn sie uns die Verbundenheit mit »Mutter Natur« und das Empfinden vermittelt, von etwas Größerem getragen zu sein, ohne dadurch neurotisch oder fixiert zu werden, also dann, wenn sie nichts anderes von uns verlangt, als dass wir »wir selbst« sind. Die von der Mutter empfangene Liebe möchte im Laufe unseres Lebens erwachsen werden. Dies bedeutet, dass wir uns gegebenenfalls von der »Unklammerung« lösen, wenn die mütterlich-nährende Liebe krankhafte Züge annimmt.

Übung: Sich von Umklammerungen befreien

Eine Umklammerung, wie sie übertriebene Mutterliebe darstellt, macht sich auch in anderen Lebensbereichen mehr oder weniger subtil bemerkbar. Beantworten Sie, wenn Sie davon betroffen sind, deswegen die folgenden Fragen (am besten schriftlich) und nehmen Sie Ihre Erkenntnisse erst einmal einfach hin, sodass sie sich in Ihrem Bewusstsein »setzen« können. Wenn Sie sich weiter mit der Thematik befassen, werden Sie mit der Zeit intuitiv erfahren, ob und wie Sie Ihre Einstellung gegebenenfalls verändern sollten.

- Welcher Gruppe fühlen Sie sich zugehörig?
- Wo beanspruchen Sie, geliebt zu werden aufgrund Ihrer Zugehörigkeit?
- Von wem und in welcher Situation?
- Wie drückt sich dies in Ihrem Leben aus?
- Wo haben Sie das »infantile« Bedürfnis, der andere sollte Sie nähren, etwas schenken, nur weil Sie Partner, Bürger dieses Staates, Nachbarn, Freunde usw. sind?
- Wo fühlen Sie sich durch die Liebe bzw. Zuwendung eines anderen Menschen in der Zugehörigkeit gebunden? Worin liegt diese Bindung?
- Wie könnte genau in dieser Lebenssituation eine befreite Liebe aussehen?

Spätestens mit dem Eintreten ins Schulalter erfahren wir immer stärker eine leistungsbezogene Form von Liebe, die vom Vater bzw. Erzieher ausgeht. In der Regel kommunizieren Väter und Lehrer überwiegend durch Lob und Strafe. So lernen Kinder, dass sie Liebe »verdienen«

müssen. Fanden wir als Kind keine sinnvolle Lenkung und Führung durch väterliche Autoritätspersonen, haben wir später Schwierigkeiten, ein angemessenes Verhältnis zu Grenzen, Pflichten und zur Verantwortung zu entwickeln.

Väterliche Liebe darf und sollte einen Rahmen setzen. Eine ausufernde väterliche Toleranz begünstigt, dass das Kind nicht in der Lage ist, Grenzen zu respektieren und Disziplin und Entbehrung auf sich zu nehmen. Eine zu enge väterliche Toleranzgrenze wiederum kann dazu führen, dass der Betroffene zu hohe Leistungsanforderungen an sich selbst stellt, permanent mit sich unzufrieden ist und zur Selbstbestrafung neigt, wenn ihm etwas misslingt.

Ein Kind, das nur selten oder fast nie gelobt wurde, kann schon sehr früh das Gefühl entwickeln: »Egal, wie sehr ich mich bemühe, es ist nie genug.« Die notorische Unzufriedenheit des Vaters führt beim Kind nicht selten zum Leistungswahn oder zum Gegenteil, der völligen Resignation.

Menschen, die als Kind keine Führung, sondern Irritation in der väterlichen Liebe erfahren haben, können auch das Programm internalisieren, »keine Liebe zu verdienen«. Sie haben unterschwellig das Gefühl: »Die Schuld trage sicher ich. Wäre ich nicht so ein schlechtes Kind, würde Vater mich nicht derart behandeln. Offensichtlich bin ich ihm nicht wert, dass er sich liebevoll um meine Erziehung kümmert. Sicher bin ich ein schlimmer Mensch.«

Die Idee, dass das Verhalten des Vaters eben mit dem

Vater und nicht mit dem Kind selbst zu tun haben könnte, kann in einem Kleinkind nicht reifen, weil sein »Überleben« davon abhängt, dass es von vornherein ein starkes und intaktes Vaterbild in sich trägt.

Besonders häufige Fehler in der Erziehung durch den Vater sind zum Beispiel Inkonsequenzen und Widersprüche. Seelische Verwirrung als Folge können sogenannte Doppelbindungen haben. Dieses Phänomen tritt beispielsweise auf, wenn man seinem Kind auf einer Kommunikationsebene (etwa verbal) die Botschaft sendet: »Du musst tun, was du für richtig hältst«, die zweite, widersprüchliche Botschaft (durch Stimmklang oder Mimik vermittelt) aber vielleicht lautet: »Du darfst nie etwas tun, was Vater/Mutter enttäuschen könnte.« Das in einer solchen Doppelbindung gefangene Opfer hat so gut wie keine Möglichkeit, die bestehende Situation zu verlassen.[*] Auch wenn der Vater ein und dasselbe Verhalten des Kindes das eine Mal duldet oder gar lobt und das andere Mal bestraft, wird das Kind im Kontakt mit der männlichen Energie sehr irritiert.

Ungesunde Vaterprägungen zeigen sich oftmals auch in Beziehungen. Hier wird in vielen Fällen das Vaterbild auf den Partner oder Vorgesetzten übertragen, sobald dieser sich autoritär, belehrend oder dominant verhält. Wer von seinem Vater (auch unbewusst) traumatisiert worden ist, der erlebt in seinem Partner bzw. Chef nicht seinen aktuellen Bezug, sondern »das Bild springt«: Er verhält sich

---

[*] Vgl. Wolfgang Schmidbauer: *Lexikon Psychologie*, Rowohlt 2005.

im Prinzip so wie damals, als er ein kleines Kind war und vom Vater abgestraft wurde. Aufgrund solcher Prägungen wird oftmals der Partner bzw. die Autoritätsperson idolisiert, man sucht alle Schuld bei sich selbst.

In derartigen Fällen ist es dringend erforderlich, den Kontakt zum »inneren Kind« wiederzugewinnen, das seinerzeit misshandelt worden war, und ein inneres »Nein, nein, nein« auszusprechen, wie wir es schon beschrieben haben: zur damaligen Situation und zu den damaligen »Tätern«. Wenn diese therapeutische Arbeit – je nach Schwere des Problems am besten mit professioneller Hilfe – erfolgreich ist, wird wieder ein »gesundes (Un)rechtsbewusstsein« etabliert, eine Urteilsfähigkeit, die uns realistisch einschätzen lässt, ob wir begründet oder unbegründet vom Partner bzw. Chef kritisiert oder gar zurechtgewiesen worden sind. Man steht grundsätzlich zur eigenen Person, statt sich a priori in Selbstanschuldigungen zu ergehen, und nimmt gegebenenfalls Korrekturen vor.

Voraussetzung dafür, frühe seelische Misshandlungen zu überwinden – und eine solche Misshandlung beginnt bereits dann, wenn man als Kind ungerecht bestraft wurde –, ist auch das Verzeihen. Wir müssen zunächst das Bewusstsein für das Unrecht wecken und die Emotionen spüren, die wir verdrängt haben, etwa Trauer, Schmerz oder Wut. Nachdem wir damit in Kontakt gekommen sind, sollte der zweite Schritt sein, zu erkennen, dass der »Täter« in der Regel »unschuldig« ist, dass er selbst damals in einer gewissen Not war, sonst hätte er nicht so gehandelt. Dadurch wird das Vater- bzw. Lehrerbild wieder auf die menschliche Ebene gebracht. Man erkennt, dass der »Erziehungsberechtigte« auch nur »ein Mensch mit Fehlern« war, so wie wir alle, und kann dies verzeihen.

Das hier Gesagte gilt für den sogenannten Normalfall. Aber auch Menschen, die in frühen Lebensphasen außergewöhnlich belastende Erfahrungen gemacht haben, müssen nicht für immer darunter leiden. Es gibt viele Beispiele für Erwachsene, denen es gelingt, trotz einer trostlosen Kindheit ein zufriedenes Leben zu führen. Wir alle können erfahrenes Unglück zur Gestaltung einer glücklichen Gegenwart und Zukunft nutzen.*

An der Schwelle, an der Sie die Vergangenheit loslassen, steht ein Wort: »Vergebung«. Frieden kann nur durch Verzeihen entstehen. Jedes Wort und jede Geste, die Vergebung schenkt, trägt zum Frieden bei.

So wie sich die mütterliche Liebe eines Tages wandeln muss, so ist es auch mit der väterlichen. Die Angst vor Bestrafung und der Hunger nach Belohnung, aufgrund deren man die väterlichen Prinzipien internalisiert, müssen früher oder später eigenen Werten weichen. Diese müssen wir aus uns selbst heraus generieren.

Reife väterliche Liebe in die Welt zu tragen bedeutet, diese Werte aus einer tiefen Erkenntnis des eigenen Gesetzes zu entwickeln, nach dem wir angetreten sind, nicht

---

* Vgl. zum Beispiel Katja Doubek: *Was uns nicht umbringt, macht uns stark. Wie man eine schwierige Vergangenheit überwindet*, Rowohlt 2003.

aus einem Moralismus heraus. Diese Liebe vertritt dann die eigenen Werte gegenüber sich selbst und anderen, ohne sie deshalb belehren zu wollen. Sie hat allerdings auch den Mut und die Kampfkraft, für die eigenen Werte einzustehen, wenn ihnen jemand anders diese streitig machen will.

Verbunden mit reifer väterlicher Liebe ist die Freude daran, die eigenen Werte in die Welt zu tragen und zu leben. Im Umgang mit anderen zeigt sich reife väterliche Liebe als die Kraft, Menschen aufzurichten und sie, ohne zu missionieren, an ihre eigenen Werte zu erinnern.

Der Kampf, um den es im Ausdruck der väterlichen Liebe letztlich geht, ist nicht der Kampf gegen eine Person. Es ist der Kampf um die eigene Integrität. Die Bereitschaft, im Leben »seinen Mann zu stehen«!

In seinem bereits erwähnten Werk *Die Kunst des Liebens* sowie in *Haben und Sein* betont Erich Fromm, dass unsere Gesellschaft exakt dem Reifegrad der Liebesfähigkeit seiner Bürger entspricht: In der matriarchalischen Phase sei das höchste Wesen die Mutter. Alle Menschen seien gleich, da sie alle Kinder einer Mutter sind (etwa der Mutter Erde). In der patriarchalischen Phase werde dann der Vater zum höchsten Wesen der Religion. Im Gegensatz zur Mutterliebe sei die väterliche Liebe an Bedingungen geknüpft. Geliebt seien die, die am meisten gehorchen. Die patriarchalische Gesellschaft sei infolge dessen hierarchisch gegliedert; die Gleichheit der Brüder werde von Wettbewerb und Wettstreit abgelöst. Die letzte Phase endlich sei die eines nichtpersonellen, eines symbolischen Gottes.

Das letzte Ziel der Religion sei nicht der rechte Glaube, sondern das richtige Handeln. Fromm sagt, dass in Gesellschaften, in denen der autoritäre – patriarchalische – Charakter vorherrsche, die Entwicklung noch nicht sehr weit vorangeschritten sei. Auch die Liebe zu Gott entspringe dem Bedürfnis, das Getrenntsein zu überwinden und Einheit zu erlangen. Die Art der Götter und die Art, wie sie geliebt bzw. verehrt werden, hängt nach Fromm vom Grad der Reife ab, den die Menschen erreicht haben, was sowohl auf der Ebene der Gesellschaft als auch auf der des Individuums gelte. Ebenso wie die Liebe zwischen Menschen sei auch die Gottesliebe vom Verfall betroffen. Das Verständnis der Beziehung zu Gott habe sich dahingehend gewandelt, dass es in die entfremdete, marktorientierte Gesellschaft hineinpasse. Liebe ist nach Erich Fromm eine Haltung, die nicht auf ein einziges Objekt bezogen werden kann, sondern sich auf die ganze Welt erstrecken muss.

Selbstliebe

> Wisset, dass der Freund seiner selbst auch der
> Freund anderer ist.
>
> *Seneca*

Leider wird die Selbstliebe häufig missverstanden und mit Eigenliebe im Sinne von Egoismus oder Ichbezogenheit gleichgesetzt. Dies ist jedoch eigentlich gar keine Liebe, sondern eine Fixierung auf die eigenen Vorstellungen, Erwartungen, Gedanken, Besitztümer, Gefühle etc. Erich Fromm sagt hierzu, es stimme, dass selbstsüchtige Menschen unfähig seien, andere zu lieben; sie seien jedoch genauso unfähig, sich selbst zu lieben.

Ichbezogenheit kann ein »Ersatz« für die fehlende Liebe des wahren Selbst sein und drückt sich möglicherweise aus in einem Phänomen, das man die »symbolische Selbstergänzung« nennt. Wenn das Selbstbild (»So sehe ich mich«) und das Selbstideal (»So sollte ich sein«) auseinanderklaffen, stellt der Betreffende dann möglicherweise betont Statussymbole zur Schau: Wertgegenstände, ein teures Auto oder besondere Kleidung sollen Erfolg signalisieren, selbst wenn das Bankkonto nicht gefüllt ist. Akademische Titel und Urkunden sollen beweisen, der Betreffende wäre kompetent und angesehen, selbst wenn dies nicht der Wirklichkeit entspricht.

Besonders nachlässige Kleidung oder ein absolut unkonventioneller Haarschnitt können eine besondere Form der symbolischen Selbstergänzung darstellen. Sie sollen in aller Regel vortäuschen, man sei über gesellschaftliche Zwänge erhaben.

Die Grenze zwischen gesunder (»Kleider machen Leute«) und krankhafter symbolischer Selbstdarstellung ist fließend. Wissenschaftler wie der Motivationspsychologe Peter Max Gollwitzer weisen in verschiedenen Arbeiten darauf hin, dass es sich bei der pathogenen Form von symbolischer Selbstergänzung um »symbolisch unvollständige Personen« handelt, die andere hinsichtlich ihrer eigenen nicht erreichten Ziele beeinflussen wollen und zudem eigene Standards als richtungweisend ansehen. Drei Punkte seien bei der ungesunden Form gleichzeitig maßgeblich:

1. Zurschaustellung von Symbolen, die etwas ersetzen sollen durch symbolisch unvollständige Personen,
2. die Suche nach Bestätigung oder sozialer Kenntnisnahme von außen,
3. Herablassung gegenüber anderen Personen, die nicht diesen Symbolen folgen, insbesondere den Adressaten der selbstergänzenden Handlungen.

Den dahinterstehenden Glaubenssätzen und Vorstellungen kommen Sie am ehesten auf die Spur, wenn Sie den Menschen, der eine symbolische Selbstergänzung betreibt, fragen: »Und wie sähe dein Leben aus, wenn du genau das … (Symbol) nicht hättest? Wie würdest du dich dann fühlen und wie würdest du über dich denken?« Das mag ein Ansatz sein, dass Emotionen, Gedanken und Überzeugungen zutage treten und in einer weiteren Arbeit am eigenen Selbst schließlich losgelassen werden können, sodass es schließlich zu wahrer Selbstliebe kommt, die Grundvoraussetzung ist für die Kunst des Liebens.

Symbolische Selbstergänzung hat in unserer Gesellschaft eine ähnliche Funktion wie der Fetisch bei den Urvölkern: Es wird ihr Kraft zugeschrieben. Sie soll entweder gesellschaftliches Ansehen darstellen oder auch die Berechtigung, sich gesellschaftlichen Zwängen zu entziehen. Symbolische Selbstergänzung unterscheidet sich jedoch vom Fetisch dadurch, dass die Verehrung bei Letzterem bewusst betrieben wird, während bei der symbolischen Selbstergänzung in der Regel unbewusst einem Götzen gehuldigt wird.

Solange wir einen Fetisch für sinnvoll halten und als Hilfsmittel einsetzen, um zu höheren Einsichten zu kommen, ist dies in Ordnung. Früher oder später wird uns jedoch das Leben auffordern, die Wahrheit hinter dem Schein unmittelbar zu erleben. So können wir dann die Ganzheit unseres Selbst, unsere Vollständigkeit und damit auch die vollendete Selbstliebe entdecken und erfahren.

Selbstliebe ist Ausdruck der »einen Kraft«, die in jedem einzelnen Menschen wohnt. Sie ist überhaupt nicht daran interessiert, jemanden oder etwas zu kontrollieren. Sie ist auch frei von Vorstellungen darüber, wie jemand sein sollte, einschließlich der eigenen Person. Sie liebt *das* Selbst in allem, was ihr begegnet. Da aus spiritueller Sicht das Selbst, das im anderen geliebt wird, mit dem eigenen Selbst identisch ist (»Du bist ein anderes Ich«), ist angemessene Selbstliebe der richtige Weg, um wirklich zu lieben. Geliebt wird nicht die Vorstellung, nicht eine Gruppenzugehörigkeit (Mutterliebe), nicht die Leistung (Vaterliebe), nicht die Funktion (symbolische Selbstergänzung), sondern das Selbst.

Wenn Jesus sagt, wir sollen unseren Nächsten wie uns selbst lieben, impliziert dies auch das Gebot zur Selbstliebe. Tatsächlich ist Selbstliebe die unmittelbare Voraussetzung dafür, dass wir einen anderen Menschen oder überhaupt etwas anderes lieben können. Wir haben ja schon an anderer Stelle gesagt, dass auch das Herz sich zunächst selbst mit Blut versorgen muss, bevor es die anderen Organe »bedienen« kann. Es ist nicht wirklich möglich, uns zu hassen und stattdessen jemand anderen zu lieben.

Wenn unsere Zuwendung einem anderen gegenüber nicht der Selbstliebe entspringt, dann hat sie keine Heimat in uns. Wir erleben in dem Fall eine Einstellung, die über die Idolisierung und Vorstellungsbesessenheit bis zum Fanatismus gehen kann, aber niemals die Resonanz der Liebe, nach der wir uns im Tiefsten sehnen.

Zur Selbstliebe gehört es auch, spielerisch und gegebenenfalls humorvoll mit den eigenen Fehlern und Unzulänglichkeiten umzugehen, wieder nach der »Selbstversöhnungsformel«: »Selbst wenn ich Fehler mache, mich

ungeschickt anstelle, unvollkommen, krank bin, altere ...
akzeptiere ich mich voll und ganz so, wie ich bin!«

Humor und liebevolle Selbstironie sind Ausdruck eines
Menschen, der sich selbst mag und deshalb eine realistische, neutrale Position einnehmen und über sich lachen
und über seine Misserfolge lächeln kann, obwohl er zugleich stets sein Bestes gibt – sich selbst.

Sowohl das Christentum wie auch der Buddhismus gehen davon aus, dass Selbstliebe in letzter Konsequenz eine
Hinwendung zu der höchsten »einen Kraft« impliziert.
Dies führt uns zu einem Aspekt der Selbstliebe, der Liebe
zum Schicksal.

Die Liebe zum Schicksal

> Erlösung kommt von innen, nicht von außen;
> und wird erworben mehr als dir geschenkt.
> Sie ist die Kraft des Innern, die von draußen
> rückstrahlend deines Schicksals Ströme lenkt.
> Was fürchtest du? Es kann dir nur begegnen,
> was dir gemäß und was dir dienlich ist.
> Ich weiß den Tag, da du dein Leid wirst segnen,
> das dich gelehrt, zu werden, was du bist.
>
> *Ephides*

Wahrsagesysteme wie die Astrologie, Tarot, Runendeutung oder die Kristallkugelschau erwecken bei manchen Menschen den Eindruck, das Schicksal sei vorherbestimmt und es gäbe Möglichkeiten, im Voraus zumindest Andeutungen zu erhalten, was in der Zukunft geschieht. Der Wahrheitsgehalt dessen, was man hier erfahren kann, hängt unter anderem sehr stark von der Professionalität und den psychologischen Fähigkeiten des Wahrsagers ab, doch auch von der Resonanzfähigkeit und Individualität des Ratsuchenden. Ein häufiges Anliegen von Menschen, die zu Wahrsagern gehen, ist es aber, ihrem Schicksal zu entrinnen. In aller Regel ist das natürlich eine relativ naive Einstellung. Denn unser Schicksal ist uns ein wertvoller Freund und Verbündeter, sobald wir nicht mehr die egozentrierte Weltsicht bei-

317

behalten, sondern unser Schicksal aus Sicht der Seele betrachten.

Durch das Schicksal erfahren wir das Wirken von »höheren« Kräften. Gäbe es kein Schicksal, würden wir weiterhin glauben, unser »Ich« sei der Mittelpunkt des Universums. Und so ist das Schicksal die Kraft, die uns aus der Ichhaftigkeit löst und uns hilft, mit dem wahren Selbst in Kontakt zu kommen. Wir verlieren durch unser Schicksal unsere Enge und Ichbezogenheit und gewinnen Objektivität und Einsicht in das Ganze, dies aber nur, wenn wir lernen, uns dem Schicksal liebevoll zu öffnen und seine Sprache zu verstehen. Die Esoterikerin Mária Szepes sagte einmal: »Mit den Sternen muss man befreundet sein« – und genauso ist es auch mit dem Schicksal.

In dem Wort »Schicksal« steckt die Silbe »-sal«; das mag uns an das lateinische Wort *salus* (= »Heil«) erinnern. Es handelt sich tatsächlich um »geschicktes Heil«, auch wenn es sich manchmal unangenehm anfühlt.

Das unangenehme Gefühl, das wir zuweilen angesichts unseres Schicksals erleben, ist genau der Widerstand gegen »das, was ist«. Wir müssen ihn überwinden, damit wir wieder heil werden.

Die allgemeine Haltung gegenüber dem Schicksal reicht von völliger Ergebung (Fatalismus) bis hin zur Auffassung der vollkommenen Willensfreiheit (Voluntarismus). Wir können den Umgang der Menschen mit dem Schicksal auch in die folgenden drei Kategorien einteilen:

1. *Die Bittend-Betenden:* Das Gebet wird von vielen Menschen ausschließlich in der Hoffnung ausgesprochen, dass die eigenen materiellen Wünsche erfüllt werden. Es handelt sich hierbei um eine relativ naive Stufe von Gläubigkeit. Wer so denkt, verhält sich im Extremfall wie ein Kind, das seinen Vater um ein Eis anbettelt. Er verwechselt Gott oder die »Schicksalsgöttinnen« mit einer Art »Versandhandel« und das Gebet mit einem Warenbestellschein. Aus Gründen, auf die wir hier nicht weiter eingehen, gibt es Menschen, denen diese Form der Wunscherfüllung tatsächlich gelingt, und andere, bei denen dies weniger oder gar nicht funktioniert. Es ist dann oft so, dass der Betreffende wirklich auch das bekommt, worum er gebeten hat. Doch selbst wenn der gewünschte Erfolg eintritt, ist der Beschenkte nicht wirklich bereichert, weil er unter Umständen sein ganzes Leben lang den falschen Zielen nachgelaufen ist. Denn am Ende zählen nur noch die Liebe und Weisheit, die man bis dahin entwickelt hat. Ein tolles Auto zu besitzen, Reichtümer anzusammeln, einen »problemlosen« Partner zu haben, gesund zu bleiben – all dies mag uns guttun, es verhindert aber nicht selten die Einsicht in die Gesetze des Schicksals, in das, was hinter dem Schein liegt. Wenn wir uns nur auf materiellen Wohlstand und äußerliches Wohlbefinden konzentrieren, ermöglicht dies noch nicht das Verständnis der »Dinge, die die Welt im Innersten zusammenhalten«. Diese Einsicht und Liebe zum Schicksal kann uns nur zuteilwerden, wenn wir auch im Gebet eine Haltung

entwickeln, wie sie uns zum Beispiel Jesus Christus vorgelebt hat: »Herr, nicht mein, sondern dein Wille geschehe!«

2. *Atheisten:* Atheisten lehnen Gott bzw. jegliche Vorstellung eines Schicksals ab. Sie glauben nicht an »einen großen Plan«, ebenso wenig an ein großes Ganzes, das alles zusammenhält. Sie leugnen die geistigen Gesetze und leben schlimmstenfalls in Resignation oder nach einer Ellenbogenmentalität. Oder sie haben einst an Gott oder die »Schicksalsgöttinnen« geglaubt, sind aber wütend, haben vielleicht sogar die Faust zum Himmel gestreckt, weil sie von ihrem Schicksal enttäuscht sind. Sie haben nicht bekommen, worum sie gebeten hatten, und wenden sich daher ab. Sie suchen die Freiheit, zu tun, was immer sie wollen, und erkennen nicht, dass jeder Mensch zwar in einem gewissen Rahmen tun kann, was er will, aber nicht dem Schicksal seinen Willen aufzuzwingen vermag.

3. *Die Kooperierenden:* Hierbei handelt es sich um Menschen, die den Schicksalskräften die weise Führung über das eigene Leben überlassen. Sie leben etwa nach der Maxime »Herr, dein Wille geschehe«. Durch Annahme des eigenen Schicksals, ja, die Bereitschaft, das eigene Los zu lieben, erhalten diese Menschen Einsicht in das Wirken des großen Ganzen und lernen, das »Warum« und »Wieso« der einzelnen Ereignisse ihres Lebens zu erfassen. Sie erfahren, wie die Schicksalsgesetze wirken und dass alles, was auf Erden geschieht, »seine Richtigkeit hat«, und zwar so, wie es ist. In völ-

ligem Einklang mit der inneren Führung erleben diese Menschen in einem späteren Stadium, dass der Wille »des Göttlichen« zugleich auch der Wille ihres wahren Selbst ist, dass »mein Wille« und »dein Wille« in Wahrheit nicht zweierlei sein müssen. In dieser Einsicht werden sie zu bewussten Mitgestaltern des Schicksals in Hingabe an die größeren Kräfte, die sich durch ihre Inkarnation ausdrücken. Kooperation bedeutet also eine bewusste und wissende Mitgestaltung und damit wachsende Weisheit und Einsichtnahme.

Zur Liebe des Schicksals gehört es, das, was wir vom Leben bekommen, liebevoll und dankend anzunehmen. Möglicherweise entspricht diese Haltung der des Hiobs aus dem Alten Testament, der alles verlor, was er besessen hatte. Da er aber trotz allen Verlusts weiterhin Gott pries, bekam er letztlich ein Vielfaches von dem zurück, was einst sein Eigen war.

Jede Ablehnung des Schicksals bringt uns in den Widerstand zum Leben, zu negativem Denken und Abwärtsspiralen. Aber auch der Fatalismus, also die blinde Schicksalsergebenheit, kann nicht die Lösung sein. Der Fatalist hat die eine Seite der Medaille gesehen und verstanden, dass er annehmen muss, »was ist«, aber er ist dabei stehen geblieben.

Unabhängig davon, wie groß der Anteil ist, mit dem wir unser Schicksal im einzelnen Fall beeinflussen können: Wenn wir es lieben und annehmen, ist dies der richtige Weg, um darüber hinauszugehen. »Annehmen, was ist«, und das Beste daraus zu machen ist also die gesuchte Lösung. Im Extremfall kann dies bedeuten, »zu arbeiten, als wenn kein Beten hilft, und zu beten, als wenn kein Arbeiten hilft«. Im Zusammenspiel von Hingabe an das Schicksal und Handlungswille entwickelt sich in uns nicht nur Kooperationsbereitschaft, sondern auch ein innerer Friede. Wir erkennen und spüren immer deutlicher, was das »Schicksal« von uns wünscht, und lernen, unser Los durch Liebe zu wandeln. Wir werden nicht mehr so stark vom Karma (dem Geschaffenen) determiniert, sondern von unserem Dharma (unserer Bestimmung) angezogen.

Wir erfahren auf dem Weg, dass wir uns selbst unser Schicksal »geschickt« haben, und identifizieren uns nicht mehr mit dem Wesensanteil, der alles nur bequem haben will, sondern leben in freudiger Kooperation mit dem, »was ist«. Wir lernen auf dem Weg, immer mehr selbst Urheber unserer Lebensumstände zu sein. – Und damit sind wir schon beim nächsten Thema: der Liebe zur Verantwortung.

Die Liebe zur Verantwortung

> Die Veränderung anderer beginnt immer bei
> der eigenen Einstellung – bei sich selbst.
>
> *Sprichwörtlich*

Viele Menschen fragen sich in einer misslichen Lage: »Wer ist für das Ganze verantwortlich?«, und sie meinen eigentlich: »Wer ist schuld daran?« Schuld zu haben bedeutet aber, dass jemand vorsätzlich oder fahrlässig einen Fehler begangen hat. Verantwortung ist nicht mit Schuld identisch.

Mit Verantwortung meinen wir, die Antwort auf die Frage nach dem stimmigen Denken, Fühlen, Reden und Handeln in sich zu finden, zur »Antwort« bereit sein und entsprechend dieser Antwort zu leben.

Verantwortung hat das große Ganze im Auge und ist das Gegenteil der Einstellung »Nach uns die Sintflut«, bei der die Menschen den Schaden ignorieren, den ihr Denken, Fühlen, Reden und Handeln bei anderen auslöst. Sehr in die Nähe der Verantwortung rückt der Begriff »Umsicht« und natürlich auch die Erkenntnis, dass wir diese Erde »von unseren Kindern nur geborgt haben«, das heißt das Sorgen für das, was nach uns kommt.

Wir können Mitverantwortung am großen Ganzen tragen, doch wir können niemandem die Verantwortung abnehmen. Da der andere durch seine Verantwortung die

Chance hat, seine (seelische) Antwort zu finden, haben wir nicht das Recht, ihm dies vorzuenthalten. Immer wieder wird beispielsweise in Familienaufstellungen* deutlich, dass eine falsche Verantwortungsübernahme ein widriges Schicksal erschafft, im Extremfall sogar Co-Abhängigkeit**, auch wenn man es noch so »gut gemeint« hat. Oft erkennt man erst am Ergebnis (am Schicksal), dass eine ungerechtfertigte Verantwortungsübernahme erfolgt ist.

Ein typisches Beispiel aus der Arbeit mit Familienaufstellungen ist etwa das folgende: Eine Tochter erlebt, dass ihre Mutter eine unbefriedigende Ehe mit ihrem Vater führt. Später sucht sie sich (unbewusst) einen Partner, mit dem sie auf ebenso unbefriedigende Weise zusammenlebt.

---

* Systemische Therapie, meist in der Gruppe. Der Aufstellende wählt nach dem Gespräch mit dem Leiter unter den anwesenden Personen Stellvertreter für Familienmitglieder etc. entsprechend seiner Frage bzw. seines Problems. Diese platziert er nun intuitiv im Raum. Es soll sich dann eine psychische Dynamik entwickeln, dass sich die Stellvertreter nach einer gewissen Zeit so fühlen wie die von ihnen repräsentierten Personen. Die Stellvertreter können nun ihre eigenen Empfindungen und Gefühle ausdrücken, die damit für die Anwesenden wahrnehmbar werden und zur Lösung bzw. Verdeutlichung des Problems beitragen sollen.

** Unter dem Begriff »Koabhängigkeit« bzw. »Co-Abhängigkeit« versteht man in der Regel zweierlei: einerseits die Situation des engen Umfelds von Suchtkranken (also die Lage ihrer Partner, Kinder oder Eltern), andererseits eine Liebes- oder Beziehungssucht, die im Extremfall so weit gehen kann, dass man an einer Partnerschaft festhält, obwohl man an ihr zu zerbrechen droht. (Mehr darüber finden Sie im Kapitel über Synergie [siebte Perle].)

Auf die Frage des Familientherapeuten, was hinter der Partnerwahl steckt, antwortet die Tochter wahrheitsgemäß in der Aufstellung: »Ich trage es für dich!« (In dem Fall ist die Mutter gemeint.) Doch das Tragen der Verantwortung für eine andere Einzelperson ist schlichtweg Arroganz. Wir stellen uns damit über sie und nehmen ihr ihre Würde.

In diesem Fall gab die Tochter – in Gedanken – die Verantwortung für die unglückliche Ehe ihrer Eltern zurück an die Mutter. Relativ bald veränderte sich daraufhin ihre eigene Beziehung. Indem die Verantwortung dorthin zurückgegeben wurde, wo sie zu tragen ist, wurde ihr eigener Weg frei für ein besseres und auch stimmigeres Schicksal.

Auf der anderen Seite können wir auch jemand anderem keine Verantwortung zuschieben. Wir mögen dies versuchen, doch wir erleben damit keine wirkliche Entlastung, sondern verlieren mit der Projektion unserer Verantwortung zugleich die Macht, die Kraft, die zu uns gehört, und erschaffen damit ebenfalls ungünstiges Schicksal.

Wenn wir unsere Verantwortung abzugeben versuchen oder für andere übernehmen wollen, stellen wir uns über die geistigen Gesetze, die in ihrer Weisheit jedem seine eigene Verantwortung und sein eigenes Schicksal zuweisen, damit beides durch die stimmige und gemeinte Person erledigt wird. Denn nur sie hat die Kraft und auch die Fähigkeiten, es zu tragen bzw. zu wandeln, und nur sie kann mit der daraus erfolgenden Erkenntnisfrucht etwas anfangen.

Nachfolgend noch einige Beispiele dafür, wie man es nicht machen sollte:

- *Ich gebe jemand anderem die Verantwortung.* Beispiel: »Ich bin bankrott, weil der Herr Huber mich damals betrogen hatte!« Solange ich an dieser falschen Zuschreibung festhalte, werde ich finanziell nie auf einen grünen Zweig kommen. Erst wenn ich erkenne, dass der Bankrott *mich* meint, öffnet sich der Weg, die Trauer darüber zu spüren, zu lernen und darüber hinauszugehen.
- *Ich hadere mit den Ereignissen oder verdamme sie:* »Es ist schlimm, dass ich meinen Job verloren habe, dass Peter mich verlassen hat, dass ich mit einem so schrecklichen Menschen wie Bernd zusammenleben muss...« Im Hadern liegt der unbewusste Vorwurf, Gott bzw. die »eine Kraft« würde mir etwas Schlechtes zukommen lassen, die Bewertung, ich wüsste ganz genau, was hätte sein sollen und was nicht. Doch damit maße ich mir an, über Gegebenes zu urteilen, und spalte mich dadurch selbst in das, was ich erlebt habe, und das, was ich hätte erleben sollen. Wenn ich dann noch im Zwist damit lebe, was mir widerfahren ist bzw. heute geschieht, besteht ein beinah unüberbrückbarer Damm in mir, und die Gefahr ist groß, dass ich in meiner »Verdammung« letztendlich »versacke«.
- *Ich resigniere:* Dadurch verweigere ich meine Teilnahme am Leben, statt kooperativ mitzuarbeiten.
- *Ich kämpfe gegen mein Schicksal an:* Beherzigen Sie, was die Lebenslehrerin Byron Katie immer wieder be-

tont: »Wenn Sie sich mit der ›Realität‹ anlegen, verlieren Sie immer, aber nur zu hundert Prozent.« Kämpfen ist gut, aber nicht gegen das Schicksal, sondern für die eigene Integrität.

– *Ich gebe mir selbst die Schuld*. Gerade in der Formel »Ich bin an allem schuld« erkennen wir, wie Verantwortung abgewehrt wird. Statt Verantwortung wirklich zu tragen und aus dieser Kraft heraus die Dinge zu erlösen, einzulösen und zu wandeln, übernehme ich wahllos alles und jammere, ohne etwas je wirklich zu tragen, was natürlich unsinnig ist. Denn ich kann nur tragen, was auch wirklich zu mir gehört.

Wie Peter Orban in seinem Buch *Saturn und die Macht des Schicksals* zutreffend beschreibt, ist Verantwortung gleichzusetzen mit dem Prozess des Innehaltens, insbesondere, falls ich mich dabei ertappe, dass ich die Konsequenzen meines Denkens, Fühlens, Redens und Handelns jemand anderem aufbürden will. Wenn jemand anders mir jedoch die berechtigte Verantwortung für mein eigenes Denken, Fühlen, Reden und Handeln zurückgeben möchte, gebietet es die Demut vor dem Ganzen, die Verantwortung anzunehmen und sich und dem anderen seine Verantwortlichkeit einzugestehen. Beispielsweise: »Ja, es stimmt, dass ich damals bankrott gegangen bin, dafür trage ich die Verantwortung und niemand anders sonst. Nicht meine Frau, mein Kunde, der nicht bezahlt hat, die schlechte Wirtschaftslage, der unfähige Anwalt, der mich vertreten hat, meine Eltern, die mich nie haben groß werden lassen, sondern ich. Nicht, weil ich ein schlechter Mensch wäre oder weil ich für alles verantwortlich bin, sondern weil diesmal die Verantwortung mich meint.«

Ein anderes Mal meint die Verantwortung vielleicht Ihren Partner, Bruder oder Nachbarn, was nichts anderes bedeutet, als dass Sie diesmal nicht an der Reihe sind. Das Beste, was Sie tun können, wenn jemand anders die Verantwortung tragen muss, ist, ihn dafür zu ehren. Dadurch geben Sie ihm nicht nur seine Würde zurück, sondern befähigen ihn auch, damit umzugehen.

Wie wird jetzt Verantwortung eingelöst? Peter Orban schreibt hierzu:

>»Verantwortung hat immer zu tun mit einem ›Zurückholen‹... Verantwortung ist keine Bewegung nach vorn in mein zukünftiges Leben hinein und damit eine Leistung, die ich per Willensbeschluss erbringen könnte; Verantwortung ist eine Bewegung nach hinten in mein bisher vergangenes Leben hinab und damit eine Konfrontation mit all jenen Situationen, in denen ich sie eben noch nicht übernommen habe...«

Hat man jemandem unrecht getan, holt man sich einen Teil seiner Verantwortung zurück, nur indem man das bekennt. Diesen zurückgeholten Teil kann man jetzt verwenden, um zukünftig Verantwortung für sein Leben zu übernehmen. Man muss diesen Akt nicht äußerlich durchführen. Man kann es im Inneren seiner Seele machen. – Orban weiter:

»Dazu aber muss ich den Betreffenden tatsächlich vor mein inneres Auge stellen, ich muss ihm ins Gesicht schauen, mich seinem Schmerz oder seiner Wut oder seiner Verzweiflung stellen und ihm erst danach zusichern, dass ich es ›trage‹, dass es mit ihm nichts zu tun hat, dass es jetzt ›meins‹ ist. ... Natürlich sind Disziplin und Respekt nur Unterkategorien im Flechtwerk der Verantwortung. Ohne Disziplin lasse ich mich gehen, und ohne Respekt verfolgen mich die Menschen, denen gegenüber ich es an Respekt habe fehlen lassen, im Traum. Verantwortung hat man nicht einfach so. Man kann sie sich ... von jenen Menschen zurückholen, denen gegenüber man sie einst verspielt hat.« *

Liebe zur Verantwortung bedeutet, aus Liebe zu mir selbst, zu meinem wahren Wesen, Projektionen zurückzunehmen, meine Fehler (das, was damals in meinem Denken, Reden, Handeln gefehlt hat) zu erkennen und verzeihen, die eigene Betroffenheit zu spüren und mit den vitalen und heilenden Kräften wieder in Kontakt zu kommen und dadurch ein Stück heiler, mehr »ich selbst«, ganz zu werden.

---

* Peter Orban: *Saturn und die Macht des Schicksals*, Kailash 2000.

Übung: Die Verantwortung zurückholen

Vergegenwärtigen Sie sich eine Situation, in der Sie die Verantwortung für einen Misserfolg jemand anderem zugeschoben haben. Stellen Sie diesen Menschen oder diese Situation vor Ihr geistiges Auge. Und nehmen Sie die Verantwortung zurück, indem Sie in Gedanken oder wirklich aussprechen, dass Sie die Verantwortung zurücknehmen und tragen – weil die Verantwortung Sie meint. Spüren Sie die dadurch entstehende Betroffenheit, gegebenenfalls Trauer, Wut oder Emotionen, und erleben Sie, wie die darunter verborgen liegenden Kräfte und Potenziale aktiviert werden, indem Sie:

- die Situation, den Bereich oder die Person bewusst identifizieren, wo Sie jemand anderen verantwortlich machen (»die Schuld geben«),

- die Situation, den Bereich oder die Person vor Ihr geistiges Auge stellen und die Verantwortung durch einen imaginierten oder ausgesprochenen Dialog zurücknehmen,

- die unter der falschen Zuschreibung verbundenen Gefühle bewusst spüren und auch die damit verbundene Betroffenheit und Klärung,

- die eigenen Fehler erkennen, gegebenenfalls sich selbst verzeihen,

● in Kontakt kommen mit den unter alldem verdrängten Kräften und Potenzialen und aus diesen Kräften und Potenzialen heraus verantwortungsvoll handeln, tun, was zu tun ist.

Verantwortung für das Ganze – aus Liebe zur Schöpfung

Liebe ist eine große Ehrfurcht.

Augustinus

Wir wissen, dass wir nicht grundsätzlich für alles verantwortlich sind, was in unserem Umfeld geschieht. Indem wir erst einmal unsere Verantwortlichkeiten erkennen, können wir für das eigene Leben geradestehen. Wir haben nicht das Recht, direkt in die Verantwortlichkeit eines anderen einzugreifen, da wir ihn damit entehren und entmündigen. Es bringt also nichts, wenn wir nur lauthals gegen »das Böse«, den Krieg, die schlechte Laune unseres Partners, die Übergriffe unseres Vorgesetzten und dergleichen mehr protestieren und es dabei belassen, da all dies nur zu Polaritäten und noch mehr Widerstand führt. (Das heißt natürlich nicht, dass Unrecht kritiklos geduldet oder verschwiegen werden sollte.)

Wir können auch etwas tun. Wir dürfen beispielsweise indirekt eingreifen. Zum einen gibt es das bereits angesprochene »innere Nein«. Die Idee des »inneren Neins« liegt darin, Egoismen zu erkennen und ihnen von innen her ein »Nein« entgegenzuhalten. Es ist in dem Fall wie gesagt nicht erforderlich, das »Nein« auszusprechen. Es genügt, sich in Gedanken dreimal »Nein, nein, nein« zu sagen, wenn jemand mit seinen Egoismen Sie oder Ihr Umfeld terrorisieren will.

Eine zweite Möglichkeit liegt darin, indirekt Verantwortung für alles zu übernehmen, was Sie erleben, indem Sie erkennen bzw. anerkennen, dass Sie nicht nur Ihre Lebensumstände, sondern auch »Ihre Welt« kreiert haben, und bewusst Ihre Kreation verändern. Dies erfordert jedoch einen sehr entwickelten Bewusstseinszustand, den zu pflegen uns manchmal leicht möglich ist – und manchmal weniger leicht. Er erfordert, dass wir uns zuerst einmal daran erinnern, wer wir wirklich sind, dass wir ein Bestandteil der universellen Schöpferkraft sind und unser Erleben durch unsere Haltung beeinflussen.

Wenn uns dann etwas begegnet, was wir nicht als vollkommen erfahren, suchen wir den Teil in uns, der diesen Missstand (mit)kreiert hat. Wir jammern nicht, wir klagen nicht, sondern wir erkennen, dass unser Erleben unsere Kreation ist. Wir wandeln nicht direkt die Kreation, den Umstand, sondern wir richten uns an den Teil in uns, der (aus welchen Gründen auch immer) kreiert hat,

- dass unsere Partnerschaften schwierig und unerfüllt sind,
- dass die Menschen in unserem Umfeld rücksichtslos und brutal sind,
- dass so wenig Sinnenfreude und sinnliche Erfüllung in unserem engsten Umfeld ist und
- dass so viele arme bzw. kranke Menschen uns umgeben.

Hierfür können wir uns einer alten hawaiianischen Technik namens »Ho'oponopono« bedienen, die im Folgenden beschrieben wird. Der exotische Begriff bedeutet auf Deutsch so viel wie »in den rechten Rahmen stellen, etwas richtigstellen«. Ich erfuhr von dieser Methode in einer Geschichte von Joe Vitale, einem der Autoren des Megaerfolgs *The Secret**:

> »Ich hörte von einem Therapeuten in Hawaii, der eine komplette Krankenstation krimineller geisteskranker Patienten geheilt hatte – ohne auch nur einen von ihnen jemals gesehen zu haben. Es hieß, der Psychologe würde die Akte eines Insassen studieren und dann in sich selbst schauen, um zu sehen, wie er die Krankheit dieser Person erschuf. Während er sich selbst verbesserte, besserte sich der Zustand des Patienten. Ich hörte, der Therapeut habe einen hawaiianischen Heilungsprozess mit dem Namen

---

* Vgl. Rhonda Byrne: *The Secret. Das Geheimnis*, Arkana 2007.

Ho'oponopono genutzt. Falls diese Geschichte wahr sein sollte, wollte ich mehr darüber erfahren.

Ich hatte ›die volle Verantwortung übernehmen‹ immer so verstanden, dass ich dafür verantwortlich wäre, was *ich* denke und tue. Alles darüber hinaus liegt nicht in meinen Händen. Ich vermute, dass die meisten Menschen volle Verantwortung so verstehen: Wir sind verantwortlich für das, was wir tun, nicht für das, was irgendwer sonst tut – aber das stimmt nicht!

Der hawaiianische Therapeut, der all diese psychisch Kranken heilte, lehrte mich eine neue fortgeschrittenere Sichtweise von voller Verantwortung. Sein Name ist Dr. Ihaleakala Hew Len. Dr. Len erzählte mir, dass er nie Patienten sah. Er sah sich einfach nur ihre Akten an in seinem Büro. Während er sich die Akten ansah, arbeitete er an sich selbst. Während er an sich selbst arbeitete, begann für die Patienten die Heilung. ›Nach einigen Monaten konnte Patienten, die sonst eingeschlossen sein mussten, erlaubt werden, sich frei zu bewegen‹, erzählte er mir. ›Bei anderen, die unter starken Medikamenten gestanden hatten, konnten diese abgesetzt werden. Und diejenigen, die keine Chance gehabt hatten, jemals entlassen zu werden, wurden freigelassen. Heute ist die Station geschlossen.‹

Nun kam ich zur für mich wichtigsten Frage: ›Was taten Sie denn mit sich selbst, das verursacht hat, dass diese Menschen sich veränderten?‹

Dr. Len antwortete: ›Ich heilte einfach den Teil von mir, der sie erschaffen hatte.‹ Ich verstand nicht. Dann erklärte mir Dr. Len, volle Verantwortung heiße, dass alles, was in deinem Leben ist – einfach *weil* es in deinem Leben ist –, deine Verantwortung ist. Im wortwörtlichen Sinn ist die gesamte Welt deine Schöpfung. ›Das bedeutet, dass alles …, was du wahrnimmst und nicht magst, von dir geheilt werden will. Diese Dinge existierten sozusagen nicht wirklich, außer als Projektionen aus deinem Inneren. Das Problem liegt nicht bei ihnen, sondern bei dir.‹ Ich fragte Dr. Len, wie er sich selbst heilte. Was tat er genau, während er sich die Akten der Patienten ansah? ›Ich habe einfach immer wieder gesagt: Es tut mir leid. Und: Ich liebe dich‹, erklärte er. ›Und das ist alles?‹, fragte ich.

›Ja, das ist alles.‹«*

---

* educate-yourself.org.

Geführte Meditation für die Anwendung von Ho'oponopono

Denken Sie an ein Problem in Ihrem Leben. Beantworten Sie die nachfolgenden Fragen so gut wie möglich und führen Sie die empfohlenen Übungen aus:

1. Wie kommen die »unheilen« Menschen/Situationen ... in mein Leben?

2. Wie schaffe ich es, dass ...? (... Menschen/Situationen so unheil auf mich zukommen.)

3. Reden Sie den Teil in sich an, der dies erschafft, treten Sie mit ihm in Dialog wie mit einer »inneren Person«:

   – Wie fühlt er sich an?
   – Warum erschafft er dies? (Warum glaubt er, es sei eine gute Lösung, wenn die Menschen/Situationen unheil sind, sonst ...?«)
   – Was ist mit ihm los? (Warum trage ich einen »unsichtbaren Button«, der beispielsweise meinen Partner unbewusst dazu auffordert, mich zu kritisieren?)
   – Warum tue ich das? (Weil vielleicht das »Rumpelstilzchen«, das ich auf den Partner projiziere, mich lebendig macht, mich aus der scheinheiligen Erstarrung herausholt?)

4. Gehen Sie in sich und reden Sie mit diesem Teil Ihrer selbst. Sagen Sie immer wieder: »Es tut mir leid, und ich liebe dich! Was immer dir widerfahren ist, dass du so geworden bist, dass du das erschaffen musst, es tut mir leid, und ich liebe dich.«

Kommen wir nun zur geführten Meditation Ho'oponopono und erfahren Sie, wie Sie durch diese Methode die Dinge in sich selbst wandeln können. Beginnen Sie am besten mit einer kleinen, unbedeutenden Angelegenheit, um den Effekt schon bald zu erfahren:

- Ich gehe in meine Mitte und mache mir bewusst, was ich erlebt habe/was vorgefallen ist (Bestandsaufnahme).

- Ich spüre deutlich die Gefühle/den Schmerz, die das Erlebte/der Vorfall in mir ausgelöst hat, ohne dabei zu denken (reine Gefühlswahrnehmung, keine Interpretation, keine Projektion). Gemeint ist das echte Gefühl, das ich bei mir selbst fühle, zum Beispiel Traurigkeit, Wut, Schmerz, Irritation (nicht eine Gefühlsäußerung, die irgendjemand anderen verantwortlich macht, wie etwa verletzt, missbraucht, geschlagen).

- Ich nehme ganz bewusst wahr, in welchem Körperbereich das Gefühl/der Schmerz seine Wurzeln hat.

● Ich gehe in die Mitte des Gefühls/des Schmerzes und erlaube, dass das Gefühl/der Schmerz sich über den ganzen Körper ausbreitet.

● Zentriert in der Mitte des Gefühls/des Schmerzes nehme ich ganz bewusst wahr, wie sich die Einwirkung von außen anfühlt, und gebe ihr einen Namen, und zwar einen solchen, der bestmöglich beschreibt, was von außen auf mich zugekommen ist. Ich spreche den Namen jetzt aus... (zum Beispiel Aggression, Dumpfheit, Übergriff, Enge...).

● Und dann fühle ich noch tiefer in den Teil in mir hinein, der von dieser äußeren Einwirkung betroffen ist, die innere Person. Was ist das für ein Teil, wie sieht er aus und wie fühlt er sich? Es kann sein, dass ich an dieser Stelle ein verängstigtes Kind spüre, ein Bild aus einem »früheren Leben« aufsteigt oder auch eine Situation aus meiner Jugend. Was immer zum Vorschein kommt, ist willkommen, darf geschehen und jetzt aus seiner Zellinformation entlassen werden.

● Ich danke meinem (Unter)bewusstsein für seine Offenheit und sein Vertrauen, die eingeschlossene Zellinformation jetzt zu öffnen und mich damit durchfluten zu lassen.

● Ich verstärke das Hochkommen der eingeschlossenen Information, indem ich im Geiste immer wieder zu meinen Zellen sage (wie ein Mantra): »Danke für deine Offenheit, danke für deine Offenheit...«

- Irgendwann habe ich ein ziemlich klares Bild von dem Teil in mir, der mit dieser Erfahrung zusammenhängt, zum Beispiel dem verängstigten Kind in mir, dem Teil in mir, der von dem Ereignis am meisten betroffen ist.

- Welches Gefühl hängt mit diesem Teil zusammen? Ich lasse ihn jetzt das Gefühl aussprechen, das mit der Erfahrung zusammenhängt. Ich treffe das Gefühl ganz genau und spreche es jetzt aus. Ich wiederhole das Gefühl immer wieder... (zum Beispiel: »verängstigt, verängstigt...«).

- Ich erkenne, dass es das Leiden dieses Teils ist, das in der Außenwelt die unangenehme Erfahrung angezogen hat wie ein Magnet. Und ich weiß, dass dieser Teil etwas Schreckliches erlebt haben muss, weswegen er so geworden ist, weswegen er in solcher Resonanz steht. Und ich weiß auch, dass dieser Teil immer und immer wieder diese Schwierigkeiten kreiert, um auf sich aufmerksam zu machen, um darauf aufmerksam zu machen, dass er in meiner Zellinformation vorhanden ist und dorthin verdrängt und vergessen wurde. Und in diesem Wissen wende ich mich dem Teil zu. Ich sende ihm alle Liebe. Und ich sage zu ihm: »Es tut mir leid.« Und: »Ich liebe dich.« Ich wiederhole diese Worte immer wieder. So wie Gott bzw. die universelle Energie uns Tag für Tag die Liebe sendet, wie er/sie mit uns leidet und mit uns unsere Erlösung, unser Erwachen wünscht, so spreche ich wie ein liebender Gott zu meinen Körperzellen. Eingestimmt in die unendliche Liebe der »einen Kraft«, liebe ich diesen Teil in mir, bis er »heilgeliebt« ist. Äußeres Erleben und innere Wirklichkeit gehören zusammen wie Flausch und Klebefläche bei einem Klettverschluss. Indem ich meinen inneren Teil heile, findet die Klebefläche keinen Flausch mehr, er kann sich zurückbilden, er wird heil – jetzt. Ich spüre, wie immer mehr Heilkraft in diesen Teil von mir strömt, der bisher von meinem Bewusstsein verlassen war. Ich spüre, wie mein Bewusstsein sich in diesem Teil ausdehnt. Ich spüre tiefe Dankbarkeit für die Wandlung, die geschehen ist.

Ich weiß, dass ich durch die Art und Weise, wie ich in die Welt hineinsehe, meine Welt kreiere. Ich übernehme die volle Verantwortung dafür, dass ich in der bestimmten Situation ein Problem kreiert/erlebt/gesehen habe. Und auch zu der Situation selbst sage ich: »Es tut mir leid.« Und: »Ich liebe dich.« Zu den beteiligten Menschen sage ich: »Es tut mir leid.« Und: »Ich liebe dich.« Das Bedauern betrifft diese unvollkommene Form der Kreation, die mir entgegengetreten ist. Damit ist gemeint, dass ich aufgrund meines Magnetismus dafür gesorgt habe, dass sich ein so unerfreulicher Aspekt dieses Menschen gezeigt hat.

Durchströmt von tiefer Dankbarkeit, sehe ich die Vollkommenheit in der Situation, dem Menschen, ich entlasse alles in die Vollkommenheit. Ich wiederhole die magischen Formeln »Es tut mir leid« und »Ich liebe dich«, bis ich spüre: Ich bin frei!

Ich habe ein Stück Verantwortung für mein Erleben zurückgenommen – ich habe ein Stück Schöpferkraft zurückgewonnen –, und dafür bin ich dankbar.

Fünf Voraussetzungen der Kunst des Liebens

> Sobald einer in einer Sache Meister geworden
> ist, soll er in einer neuen Sache Schüler werden.
> *Gerhart Hauptmann*

Wir haben uns beim Thema mit der sechsten Weisheitsperle
darum gekümmert, herauszufinden, was nicht Liebe ist,
und gelernt, dazu ein inneres oder äußeres »Nein« zu sprechen. Wir haben erkannt, dass Liebe mehr ist als einfach
nur ein Gefühl, dass es ein elementares Bedürfnis des
Menschseins ist, Liebe zu erfahren. Wir haben unser Bewusstsein dahingehend sensibilisiert, dass es fünf verschiedene Liebes»strategien« gibt (Anerkennung, gemeinsame
Unternehmungen, Geschenke, Unterstützung, Zärtlichkeit). Wir wissen, dass andere Menschen möglicherweise
unterschiedliche Liebes»strategien« bevorzugen und dass
wir deshalb unsere eigenen Bedürfnisse mitteilen und die
unterschiedlichen Bedürfnisse der anderen respektieren
sollten. Wir haben erkannt, dass kein Partner alle unsere
Bedürfnisse nach Liebe gleichermaßen erfüllen kann, und
alternative Ressourcen angeboten, wie zum Beispiel mit
jemand anderem etwas zu unternehmen, wenn der eigene
Partner andere Vorlieben hat – und so gut für uns selbst
zu sorgen.

Liebe als eine Kunst anzusehen baut auf diesem Wissen
auf und meint bereits eine fortgeschrittenere Form des

Liebens. Nach Erich Fromm* benötigen wir fünf Voraussetzungen, um diese Kunst erfolgreich auszuüben:

1. *Selbstdisziplin:* Hier geht es nicht um die extern motivierte Disziplin, die wir aufbringen, weil wir dafür eine Gegenleistung erwarten, wie zum Beispiel ein regelmäßiges Einkommen oder Streicheleinheiten. Sondern es geht um die Disziplin, die wir freiwillig, von innen her (intrinsisch) und ohne Erwartung einer Gegenleistung aufbringen. Die hier gemeinte Selbstdisziplin ist also eigenmotiviert, freiwillig und beruht auf innerer Einsicht. Die Fähigkeit zu dieser Disziplin entsteht aus der ständigen Bereitschaft, zu lernen, sich also als ein »Schüler der Liebe«** zu bekennen, statt selbstherrlich zu denken, man bräuchte sich um die Liebe nicht zu bemühen, da man ohnehin schon alles über sie wisse. Insoweit hängt Selbstdisziplin sehr eng mit dem zusammen, was im Zen der »Anfängergeist« (im positiven Sinne) genannt wird.

2. *Konzentration:* Im Wort »Konzentration« steckt das Wort »Zentrum«. Konzentrationsvermögen erwächst aus der Bereitschaft, sich stets im »Hier und Jetzt« zu zentrieren, nicht in Gedanken über die Vergangenheit oder Spekulationen über die Zukunft. Es gilt, alles los-

---

* Fromm: *Die Kunst des Liebens*, ebenda
** Der Begriff »Disziplin« stammt vom lateinischen Wort disciplina (= ›Schule, Unterweisung, Wissenschaft, schulische Zucht‹), zu *discipulus* (= ›Schüler, Lehrling‹).

zulassen, was nicht Gegenwart ist. Zum Konzentrationsvermögen gehört auch die Bereitschaft, damit aufzuhören, dass man sich in die Angelegenheiten anderer Menschen und die Angelegenheiten von Gott bzw. der »einen Kraft« einmischt. Konzentration im Frommschen Sinne bedeutet, einen leeren, aufnahmebereiten Geist zu haben, und rückt damit in die Nähe der Meditation und des Gebets.

3. *Geduld:* Geduld ist mit dem Vertrauen in den natürlichen Lauf der Dinge verbunden. Es bedeutet, Entwicklungen Zeit zu geben, nicht alle Ergebnisse sofort erreichen zu wollen. Zur Geduld gehört es auch, dass man davon absieht, etwas zu erzwingen oder übers Knie zu brechen. Geduld ist insbesondere dann besonders wichtig, wenn sich die Geschicke nicht so zu entwickeln scheinen, wie wir wollen, oder wenn alles zu langsam geht. In dem Begriff »Geduld« steckt das Wort »dulden«, aber ohne zu resignieren. Es gilt, die Aufmerksamkeit am Brennpunkt (des Liebens) zu halten, liebevoll, bewusst und ohne Druck zu erzeugen.

4. *Priorität:* Die Kunst des Liebens verdient eine hohe Priorität. Und nur wenn wir ihr diese Priorität einräumen, werden wir Meister darin werden können. Es ist wie bei jeder Kunst und wie bei jedem Handwerk: Allein das, was uns wirklich wichtig ist, werden wir verwirklichen können. Priorität gewinnen wir, wenn wir uns bewusst machen, dass unser ganzes Leben auf der Liebe aufbaut und dass sie Sinn unseres Daseins ist. Liebe und

Weisheit sind das Einzige, was wir nach dem Tod »mit hinübernehmen« können.

5. *Selbstwahrnehmung:* Selbstwahrnehmung ist etwas anderes als Ego-Bewusstsein, es ist das genaue Gegenteil davon. Selbstwahrnehmung bedeutet, das »eine Selbst« in sich und in allem zu sehen, was uns begegnet. Es ist gleichzusetzen mit einem Leben aus dem Tao. Damit dies möglich ist, müssen Hindernisse auf dem Weg der Liebe losgelassen werden – alles, was keine Liebe ist, Vorstellungsbesessenheit, symbolische Selbstergänzung, ungesunder Narzissmus, ungesunde Symbiose, Co-Abhängigkeit –, sodass das reine Selbst übrig bleibt. Zur konstruktiven Selbstwahrnehmung gehört auch das »Unkrautzupfen«, das Ausmisten hinderlicher Emotionen, Gedanken und Überzeugungen.

Reine, unbedingte Liebe

> Es gibt nichts Mächtigeres als die Liebe. Kein
> Mensch und kein Problem ist mächtiger als
> die Liebe. Wer die Liebe in seinem Leben um-
> setzen kann, ist folglich unvorstellbar macht-
> voll.
>
> *René Egli*

In Wahrheit gibt es nicht die große oder kleine Liebe. Es
gibt nur die eine unendliche Liebe, die das wahre Wesen
eines jeden Menschen ist, gleich, ob man es nun weiß oder
nicht. Diese wahre Liebe ist »einfach«. Sie verströmt sich
von innen her, so wie die Sonne, ohne Wenn und Aber. Ein
Leben erfüllt von Liebe in jeder Sekunde, das ist vollkommene Liebe. Der Dichterheilige Sant Darshan Singh hat
über diese Liebe gesagt, den Weg dorthin könne man in
fünf Stufen einteilen:

1. Zuerst lieben wir, nur wenn wir auch geliebt werden.
   Möglicherweise stellen wir sogar genaue Bedingungen,
   wer uns lieben sollte und wie, in welcher Form dies geschehen sollte – und sind verstimmt, wenn dies nicht
   oder auf andere Weise geschieht.
2. Dann lieben wir spontan, allerdings wollen wir auch
   wiedergeliebt werden. Unsere Bedingungen sind jedoch bereits flexibler geworden. Wenn Ihnen – um es

an einem profanen Beispiel zu illustrieren – Ihr Partner einen Kuchen backt, statt Ihnen Ihre geliebten Bratkartoffeln zu servieren, ist zwar klar, dass Ihre Bedürfnisse gerade nicht erfüllt sind, aber Sie können damit leben.

3. Später lieben Sie auch dann, wenn Sie nicht geliebt werden. Ihre Liebe soll nur angenommen werden. Hier ist es schon relativ unerheblich, ob der andere Ihren Vorstellungen entspricht, er sollte nur bereit sein, Ihre Liebe zu akzeptieren. Dies ist bereits ein fortgeschrittener Bewusstseinszustand, aber noch nicht die höchste Form der Liebe.

4. In der vierten Stufe ist Ihre Liebe bereits sehr rein und bedingungslos. Sie setzt selbst nichts voraus, ist jedoch bereit, die Bedürfnisse eines anderen Menschen zu berücksichtigen, soweit die Selbstliebe dies zulässt.

5. In der fünften Stufe der Liebe verschmelzen Objekt und Subjekt und das Lieben selbst zu einer Einheit. Hier finden wir Liebe als Seinszustand in der Vollendung, unabhängig von Lebensumständen, vom Partner, von der Umwelt, von allem.

Früher oder später stoßen Sie auf die vielleicht erschütternde Wahrheit, dass es letztlich nur eine Liebesbeziehung geben kann: die Verbindung zwischen dem äußeren Menschen und dem inneren Sein, dem Ebenbild Gottes, wonach wir alle geschaffen sind. Und so wird der Weg der wahren Liebe zu einem Weg der wachsenden Vertrautheit und Identifikation mit dem Göttlichen in Ihnen.

Tief im Innern suchen Sie diese Liebe, die vollkommen ist.

Die Sehnsucht, anzukommen an einem Ort der Liebe und des Friedens, ist die eigentliche Sehnsucht, die Sie durchs Leben trägt. Damit Sie diese Liebe finden, müssen Sie ganz bei sich sein. Deshalb haben Selbstliebe und das Neinsagen zu falscher Liebe einen so großen Wert bei der sechsten Weisheitsperle. Um die Kraft zur bedingungslosen Liebe in sich zu spüren, unabhängig von äußeren Umständen, hilft es Ihnen, sich ein »inneres Asyl« zu schaffen.

Übung: Ein Ort der Liebe und des Friedens

Imaginieren Sie in Ihrer Phantasie einen Ort der Liebe und des Friedens.

Wie könnte dieser Platz Ihrer Meinung nach aussehen? Eine Oase der Liebe und Freude? Ein Platz, an dem Sie tanzen, lachen und singen? Ein Blumenmeer an Farben und Formen? Dieser Ort gehört nur Ihnen, an diesen Ort können Sie immer reisen, zu jeder erdenklichen Zeit. Ist das nicht wundervoll? Ein Ort, an dem Sie Kraft sammeln und Ideen, vielleicht auch neuen Mut? Diesen Ort kennen nur Sie, denn es ist Ihre Oase.

Wenn Sie Schwierigkeiten haben, sich diesen Platz vorzustellen, empfiehlt sich ergänzend eine wunderbare geführte Imagination von Serena Rust, die Sie mit Ihrem innersten, gütigen Wesen in Verbindung bringt.*

In Ihrem »inneren Asyl« finden Sie die wahre Liebe in sich selbst. Da Sie sich dort genug lieben, können Sie auch Liebe weitergeben. Kehren Sie immer wieder in Gedanken zu diesem Ort zurück und leben Sie aus diesem inneren Ort heraus.

Prüfen Sie stets aufs Neue, ob Sie reine, unbedingte Liebe oder ichbezogene Liebe ausdrücken. Hierbei helfen Ihnen möglicherweise die Unterscheidungskriterien, die Lama Ole Nydahl in seinem Werk *Buddha und die Liebe* so klar dargestellt hat:

> »Bei der ichbezogenen (eifersüchtigen) Liebe wird der Raum sehr klein und arm. Alles ist eng, man lebt in Vergangenheit oder Zukunft, und im Mittelpunkt steht nur das, was kommt und geht. Man steckt Kraft in Zustände und Gefühle, den Wechsel von Freude und Leid, der nichts dauerhaft Sinnvolles bieten kann, das, was war und was hätte

---

* Serena Rust: *Wenn die Giraffe mit dem Wolf tanzt. Geleitete Selbsteinfühlung angelehnt an die vier Schritte der Gewaltfreien Kommunikation nach Dr. M. B.* Rosenberg, Koha 2007.

sein können oder was man sich erhofft, will Sicherheiten und Versprechen, was die anderen zu Unwahrheiten zwingt, eine Einstellung, die den anderen besitzen will, eine Anhaftung, die verwirrt und vom eigentlichen Ziel, der gemeinsamen Entwicklung, abbringt. Die Erwartung, vom Partner glücklich gemacht zu werden, ist unfrei, klebrig und ermöglicht wenig Zugang für andere. Ganz im Gegensatz dazu die reine, unbedingte Liebe.«*

Reine, unbedingte Liebe kann die Welt verändern, sie wird auf jeden Fall Ihre Welt verändern. Sabine Friedrichs hat sie in ihren Veröffentlichungen einleuchtend dargestellt:

»Alles Leid in unserem persönlichen Leben sowie in der ganzen Welt ist auf einen Mangel an Liebe zurückzuführen. Wir alle kennen aus schmerzhafter eigener Erfahrung die Angst vor Liebesverlust bzw. vor zurückgewiesener Liebe. Wenn der natürliche Austausch unserer Liebe eingeschränkt oder unterbrochen ist, dann leiden wir auf vielen Ebenen unseres Seins. Wir zweifeln an unserem Wert, an unserer Kraft und sogar am Sinn unseres Daseins. Liebe ist die Grundnahrung für unsere

---

* Lama Ole Nydahl: *Buddha und die Liebe*, Droemer Knaur 2007.

Seele. Liebe kann leidenschaftliche Sexualität und prickelnde Erotik einschließen. Liebe will sich verbinden, will Trennungen überbrücken, will verschmelzen und eins werden und lässt dennoch die Freiheit und Vollständigkeit des Einzelnen unangetastet. Wer wahre Liebe erfahren will, kann nur eines tun: selbst zum wahrhaft Liebenden werden. Liebe ist immer bedingungslos und frei und findet von Augenblick zu Augenblick, von Begegnung zu Begegnung ihren spontanen, kreativen Ausdruck. Die Formen, in denen Liebe sich äußern kann, sind so unbegrenzt und voneinander verschieden, wie alle Geschöpfe auf dieser Erde verschieden und damit einzigartig sind.

Solange Liebe irgendetwas – sei es in uns selbst, im Partner oder in der Außenwelt – ausklammert, wird dieses Etwas uns von der Essenz der Existenz trennen und uns an unserer Vollständigkeit hindern. Diese allumfassende Liebe auch nur für wenige Momente zu erfahren ist ein hohes, wahrhaft lohnendes Ziel! Denn solche Augenblicke transformieren uns und hinterlassen in jeder unserer Zellen das Wissen um unsere höchste Bestimmung... Es gibt zwei unabdingbare Voraussetzungen, um die bedingungslose Liebe im eigenen Leben umsetzen zu können:

351

1. Die Übernahme der totalen Verantwortung für alles, was uns geschieht. Das ist die Voraussetzung dafür, dass einem anderen Menschen nicht der leiseste Vorwurf gemacht wird.

2. Das Akzeptieren des Ist-Zustandes.

Ohne diese Voraussetzungen wird die Umsetzung der bedingungslosen Liebe nicht gelingen… Wenn ich etwas verändern will, heißt das, dass ich etwas nicht akzeptiert habe. Wenn ich etwas nicht akzeptiert habe, heißt das, dass ich es nicht losgelassen habe. Wenn ich es nicht losgelassen habe, heißt das, dass es sich nicht verändern kann! Und wenn ich etwas verändern will, heißt das, dass ich das Leben verändern will… Dankbarkeit allem und jedem gegenüber ist die Manifestation bedingungsloser Liebe. Diese Dankbarkeit bringt mich in die Einheit mit dem Überfluss des Lebens. Undank bewirkt Mangel; Dankbarkeit bewirkt Überfluss an allem… Die verwandelnde Kraft reiner Liebe hebt alle Unruhe des menschlichen Herzens für immer auf.«*

Jesus, Buddha oder auch große Meister und Mystiker wie Meister Eckhart haben reine, unbedingte Liebe verwirklicht. Evolutionsforscher wie Jean Émile Charon be-

---

* Sabine Friedrichs, www.puramaryam.de.

zeichnen reine, unbedingte Liebe als den höchsten Bewusstseinszustand, der erst eine Selbsttranszendenz des Universums ermöglicht.

Diese Liebe ist letztendlich nur zu verwirklichen, wenn wir in der Liebe über die reine Objektbeziehung hinausgehen. Dies bedeutet, zu erkennen, dass wir selbst die Quelle aller Liebe sind und dass dieses Selbst von der »einen Kraft«, die wir auch »Gott« nennen, nicht getrennt ist. Es bedeutet, das Schatzhaus unseres eigenen wahren Selbst zu betreten und aus ihm heraus freudig auszuteilen, zu verschenken, zu verströmen.

Die höchste Form der Liebe ist also nicht eine starre Beziehung zu einem Gegenüber, sondern sie existiert in ihrer höchsten Stufe sogar auch ohne persönliches Pendant. Sie ist einfach, durchdringt und erfüllt. Erst aus diesem tiefen inneren Durchdringen und Durchdrungenwerden und Offenbaren des »Göttlichen« in allem keimt diese All-Liebe, die nichts ausschließt und nichts mehr bevorzugt. Reine, unbedingte Liebe ist also das Einschwingen in das göttliche Einssein mit »dem Einen« – in »allem, was ist«. In der reinen, unbedingten Liebe lieben Sie nicht mehr irgendjemanden oder irgendetwas, sondern Sie sind ein Liebender, unabhängig von den Umständen. Natürlich ist dies ein Weg, den wir Schritt für Schritt gehen müssen. Wer den zweiten Schritt vor dem ersten tun will, wird nicht vorankommen. Beginnen wir also stets dort, wo wir in unserer Liebesfähigkeit gerade stehen.

Wenn Sie gelernt haben, in sich zu gehen und aus Ihrem inneren Schatzhaus zu schöpfen, werden Sie auch diese Perle in Ihr Leben integrieren. Sie lassen ab von Hass, Schmerz, Zorn, Eifersucht, Habgier, Rache und Wut, Sie befreien sich von alledem. Sie sind erfüllt und durchdrungen von Liebe.

Die reine, unbedingte Liebe ist der Weg und das Ziel der sechsten Weisheitsperle. Sie verträgt sich hervorragend mit der nun folgenden siebten Perle, der Synergie. »Mögen alle Wesen Glück und die Ursache des Glücks haben (Liebe). Mögen alle Wesen frei von Leiden und der Ursache des Leidens sein (Mitgefühl). Mögen alle Wesen vom wahren Glück, das ohne Leid ist, nicht getrennt sein (Mitfreude). Mögen alle Wesen in großer Gleichmut verweilen, frei von Anhaftung und Abneigung (Gleichmut).«*

---

* Nydahl, ebenda

Die siebte Perle: Synergie

> Alle rudern die Kanus gemeinsam, schöpfen und rudern, rudern und schöpfen, und das Ufer wird erreicht.
>
> *Weisheit der Kahuna*

Das ganze Leben besteht aus Beziehungen

Wir stehen, ob wir es wollen oder nicht, ob wir allein sind oder unter Menschen, in einer ständigen Beziehung – nicht nur zu einer einzigen Person, etwa unserem »Lebenspartner«, sondern zu allem Leben. Und so geht es bei der siebten Perle, »Synergie«, um unsere Zusammenarbeit mit »allem, was ist«.

Ich kann keine Beziehung wirklich beenden. Ich habe vor allem zu dem, was ich kenne, immer eine Beziehung. Selbst wenn ich meinen Partner »hassen« und ihn »in die Wüste schicken« sollte, bliebe mir immer noch die Frage, was ich dann mit der Wüste in meinem Herzen mache…

Der Begriff »Synergie« kommt vom griechischen *synergía* und bedeutet »Zusammenarbeit, Mitarbeit«. Synergie ist das Zusammenwirken von Stoffen, Kräften, Reichen der Natur, Mineralien, Pflanzen, Tieren, Menschen, wobei sich alles gegenseitig fördert. Dem Begriff des »Holismus« liegt das Konzept der Ganzheitlichkeit zugrunde, der synergetische Ansatz, dass das Ganze mehr ist als die Summe seiner Teile.

Eng mit der Idee der Synergie hängt die Idee des Einsseins zusammen.

Synergie bezeichnet immer ein gelungenes Zusammenfügen oder -arbeiten. Synergieeffekte finden wir überall:

– In der *Ökologie* erleben wir Synergie, wenn eine Wüste urbar gemacht wird und die einzelnen Pflanzen- und Tierarten einander bedingen und fördern. Im Waldbau führt Synergie zu einer erhöhten Produktivität eines Mischbestandes im Vergleich zu einem Reinbestand. Das Gleiche gilt beim Ackerbau, wenn bei einer gelungenen Synergie auf eine sinnvolle Weise das Saatgut gewechselt und dadurch der Boden vor Auszehrung geschützt wird. Obwohl das Thema nicht neu ist, handelt es sich bei dem Bewusstsein über die globale Synergie um eine relativ neue Perle, denn erst seit nicht allzu langer Zeit machen wir uns beispielsweise Gedanken darüber, wie einzelne Regionen ökologisch sinnvoller wirtschaften können, um die Umweltschäden wieder zu kompensieren, die an ganz anderen Stellen auftreten können als bei den sogenannten Verursachern.
– Wenn ein Organ transplantiert wurde und es sich harmonisch in den Organismus des Kranken einfügt und ihn genesen lässt, erleben wir *Synergie* im medizinischen Bereich.

- In der *Pharmazie* bezeichnet Synergie die Wirkung zweier gleichzeitig eingenommener Mittel, die sich in ihrer Wirkung gegenseitig verstärken.
- In der *Chemie* erleben wir Synergie, wenn zwei Stoffe sich optimal ergänzen, zum Beispiel bei einer Legierung. Chemische Synergien können auch explosiv sein: Raketentreibstoffe oder Sprengkörper entfalten ihre Wirkung aufgrund der Synergie mehrerer, für sich allein genommen »harmloser« Rohstoffe.
- In der *Wirtschaft* gibt es Synergieeffekte bei Firmenfusionen, wenn darauf geachtet wird, dass die neu zusammengefügten Einzelunternehmen zum gegenseitigen Nutzen optimal aufeinander abgestimmt sind. Innerhalb eines Unternehmens zeigt sich Synergie in der Identifizierung der einzelnen Mitarbeiter mit dem ganzen Unternehmen genauso wie im Zusammenwirken einzelner Abteilungen eines Unternehmens.
- Synergie in der *Politik* kann sich bei Koalitionen zeigen, wenn mehrere Regierungsparteien optimal zusammenarbeiten.
- Das gemeinsame *Musizieren* hat ebenfalls den Effekt der Synergie, denn auch in dem Fall zeigt sich: Das Ganze (die Band oder das Orchester) ist mehr als die Summe seiner Teile (die einzelnen Musiker). Erst im optimalen Zusammenwirken der Instrumentalisten und Sänger kann sich ein harmonisches Ganzes ergeben.
- Im *Sport* erleben wir Synergien durch das Zusammenwirken von Teams, beispielsweise beim Tennisdoppel,

bei der Fußball- oder Handballmannschaft oder beim Staffellauf.

– Auch *Tänze*, Volkstänze, »Tänze des universellen Friedens« und insbesondere Paartänze beruhen auf dem Effekt der Synergie.

Und natürlich erleben wir Synergie in der Partnerschaft von zwei Individuen, die sich entscheiden, etwas größeres Gemeinsames, ein Paar darzustellen. Da diese Synergie die meisten Menschen betrifft, werden wir im Folgenden die Paarbeziehung als Beispiel und Sinnbild für die siebte Weisheitsperle »Synergie« untersuchen.

Synergien sind vergleichbar mit Uhrwerken, bei denen die einzelnen Rädchen zusammenpassen. Erst im optimalen Zusammenwirken der einzelnen Beteiligten kann das Ganze funktionieren. Synergien können gelingen, wenn man sich gegenseitig und die Gemeinschaft dadurch fördert; und sie misslingen, wenn man sich gegenseitig blockiert oder das Ganze stört. Und so liegt die Kunst der Synergie darin, herauszufinden, ob und wie man zusammenwirken kann, sodass »es passt« und man durch die Beziehung über sich hinauswachsen kann.

Synergie in der Partnerschaft

> Einer hat immer unrecht, aber mit zweien beginnt die Wahrheit. Einer kann sich nicht beweisen, aber zwei kann man bereits nicht widerlegen.
>
> *Friedrich Nietzsche*

Viele Menschen, die mit ihrem Partner nicht zurechtkommen, geben vorschnell auf. In zahlreichen Fällen haben sie nämlich einfach den Schlüssel noch nicht gefunden oder scheitern an unreifen Vorstellungen und Egoismen, obwohl es eigentlich »passen« könnte. Natürlich muss das Ego sich zurückstellen, damit es ein Miteinander gibt. Doch zugleich soll eine Partnerschaft die Individualität und die eigene Kontur stärken. In dem Sinne bedeutet Synergie, dass man einander hilft, zu sich selbst zu kommen.

Um dies zu illustrieren, widmen wir uns jetzt einmal einem Zahlenspiel der »etwas anderen Art« …: Da gibt es die Ziffer Sieben und die Ziffer Acht, die zwei unverwechselbare, einzigartige Individuen symbolisieren sollen. Der eine sagt: »Sieben ist die beste Zahl, die es gibt«, der andere sagt: »Acht ist die beste Zahl, die es gibt.« Und dann kommt der eine und glaubt, er müsse sich verbiegen und aus seiner Sieben eine Acht machen, damit »es passt«. Das wäre ebenso unsinnig, als wenn ein Apfel versuchen würde, eine Banane zu werden …

Womöglich glaubt aber der eine auch, er müsse den anderen unterdrücken oder nacherziehen, um aus ihm eine gute Acht zu machen, dabei ist er doch eine Sieben mit allen Ecken und Kanten und auch allen Vorteilen, die das mit sich bringt.

Synergie bedeutet nicht, sich einander ähnlich zu machen, sondern die unterschiedliche Kontur zum beiderseitigen Vorteil zu nutzen. Wenn ich mir meinen Partner zurechtzubiegen versuche, kann es sein, dass er sich zurechtbiegen lässt – aus falschverstandener Liebe –, doch dann habe ich mit der Zeit keinen Partner mehr an meiner Seite, sondern ein Anhängsel, das zu wenig strukturiert ist. Um beim Rechnen zu bleiben: Nicht in der Siebeneinhalb (beide machen einen Kompromiss und unterdrücken eigene Wesensanteile), sondern in der Sechsundfünfzig (sieben mal acht) findet sich gelungene Synergie – ja, Synergie erfordert Wachstum und Weite hin zur Sechsundfünfzig, in der die Sieben und die Acht enthalten sind, zur Sechsundfünfzig können beide stehen. Damit dies möglich ist, müssen beide Partner ihren Horizont erweitern, zur Sechsundfünfzig und darüber hinaus aufsteigen.

Übertragen wir nun unsere mathematischen Erörterungen auf die Lebenspraxis. Beginnen wir mit einer einfachen Problemsituation, dem Kampf um die Siebeneinhalb:

Partner A (»Sieben«) liebt Pflanzen über alles und verfügt über einen eigenen Gemüsegarten. Er hat eine lebendige Beziehung zu allem, was er dort sät und erntet. Und so mag er nicht verstehen, dass Partner B (»Acht«) Importäpfel aus Neuseeland im Supermarkt kauft, nur weil er nicht warten kann, bis die Äpfel im eigenen Garten reif sind, oder zu bequem ist, zumindest in einen Bioladen zu gehen. Partner B liebt schnulzige Musik und ist jedes Mal zu Tränen gerührt, wenn er ein romantisches Liebeslied im Radio hört. Partner A findet das kindisch und unreif. Wenn jetzt jeder Partner auf seinem Standpunkt beharrt und den anderen verurteilt, unterdrücken beide einander, erstarren oder verbiegen sich (zur »Siebeneinhalb«). Wenn das nicht das einzige Problem bleibt und man auch in anderer Hinsicht so miteinander umgeht, wird die Beziehung bald degenerieren, man verliert die gegenseitige Offenheit, zeigt sich immer weniger – die Synergie misslingt. In einer gelungenen Synergie haben beide Partner Respekt für das, was dem anderen wichtig ist. Dafür ist es nicht erforderlich, sich den Standpunkt des anderen zu eigen zu machen. Die Sieben bleibt eine Sieben, auch wenn sie die Acht mit all ihren Eigenarten (»Macken«) achtet.

In unserem Beispiel bedeutet dies, dass Partner B im Laufe des Zusammenlebens eine Wahrnehmung für die Schönheit der Natur und den Wert des Obstgartens bekommt und Partner A in der Sentimentalität von Partner B eine eigene Schönheit sehen kann. Das Bewusstsein beider erweitert sich um das Bewusstsein des anderen, und die einzelnen Kräfte arbeiten optimal zusammen. Man erreicht gemeinsam die Sechsundfünfzig.

Wenn es einem Paar gelingt, einander in der Einzigartigkeit und Andersartigkeit zu bestätigen und zu lieben, fördert das nicht nur die Individualität und die Selbständigkeit jedes der beiden Partner, sondern erst dann kann die Synergie überhaupt erst gelingen.

Synergie als Perle der Weisheit in der Beziehung bedeutet, zu erkennen, was wie zusammenpasst, und dies zu leben. Dies erfordert natürlich eine Wahrnehmung nicht nur für das Stimmige (Verhalten), sondern auch für den/die Stimmige(n) (die Person).

Stimmigkeit bedeutet nicht immer nur Annehmlichkeit und auch nicht unbedingt Sympathie, obwohl sie natürlich förderlich ist. Wir wissen vom Sport, beispielsweise vom Tennis, dass zwei Menschen im Doppel in ihrem Zusammenwirken Weltklasse erreichen können, und dies, obwohl sie im Einzel gar nicht so stark sind.

Übertragen auf die Paarbeziehung bedeutet dies: Es gibt sehr erfolgreiche Paare, die hervorragend zusammenwirken, obwohl sie eigentlich gar nicht so viele Übereinstimmungen haben. In dem Fall gilt es zu erkennen, wie die individuellen Unterschiedlichkeiten zum beiderseitigen Vorteil gelebt werden können. Gelungene Synergie erfordert hierbei insbesondere die Fähigkeit zur stimmigen Wahrnehmung, etwa:

1. Gute Selbstwahrnehmung:
   - Wie bin ich »gemeint«?
   - Was ist nur eine Rolle, die ich in der Synergie getrost loslassen kann?
   - Was sollte ich in der Beziehung an eigenem Potenzial entwickeln?

2. Gute »Fremd«wahrnehmung:
   - Wie ist der andere wirklich?
   - Was ist nur eine Fassade?
   - Was wird der andere loslassen, was entwickeln?
   - Wie kann ich ihn wirklich fördern?
   - Welche Vorstellungen über den anderen muss ich aufgeben?
3. Gute Wahrnehmung des Zusammenspiels der Kräfte:
   - Wo liegen die Gemeinsamkeiten?
   - Welche Aspekte passen wie zusammen?
   - Wie können wir die Gemeinsamkeiten nutzen?
   - Wo liegen die Unterschiede?
   - Wie können die Unterschiede überbrückt werden?
   - Welche Aspekte passen gar nicht zusammen und sollten deshalb anderweitig ausgelebt werden?
   - Wie entwickle ich Respekt vor der Andersartigkeit des Partners?
4. Gute Prozesswahrnehmung:
   - Wie ist der heutige Stand der Beziehung?
   - Wozu führt sie?
   - Was sind die Brückenbildner bzw. Katalysatoren für die Synergie?
   - Wie setze ich diese ein?
   - Wie scheinen sich die »höheren Kräfte« (das Tao, die »eine Kraft«, Gott, das höhere Selbst, die Existenz) zu dem Ganzen zu stellen?
   - Wie ist diese Synergie zu leben?

Der Mensch, den wir uns als Partner ausgesucht haben, bietet uns eine Hilfe, um Synergiefähigkeit zu entwickeln. Damit wir diese Fähigkeit lernen können, konfrontiert er uns mit allen Eigenarten, die seine Einzigartigkeit ausmachen. Da sie nicht alle unseren Vorstellungen entsprechen, bringt er uns damit immer wieder in Schwierigkeiten oder stellt uns vor Herausforderungen, an denen wir wachsen können.

Wie ich in meinem bereits zitierten Buch *Du machst mich krank* beschrieben habe, können wir unsere Partnerschaft dazu missbrauchen, um uns zu schaden – und dem anderen dafür die Verantwortung zuschieben (misslungene Synergie) – oder um uns gegenseitig zu heilen. Die Aufgabe Ihrer Beziehung liegt darin, Sie zu wandeln. Es ist ein alchemistischer Prozess weg von der Identifikation mit dem Ego hin zum Selbst. Dies schafft die Beziehung quasi automatisch, wenn Sie sich Ihrer Partnerschaft ehrlich, authentisch und stimmig stellen, ohne Heuchelei, ohne Selbstaufopferung und ohne Egomanie. Das Zusammentreffen zweier Egos ist per definitionem mit so viel Reibungsfläche verbunden, dass es stets dazu auffordert, in jeder Lebenslage das Selbst zu entdecken, die Liebe freizulegen, sie wieder fließen zu lassen und sich der Synergie zuzuwenden.

Partnerschaft ist genau der »Ort«, an dem wir eine Form von Synergie lernen können, bei der jeder bekommt, was er braucht. Wenn zwei Partner mit unterschiedlichen Prägungen in eine Beziehung zum beiderseitigen Nutzen treten, kann dies einen Quantensprung in ihrer Entwicklung ermöglichen. So hilft uns die Synergie in der Partnerschaft mit Unterstützung der »einen Kraft«, aneinander heil und ganz zu werden.

Gesunde und ungesunde Symbiose

> Das Zusammentreffen zweier Persönlichkeiten ist wie eine Mischung zweier verschiedener chemischer Körper; tritt eine Verbindung überhaupt ein, sind beide verwandelt!
>
> *C. G. Jung*

Der Begriff der »Symbiose« bezeichnet in der Biologie das Miteinander von Organismen unterschiedlicher Arten zum gegenseitigen Nutzen (griechisch *symbíosis* [= »das Zusammenleben«]). Symbiose und Synergie hängen unmittelbar miteinander zusammen. Während es bei der Synergie um das Zusammenfügen von einzelnen Bestandteilen geht, drückt sich in der Symbiose mehr das »Wie« des Miteinanders aus.

Das Leben auf der Erde besteht aus Systemen. Nahezu alle Pflanzen und Tiere sind mit anderen Arten »vergesellschaftet«, bilden ein gewaltiges Miteinander, natürlich auch die Menschen. Wenn wir mit offenen Augen um uns blicken, finden wir uns inmitten eines hochentwickelten Netzwerks wunderbarer Organismen wieder, die miteinander in ganz enger Beziehung stehen. Als anschauliche Beispiele für Symbiosen in der Natur werden häufig die Bestäubung von Blumen durch die Bienen, das Zusammenleben von Clownfisch (»Nemo«) und Seeanemone oder die schreckhaften Vögel an afrikanischen Gewässern genannt (»Krokodilswächter«), die bei der leisesten Gefahr nervös werden und so auch die Krokodile warnen.

In der Biologie wird die Symbiose positiv bewertet; hier geht es um das Zusammenwirken der verschiedenen Wesen und um die positive Wandlung im Dienste der Evolution. Darwins Theorie wurde häufig missverstanden. Sie besagt nicht, dass die Stärksten, sondern die am besten Angepassten überleben. So haben wir beispielsweise heute keine Dinosaurier mehr auf der Erde, sehr wohl aber noch das Chamäleon, weil es geschickter in Symbiose gehen konnte als der eigentlich viel stärkere Dinosaurier. Trotz Anpassung konnte es seine Eigenart bewahren. Deshalb ist seine Symbiose gelungen.

Entscheidend ist die Fähigkeit, aus den augenblicklichen Umweltbedingungen das Beste zu machen, wofür sich jede Lebensform besondere Talente angeeignet hat. Jeder Organismus lernt, sich anzupassen, ohne sich dabei selbst aufzugeben. Im Idealfall profitieren alle Symbiosepartner von dem Zusammenspiel der Kräfte. Sie sorgen dafür, dass jeder bekommt, was er braucht, dass also die eigenen Bedürfnisse im Zusammenspiel mit dem anderen erfüllt werden. Jeder Biologe weiß, dass unsere

Ökologie sich durch die Beziehungen vielfältiger Symbiosen auszeichnet, die sich in stetiger Weiterentwicklung befinden.

Das Gegenteil von Symbiose ist Parasitismus. Ein Parasit, der nur frisst und dadurch seinen Wirt tötet bzw. ausrottet, ist selbst dem Hungertod geweiht. Möglicherweise ist der Parasit lediglich eine Vorstufe des Symbiosepartners, Sinnbild für ein »primitives Wesen«, das im Laufe der Evolution lernt, sich um eine Ausgewogenheit zwischen Geben und Nehmen zu bemühen, sodass jeder schließlich einmal bekommt, was er braucht.

Parasiten könnten nicht existieren, gäbe es keinen Wirt für sie. In parasitären Systemen gibt der Wirt von dem, was er für sich selbst dringend braucht, er gibt das Falsche. Er verharrt in unangebrachten Verhältnissen, klammert sich an etwas, was nicht lebensspendend für ihn ist. Natürlich gibt es auch zwischen zwei Menschen parasitäre Systeme. Fühlt sich einer der beiden Partner »ausgesaugt«, ist dies immer ein Zeichen dafür, dass er sich zu der Beziehung nicht richtig positioniert. Dies muss nicht heißen, dass die Beziehung an sich falsch ist, aber die Art und Weise des Miteinanders und die dahinterstehenden Glaubenssätze brauchen in dem Fall eine dringende Bereinigung. Wir werden auf diesen Punkt noch näher in Zusammenhang mit der Co-Abhängigkeit eingehen.

Wir organisieren uns in Gemeinschaften und natürlich auch mit unserem Partner in der Art und Weise, die uns – so hoffen wir – den größtmöglichen Nutzen bringt, so wie es in der Natur seit Jahrmillionen geschieht. Und hier betreten wir den Raum der gelungenen oder auch misslungenen Symbiose.

Wir haben es infolge unserer rasant steigenden Zahl von Erfindungen, unserer Sprachbegabung und Inspiration geschafft, uns nicht nur an die Spitze der Nahrungskette, sondern auch in den Mittelpunkt eines gigantischen Symbiosenetzwerkes zu stellen, sowohl untereinander wie auch in Kontakt mit anderen Lebensformen. Es gibt kein Wesen auf der Erde, das in so vielen Beziehungen zu so mannigfaltigen Partnern lebt wie der Mensch – auch wenn wir uns dieser Tatsache oft nicht bewusst sind. Und es liegt an uns, ob wir diese Vernetzung zum Segen des Ganzen oder ausbeuterisch, also parasitär nutzen. Dies bezieht sich gleichermaßen auf

- unsere Beziehung zur Natur, aus der wir hervorgegangen sind,
- die Beziehung der großen Industrienationen zu den Entwicklungsländern,
- unsere Beziehung zu unserem Umfeld, insbesondere die Sippe, Familie etc., sowie
- unsere Partnerschaft.

In der Psychotherapie bezeichnet man mit dem Begriff »Symbiose« häufig etwas anderes als in der Biologie, nämlich das *krankhafte* Zusammenleben: einen Zustand, in dem die Partner in der frühkindlichen Abhängigkeit stecken geblieben, aufeinander fixiert sind und sich als Teil des anderen erleben, statt die Eigenständigkeit des anderen und seiner selbst zu achten. Auf den Partner werden der eigene Vater, die Mutter, der Bruder, die Schwester, der Lehrer projiziert. Wenn die »Bezogenheit« einer der beiden Personen so groß ist, dass der Betroffene erhebliche Einschränkungen in seiner Selbständigkeit erlebt, gilt eine Symbiose als krankhaft. Gelungen ist die »Symbiose«, wenn beide Partner sich positiv wandeln und zugleich »sie selbst« bleiben können und die Beziehung auch genug Raum für Außenkontakte lässt.

Leben wir in einer Beziehung als »Parasit« oder in Selbstaufopferung, werden wir früher oder später krank, wir degenerieren. Es ist nicht hilfreich, wenn Sie sich für Ihre Firma, »die Gesellschaft« oder Ihren Partner »aufopfern«, weil Sie dadurch das Parasitentum der anderen begünstigen und das Ungleichgewicht des Ganzen fördern. Das Kunststück liegt darin, für sich selbst wie für die gemeinsame Beziehung da zu sein. Dazu ist keine Selbstaufopferung nötig.

George Bernard Shaw sagte einmal: »Wenn du damit beginnst, dich denen aufzuopfern, die du liebst, wirst du damit enden, die zu hassen, denen du dich aufgeopfert hast.« Eine gelungene Symbiose und Synergie können nur entstehen, wenn wir die Kunst lernen, zugleich zu geben wie auch zu nehmen und dabei darauf zu achten, dass wir »das Richtige« verteilen und empfangen.

Aufopferung resultiert in vielen Fällen aus der Selbstablehnung, dem Wahn, unwürdig für die Liebe zu sein, einem gestörten Gottesbild (»Im Schweiße des Angesichts…«) oder dem irrigen Glauben, nach dem Tod dafür belohnt zu

werden, wenn man parasitäre Energien gefüttert hat –
doch wie soll diese Belohnung möglich sein, wenn wir
die Schönheit des Empfangens nicht auf Erden zusammen mit einem Partner gelernt haben? Krankhaft wird
jede Beziehung, wenn sie sich in Richtung (Co-)Abhän-
gigkeit entwickelt.

Co-Abhängigkeit – fast jeder ist betroffen

> Wer sich trotz Ablehnung hingibt, ist wie eine
> Sklavin, die ihre Seele verkauft, um ihre Be-
> dürfnisse zu befriedigen.
>
> *Carol K. Anthony*

Jede Form von Selbstunterdrückung führt im Lauf der
Zeit zwangsläufig zur Co-Abhängigkeit. Man verwendet
diesen Begriff vornehmlich im Zusammenhang mit Partnern von Alkoholikern und anderen Suchtkranken, doch
wenn wir genauer hinschauen, erkennen wir, dass auch
ein Großteil der scheinbar gesunden Beziehungen auf
Co-Abhängigkeit und damit auf einer krankhaften Symbiose beruht. Mehr oder weniger betroffen sind Menschen, die

- andere zum Mittelpunkt des eigenen Lebens machen,
- anderen ungefragt Ratschläge und Hinweise anbieten oder gar aufdrängen,
- das eigene Schicksal an einen anderen binden,
- die Ansichten und Gefühle anderer höher als ihre eigenen werten (aus Angst vor Ablehnung),
- die eigenen Werte verleugnen, um nicht von anderen abgelehnt zu werden,
- ein Gefühl haben, das eigene Leben sei bedeutungs- bzw. sogar sinnlos,
- am Helfersyndrom leiden (»hilflose Helfer«) bzw. gebraucht werden müssen, um dadurch eine »Lebensberechtigung« zu erfahren,
- ein zwanghaftes Bedürfnis nach Zuwendung, Aufmerksamkeit und Bestätigung haben,
- Einfluss auf einen anderen erwachsenen Menschen nehmen, ihn (nach)erziehen und nach ihren Vorstellungen zurechtbiegen wollen (hierfür eignet sich besonders ein »schwacher« Mensch, zum Beispiel eben ein Alkoholiker),
- eigene Entscheidungen einem anderen Menschen überlassen,
- ihr gesamtes Selbstwertgefühl von den Reaktionen ihres Umfelds oder Ihres Partners abhängig machen,
- in schädlichen Beziehungen, Aspekten ihrer Beziehung oder Situationen verbleiben bzw. diese nicht erkennen,
- Probleme damit haben, Anerkennung, Lob und Geschenke anzunehmen,

– Schwierigkeiten haben, zu erkennen, was sie wirklich fühlen,

– nicht mit ihren wahren Gefühlen innerhalb ihrer Beziehung in Kontakt bleiben,

– sich überwiegend am Handeln anderer bzw. des Partners orientieren,

– sich in einem Drama-Dreieck engagieren, das heißt die Opfer-, Täter- oder Retterrolle einnehmen, zum Beispiel indem sie den Partner, die Firma bzw. Nachbarn retten wollen,

– sich nicht für besonders liebenswert oder »der Mühe wert« halten,

– sich selbst verleugnen,

– sich völlig selbstlos dem Wohl eines anderen verpflichten, ohne dabei die eigenen Bedürfnisse wahrzunehmen, oder

– selbst süchtig nach Anerkennung sind.

Auch ein »zwanghafter Single« kann co-abhängig sein. Das drückt sich in dem Fall dadurch aus, dass er sich generell auf keine Beziehung einlässt, damit er seine Abhängigkeit von Zuwendung nicht spüren muss. Doch sie ist stets latent vorhanden, und so betrügt sich der oder die Betreffende auch um die *Schätze* einer möglichen Partnerschaft. Damit soll nicht generell gegen das Alleinleben gesprochen werden, doch wenn ein Single eine Beziehungs*phobie* aufzuweisen scheint, steckt dahinter oftmals eine verdrängte Co-Abhängigkeit.

Das Problem kann sich zahlreiche Ausdrucksmöglichkeiten suchen, etwa Adipositas (Fettsucht), Angstneurosen, das Burn-out-Syndrom (das Gefühl, »ausgebrannt« zu sein), Depressionen, Magersucht, Migräne und dergleichen mehr. Gesunde Beziehungen hingegen sind ein Heilmittel für wohl jeden Menschen. Was damit gemeint ist, beschreiben die folgenden Merkmale gesunder, nicht co-abhängiger Partnerschaften (nach Susanne Hühn):

- Ich bin glücklich, dass du mich magst, aber ich bin nicht davon abhängig, sondern kann deine Liebe als wundervolles Geschenk annehmen. Getragen werde ich von meiner eigenen Liebe.
- Meine Selbstachtung ist nicht abhängig davon, dass du mich achtest, doch wenn wir uns begegnen, dann nur, wenn es voller Liebe und Achtsamkeit geschieht.
- Mein Selbstwertgefühl hängt davon ab, dass ich mich um mich selbst kümmere, weder deine Energie missbrauche noch deine Probleme löse.
- Ich achte deinen Weg mit allem, was dir begegnet, so wie ich meinen achte und respektiere.
- Ich bin für dich da, wenn du um Hilfe bittest, aber ich kämpfe nicht deinen Kampf für dich, denn ich vertraue auf deine Kraft.
- Ich sehe dich, und ich nehme dich mit allem wahr, so wie ich mich selbst sehe und wahrnehme.
- Wenn ich etwas tue, bei dem ich nicht nur mir, sondern auch dir gefalle, bin ich doppelt glücklich. Ich sehe es gern, wenn deine Augen strahlen. Meine Kraft aber fließt frei, indem ich zunächst mir selbst gefalle.

- Ich achte auf meinen eigenen Schutz, und ich achte auch gern auf deinen – immer dann, wenn du mich darum bittest und es mir möglich ist.
- Ich zeige mich mit all meinen Gefühlen, und ich stelle mich deiner Reaktion, ich zeige mich offen und aufrichtig in meiner Liebe und in meiner Angst, in meinem Licht und in meinem Schatten, weil es das ist, was uns beide stärkt.
- Ich gehe meinen Interessen und Hobbys nach, weil sie mir Kraft und Freude schenken, so wie du das auch tust – ich freue mich sehr, wenn wir vieles davon miteinander teilen können, aber wir und unsere Beziehung sind nicht abhängig davon.
- Ich liebe dich, wie du bist, ich lasse die Kontrolle über dein Verhalten und deine Erscheinung vollkommen los und teile das mit dir, was uns beide erfüllt und glücklich macht.
- Wir achten, lieben und ehren uns; aber ich bin ich, und du bist du.
- Ich trage mit Freude die Verantwortung für meine Bedürfnisse, Wünsche und Ziele, so wie du sie für dich trägst.
- Wir teilen uns mit, was wir brauchen und uns wünschen, verantwortlich aber bleibt jeder für sich selbst.
- Meine Träume von der Zukunft sind mit dir verbunden, wenn es für uns beide richtig ist, aber wenn nicht, dann lasse ich dich in Frieden los.
- Wenn du wütend wirst, erlaube ich mir selbst, auf die Weise gut für mich zu sorgen, die mir angemessen er-

scheint; und ich erlaube dir, dich zu fühlen, wie du dich eben fühlst.

– Ich gebe gern und mit vollen Händen das (und nur das), was ich zu geben habe – aus reiner Liebe, nicht als Einzahlung auf ein Sicherheitskonto. Es verpflichtet dich zu nichts, denn meine Liebe ist ein Geschenk, das ich nur gebe, wenn ich es geben möchte.

– Ich bin gern mit dir allein, und ich bin gern mit dir unter Freunden – und ich bin manchmal auch gern allein unter Freunden, so, wie es gerade für uns beide passend ist.

– Was mir wichtig ist, gehört untrennbar zu meinem eigenen Selbstausdruck und zu meinem Sein.

– Ich freue mich sehr, wenn wir ähnliche Werte haben, aber wenn nicht, so bleibe ich in meiner Energie und sage meine Wahrheit.

– Ich liebe dich und deine Art, sie gehört zu dir – wie ich mich und meine Art achte und liebe, denn sie gehört zu mir.

– Wie es dir geht und wie du dein Leben führst, interessiert mich sehr, weil ich dich liebe; aber es beeinflusst nicht, wie ich mein Leben führe.

– Ich nehme mir die Zeit, dich kennenzulernen, und achte meine eigenen Grenzen, wie ich deine achte. Körperliche Nähe ist ein Ausdruck von Liebe und einer echten Verbindung auf der seelischen Ebene, kein Selbstzweck.

– Auch in Freundschaften nehme ich mir Zeit, dich wirklich kennenzulernen, und schaue, was sich mit dir gut anfühlt und was ich lieber mit anderen teile.

– Wenn es etwas zu tun gibt, tue ich es gern, wenn ich den inneren Auftrag dazu spüre. Ich weiß aber, dass es nicht unbedingt von mir getan werden muss, sondern dass die Möglichkeiten des Lebens unendlich vielfältig sind.*

Übung: Wie co-abhängig sind Sie?

In der Tabelle finden Sie eine Gegenüberstellung von Anzeichen co-abhängiger und gesunder Beziehungen (ebenfalls nach Susanne Hühn). An dieser Liste erkennen Sie, dass bereits eine Veränderung in der inneren Einstellung in Richtung Genesung führen kann. Es geht also nicht darum, den Partner zu wechseln, sondern sich selbst zu verändern, falls Sie das Phänomen bei sich bemerken.

Gehen Sie die Punkte in der Tabelle durch. Ergänzen Sie sie gegebenenfalls. Bewerten Sie in der linken Spalte zu jedem einzelnen Punkt intuitiv mit einem Wert von 0 (= nicht) bis 10 (= stark), inwieweit Sie von Co-Abhängigkeit betroffen sind, und lassen Sie Ihre Erkenntnisse einfach auf sich wirken.

---

* www.susannehuehn.de.

	Co-Abhängigkeit	Genesung
1.	Meine Gefühle hängen davon ab, dass du mich magst.	Meine Gefühle hängen davon ab, dass ich mich mag.
2.	Meine guten Gefühle hängen von deiner Achtung meiner Person ab.	Meine guten Gefühle hängen von meiner Selbstachtung ab.
3.	Dein Kampf beeinflusst meine Ruhe und Gelassenheit.	Dein Kampf spielt für mich eine Rolle, weil ich mich um dich sorge, aber er kontrolliert nicht, wie ich mich selbst empfinde.
4.	Meine Selbstachtung wird dadurch gestärkt, dass ich deine Probleme löse und deine Muster erkenne.	Meine Selbstachtung kommt daher, dass ich meine Probleme löse und manchmal meine Muster erfahre.
5.	Meine Aufmerksamkeit konzentriert sich darauf, dir zu gefallen.	Ich gefalle mir, selbst wenn es dir nicht gefällt.
6.	Ich konzentriere mich darauf, dich zu schützen.	Ich schütze mich, selbst wenn ich dadurch dich manchmal ungeschützt lasse. Ich weiß, dass du auf dich selbst aufpassen kannst.
7.	Ich verstecke meine Gefühle, indem ich dich manipuliere, es auf meine Weise zu tun.	Ich sage die Wahrheit über meine Gefühle unabhängig von den Konsequenzen.

377

8.	Ich schiebe meine Hobbys und Interessen beiseite, deine Interessen stehen im Vordergrund.	Ich verfolge meine Hobbys und Interessen, selbst wenn das bedeutet, eine bestimmte Zeit von dir getrennt zu verbringen.
9.	Ich schreibe dir deine Kleidung, dein Verhalten und deine Erscheinung vor, denn du bist eine Spiegelung meiner Person.	Ich lasse zu, dass du dich kleidest, erscheinst und verhältst, wie du es möchtest, unabhängig davon, wie ich mich dabei fühle.
10.	Ich weiß nicht, was ich will, ich frage dich und bin mir nur darüber bewusst, was du willst.	Ich kenne meine Wünsche und Bedürfnisse nicht nur, ich spreche sie aus und handle, um sie zu erfüllen.
11.	Die Träume, die ich habe, sind untrennbar mit dir verbunden.	Meine Träume gehören mir, selbst wenn du nicht darin vorkommst.
12.	Die Furcht vor deiner Wut bestimmt, was ich sage und tue.	Ich habe keine Kontrolle über deine Wut, und sie hat keine Kontrolle über mich.
13.	Ich nutze das Geben, um mich in der Beziehung sicher zu fühlen.	Ich kann geben, wenn es mir Freude macht, ich kann es aber auch lassen, weil es nicht der Furcht oder der Sicherheit dient.
14.	Meine sozialen Kontakte verringern sich, sobald ich mich mit dir einlasse.	Ich hoffe, dass du meine Freunde magst. Wenn nicht, werde ich es verstehen und akzeptieren, mich aber weiterhin mit ihnen treffen.

15.	Ich lege meine Werte beiseite, um mit dir zu sein.	Meine Werte gehören mir; als Kern meines Seins sind sie unumstößlich.
16.	Ich schätze deine Meinung und deine Art, wie du bestimmte Dinge tust, höher ein als meine.	Ich schätze deine Art und dein Verhalten, aber nicht auf Kosten meiner.
17.	Die Qualität meines Lebens steht in untrennbarem Zusammenhang mit deiner Lebensqualität.	Es gibt klare Grenzen, die meine Lebensqualität von deiner unterscheiden und trennen.
18.	Ich sage alles freiheraus, suche Intimität gleich beim ersten Treffen, verliebe mich, ohne wirklich zu wissen, wer du bist und was du zu unserer Beziehung beitragen kannst und willst.	Ich lasse mir Zeit, lasse Freundschaften entstehen, bin nicht von dir überwältigt und kann unangemessenes Verhalten erkennen und darauf reagieren.
19.	Ich übernehme automatisch die Verantwortung, wenn es sonst keiner tut, indem ich sage: »Einer muss es ja tun.« – »Einer« bin immer ich.	Ich spüre, dass ich die Wahl habe, indem ich es an eine höhere Macht abgebe und darauf vertraue, dass für den anderen gesorgt ist, auch wenn es nicht durch mich geschieht.[*]
20.	...	...

[*] Vgl. Susanne Hühn: *Loslassen und die ideale Beziehung finden. Erfüllende Partnerschaft in 12 Schritten*, Schirner 2005.

Die Ursachen für Co-Abhängigkeit sind vielfältig, sehr häufig werden die folgenden identifiziert:

– dysfunktionale Herkunftsfamilien (Vater oder Mutter waren selbst seelisch bedürftig),
– mangelndes Selbstwertgefühl und Selbstvertrauen,
– soziale Unsicherheit und
– Schicksalsschläge, die nicht verarbeitet worden sind.

Im Laufe der Jahre hat sich gezeigt, dass Co-Abhängigkeit eine Krankheit ist, deren Lösung in einer erlösten Spiritualität, dem Kontakt zum Göttlichen bzw. der »einen Kraft« nach eigenem Verständnis gefunden werden kann (siehe das Kapitel über die Verwirklichung [achte Weisheitsperle]). Sie erkennen, dass Genesung von Co-Abhängigkeit keine Willenssache, sondern ein Thema von Heilung im Geiste (in der geistigen Einstellung) ist. Wenn Sie betroffen sind, können Sie Hilfe und Unterstützung bei den »Anonymen Co-Abhängigen«* erfahren. Ergänzend bietet sich das »Zwölf-Schritte-Programm« an, nachfolgend die Fassung von Susanne Hühn, abgeleitet aus den Statuten der Anonymen Co-Abhängigen:

---

* Nationale Kontakt- und Informationsstelle zu Selbsthilfegruppen: www.nakos.de bzw. Vereinigung der Anonymen Co-Abhängigen, www.coda-deutschland.de.

1. Wir geben zu, dass unsere Art, Beziehungen miteinander einzugehen, nicht länger funktioniert und dass wir nicht wissen, wie es anders laufen könnte.

2. Wir kommen zu dem Glauben und dem Vertrauen, dass es eine liebende, höhere Kraft gibt, die die Fäden in der Hand hält und weiß, was sie tut.

3. Wir vertrauen unserer neuen göttlichen Liebe alles an, auch unsere Beziehungen, unseren Sex und unsere Probleme. Wir lassen allen Eigenwillen los und geben der Liebe unser Leben in die Hände.

4. Behutsam schauen wir uns nun unsere Beziehungen genauer an. Wir erlauben uns nach und nach, die Muster zu erkennen, die uns von der Liebe und vom Glück trennen, und erkennen, welche Dinge wir mit Liebe verwechseln.

5. Wir zeigen uns mit all unseren Verirrungen und Schmerzen uns selbst, Gott und einem anderen Menschen.

6. Bereite dich darauf vor, von nun an aus dem Herzen heraus zu leben, bereite dich auf einen echten Quantensprung vor.

7. Bitte deine liebende, göttliche Kraft in aller Demut um die Energie und Liebe, die du für deinen Quantensprung brauchst, wieder und wieder.

8. Werde bereit, deine unermessliche Kraft zu nutzen, schließe deine offenen Kreise und steig ab vom Rad des Schicksals.

9. Mach alles wieder gut, bei anderen und bei dir, achte aber darauf, dass du damit nicht neuen Schaden anrichtest.

10. Handle von nun an aus dem Herzen. Wenn du spürst, dass du in alte Muster verfällst, dann halte sofort inne und bitte auf der Stelle um Hilfe.

11. Stärke die Verbindung zu deiner liebenden göttlichen Kraft, damit sie in deiner Beziehung wirksam werden kann. Übe, dein Bewusstsein so zu erweitern, dass du diese Kraft immer besser spüren kannst. Frag – wenn du es nicht schon spürst –, was ihr Plan für dich ist, bitte um Unterstützung und folge deinem Weg.

12. Gib die Botschaft der Liebe weiter, indem du Liebe bist.*

Mit der Genesung von Co-Abhängigkeit verbunden ist die Fähigkeit, gesunde und lebendige Grenzen zu ziehen und zu respektieren, während Co-Abhängigkeit mit krankhafter Symbiose und grenzenaufweichenden Beziehungen einhergeht, die uns das Profil nehmen.

---

* Vgl. Hühn: *Loslassen und die ideale Beziehung finden*, ebenda.

Grenzen setzen

> Die Ehe gelingt nur, wenn die Ehepartner
> Grenzen nach innen und nach außen ziehen!
> *Jürg Willi*

Synergie und Symbiose bedeuten nicht das Aufweichen der Grenzen, sondern ein gesundes Zusammenwirken, bei dem jeder innerhalb seiner Grenzen bleiben darf. Symbol für eine gesunde Grenze ist beispielsweise die Haut. Hautverletzungen machen uns krank. Doch die Grenze Haut ist zugleich lebendig: Sie atmet. Sie lässt Gutes herein (Sauerstoff) und scheidet Abfallprodukte aus. Sie gibt nach, wenn man sie drückt, aber federt wieder zurück.

Auch in unseren Beziehungen gibt es gesunde und ungesunde Grenzen. Aus der Therapie kennen wir die sogenannten »konfluenten Menschen« (vom lateinischen *confluere* [= »zusammenfließen«]). Das sind Leute, die die Gefühle anderer mit ihren eigenen vermischen und sie nicht mehr auseinanderhalten können. Konfluente Menschen sind daher unfähig, den anderen mit den eigenen Gefühlen zu konfrontieren. Aus Angst oder Schwäche heraus adaptieren sie die Emotion des Gegenübers. Dadurch ist der See des Miteinanders getrübt, man sieht und fühlt nicht mehr deutlich. Der Mond (das Selbst) kann sich nicht mehr im klaren Wasser der Beziehung spiegeln. Dabei meinen konfluente Menschen, sie täten etwas Gutes.

Sie schenken wahllos, ohne darauf zu schauen, was sie selbst benötigen und was der andere wirklich braucht. Sie schenken unbedacht und endlos Aufmerksamkeit oder Geld und sind hinterher enttäuscht, dass sie sich selbst leer fühlen. Warum schenken konfluente Menschen wahllos? Weil sie bedürftig sind – oft ohne es zu bemerken. Doch jemand, der wahllos gibt, hilft niemandem, weder dem anderen noch sich selbst. Im Gegenteil, er saugt den anderen aus und sich selbst gleich mit. Wie kann dies geschehen, dass er aussaugt, obwohl er doch gibt?

Der konfluente Mensch benutzt den anderen für sich selbst (in der Regel, ohne es zu wissen), als Funktion, für seine eigene Ich-Erweiterung bzw. -Kolonialisierung. Er ummäntelt seine eigene Bedürftigkeit, von der er oft nichts ahnt, durch sein wahlloses oder unangemessenes Geben. Er ist »böse«, wenn der andere seine Geschenke nicht annehmen will, da er nicht auf die Bedürfnisse des anderen, sondern auf sein Geben fixiert ist. Er empfindet die Ablehnung persönlich. Er ist so von seinen eigenen Bedürftigkeiten, Gefühlen, Vorstellungen (von Liebe) beherrscht, dass er gefühllos für die wahren Bedürfnisse und Grenzen des Gegenübers ist und ein authentisches Feedback nicht erträgt. Er will den anderen in sich hineinnehmen, ihn vereinnahmen, was Peter Orban sehr treffend mit dem Begriff des »obsessiven Eros« beschrieben hat: »Die Absicht des obsessiven Eros ist es, in die Seele des anderen vorzudringen, diese zu besetzen. Du gehörst mir mit Haut und Haaren, lautet sein heimliches Credo.« Es sei in der Tat oft so, dass die Person zu einem willenlosen Werkzeug der Vorstellungen des anderen gemacht werden solle und auch zumindest für eine geraume Zeit werde. Eine Obsession sei eine »Besessenheit von einer Vorstellung«. Mit diesem Eros könne man nicht handeln, er sei nicht zu Konzessionen bereit. Er trage den Rahmen für die Verwirklichung seiner Vorstellungen in sich, und diesen Samen müsse er einpflanzen. Da er selbst jedoch nicht über einen fruchtbaren Boden verfüge, benötige er als Nährboden andere Menschen. Im Hintergrund seiner Obsession stehe freilich immer ein Besitz- und Machtanspruch, mit dem er die anderen Menschen über das Vehikel seiner Ideen an sich zu binden trachte. Von diesem Spiel weiß er nichts: »Ich will mich des anderen bemächtigen. Der andere soll mich und meine Ideen restlos in sich aufnehmen. Habe ich mich einmal in ihn eingenistet, beherrsche ich ihn total.«*

Das Wort »obsessiv« kommt vom englischen *obsessive* und bedeutet »in Art einer Zwangsvorstellung«. Wenn ich unter einer Zwangsvorstellung leide, dann überflute ich den anderen mit meiner Vorstellung, kreise ihn damit ein und vereinnahme ihn. In der Regel weiß der obsessive Mensch nicht, dass er unter Zwangsvorstellungen leidet. Das Leid spüren eher die anderen, die sich genötigt fühlen, sich diesen Verhaltensweisen zu beugen. Das eigene Leiden spürt der obsessive Mensch erst dann, wenn keiner mehr mitspielt, wenn er mit seinen Zwangsvorstellun-

---

* Peter Orban: *Drehbuch Partnerschaft. Der Partner im Spiegel Deines Horoskops*, Schirner 2004.

gen nicht durchkommt. Orban geht sogar so weit, ihn mit einem Parasiten oder auch einem Vampir zu vergleichen.

Dabei ist anzumerken, dass nicht die betreffende Person »der Vampir« ist, sondern dass er einen »Vampir der Seele« in sich trägt. Es handelt sich hierbei um eine »innere Person«, einen inneren Aspekt oder auch, um beim Beispiel Orbans zu bleiben, um einen Aspekt des Eros (es gibt auch einen phallischen Eros, einen intellektuellen Eros usw.). Jeder trägt solch einen »Parasiten« in sich, genauso wie jeder Mensch entartete, sogenannte Krebszellen in sich trägt. Es handelt sich hierbei um die »Versuchung«, andere Menschen (Seelen) zu vereinnahmen oder sich vereinnahmen zu lassen. Dies verträgt sich natürlich nicht mit dem Ziel der Synergie, denn wie gesagt ist es stets so, dass der Parasit den Wirt letztendlich aussaugt. Da ist keine gesunde, auf Gegenseitigkeit aufbauende Partnerschaft möglich. Erkenne ich also, dass der andere mir Lebenskraft (und Seelenkraft) raubt, dann gilt es nicht, zu diesem Menschen nein zu sagen, sondern zu diesem inneren Aspekt, zu dieser »inneren Person«, die versucht, mir ihre Zwangsvorstellungen überzustülpen, sodass meine Seele nicht mehr atmen kann.

Wenn ich konfluent, das heißt obsessiv bin, achte ich nicht die Grenzen des anderen, sehe ihn nicht in seinem Eigen- und Anderssein. Oft weiß ich deshalb gar nichts davon, weil der andere – aus Angst vor meinen Reaktionen – es mir nicht sagt. Auf der psychosomatischen Ebene korrespondiert solch eine Geisteshaltung mit dem

Nagelpilz, Darmparasiten und allen Formen von Schmarotzerkrankheiten.

In vielen Fällen wehrt sich der Empfänger aus Höflichkeit nicht gegen die falsche Zuwendung. Dadurch fließen nicht nur die Bedürftigkeiten, sondern auch die Schattenseiten des anderen quasi wie über die Nahrung in den Empfänger ein, und er muss sehen, wie er das alles wieder loswird. Oft geschieht das Zuströmen nicht materiell, der andere bietet sich als Helfer an, doch er strömt seine eigene Problematik in den Aufnehmenden hinein. Und der wundert sich dann, warum er depressiv wird.

Nicht nur in Elternbeziehungen, auch in Partnerschaften wird diese Konfluenz fortgesetzt. Typische Strategien des »inneren Vampirs«, um seine Konfluenz durchzusetzen, sind etwa die folgenden:

- *Ängste*, die man dem anderen überstülpt. Beispiel: »Wenn du so weitermachst, wirst du in der Gosse landen, und ich bin es hinterher, der dich auffangen muss. Also halte dich besser an das, was ich dir sage!«
- *Einmischungen* in fremde Angelegenheiten: Man sagt dem anderen, wie er seine Arbeit erledigen, seinen Körper pflegen, seine Freizeit verbringen soll.
- *Einschüchterung*: Jedes Mal, wenn der andere versucht, er selbst zu sein, oder sich ungezwungen äußert, wird er – beispielsweise durch Liebesentzug – bestraft.
- *Kontrolle*: Man will genau wissen, wann der andere wohin geht, und will insbesondere Kontrolle über seine Freizeit.

- *Überzogene Kritik:* Man findet am anderen immer etwas, was nicht in Ordnung ist, einen Flecken auf seiner Hose, ungeeignete Kleidung, eine ungepflegte Frisur, seinen niedrigen gesellschaftlichen Status, seine Einkommenssituation, den Rost an seinem Auto, den Schmutz in seiner Wohnung – und lässt ihn überdeutlich wissen, dass sein Erscheinungsbild verbessert werden muss. Egal, wie sehr sich der andere auch bemüht, die Kritikpunkte – die ja alle logisch erscheinen – zu beseitigen, der Partner findet immer einen neuen Ansatz, um ihm klarzumachen, dass etwas an seinem »Sosein« nicht in Ordnung ist, er läuft quasi wie ein »Hamster im Rad« in dem Wissen, dass er nie ankommen, nie den Ansprüchen genügen wird.

- *Normen,* wie »man« sich geben sollte: Dadurch wird der andere seiner Individualität beraubt, seines Gespürs dafür, was für *ihn* stimmt.

- *Reglementierung:* Man sagt dem anderen, nach welchen Regeln das Beziehungsspiel gespielt werden soll. Hält er sich nicht an die Regeln, weist man ihn zurecht.

- *Verallgemeinerungen* eigener Standpunkte: Der Partner muss zum Beispiel seine Wäsche mit Biowaschmittel waschen, weil sie sonst »nach Chemie stinkt«, er darf kein Handy tragen »wegen des Elektrosmogs«, er darf keine Pizza bestellen, »weil sie für ihn ungesund ist«, er muss Rechenschaft über seine Ausgaben abgeben …

- *Zwangsbündnisse:* Der andere wird dazu gedrängt, dass er Partei ergreift in einem Konflikt, der gar nichts mit ihm zu tun hat, oder dass er sich für etwas engagiert, auch wenn das nicht im Vordergrund seines Interesses liegt. Weigert er sich, wird das mit unangemessener Kritik bestraft.

Soweit die Konfluenz sich auf Kritik bezieht, ist zu unterscheiden zwischen konstruktiver bzw. gutartiger und bösartiger Kritik: Wenn wir konstruktiv kritisieren, bieten wir dem anderen unsere Standpunkte an und gehen auch liebevoll mit ihm um, wenn er bei seinen Auffassungen bleibt. Konstruktive Kritik hat das Wohl des anderen im Auge und respektiert ihn. Bösartige Kritik ist verbunden mit einer Abwertung des anderen, drängt sich ihm auf und verwendet Wertungen, die dazu geeignet sein können, den Partner zu kränken.

Anselm Grün sagt, konfluente Partner achteten nicht das, was im anderen ihrem Zugriff entzogen sei. »Im anderen ist ein Raum, zu dem ich keinen Zutritt habe. Im anderen gibt es ein Geheimnis, das ihn und mich übersteigt. Und wenn ich dieses Geheimnis achte, wird die Beziehung gelingen.« Viele Ehen gingen daran zugrunde, »dass einer ständig die Grenzen des anderen überschreitet, alles vom anderen wissen will, ihn ständig kontrolliert und immer wieder in ihn eindringt«.[*]

An einer anderen Stelle desselben Buches schreibt er: »Der entscheidende Grund, warum wir uns oft mit dem Abgrenzen so schwer tun, ist die Angst, wir könnten uns unbeliebt machen, wir würden eine Beziehung stören oder

---

[*] Vgl. Grün/Robben: *Grenzen setzen – Grenzen achten*, ebenda.

gar abbrechen, die Angst davor, abgelehnt zu werden.« In Wirklichkeit sei es gerade umgekehrt: Ein Automatismus des Jasagens verhindere eine gesunde Beziehung. Das Nein bedeute keine Ablehnung des anderen, sondern sei zugleich ein Angebot, die Beziehung auf eine Weise aufzunehmen, die mir und dem anderen guttue. »Die Bejahung der eigenen Grenzen schafft gesunde Beziehungen. Wenn ich mich klar abgrenze, können auch die anderen von mir lernen und den Mut zur eigenen Abgrenzung finden. Ich befreie sie von ihrem schlechten Gewissen, wenn sie selber nein sagen.«

Die Lebensberaterin Julia Onken unterstreicht diese wertvolle Bedeutung des »Grenzensetzens und Grenzenerlaubens«: Es sei ein »verhängnisvoller Fehler, die Anpassungsbereitschaft an die Wünsche des anderen als Liebesbeweis zu punkten. Wer in einer Partnerschaft dem anderen zuliebe die eigene Wesensart unterdrückt, wird mit großer Wahrscheinlichkeit irgendwann die Sehnsucht nicht mehr unterdrücken können, wieder er oder sie selbst zu sein und sein eigenes Ich zu leben.« Jede Forderung einer Veränderung heiße im Klartext: »So, wie du bist, mag ich dich nicht.« Doch jeder Mensch trage in seinem Innern ein persönliches, nur auf ihn abgestimmtes Entwicklungsprogramm. Die individuelle Aufgabe für jeden bestehe darin, herauszufinden, welches besondere Programm in ihm angelegt sei, um es schließlich umzusetzen und zu entfalten.*

---

* Vgl. Onken: *Wenn du mich wirklich liebst*, ebenda.

Und da hat sich kein Partner ungefragt einzumischen. Damit wir unser »inneres Programm« überhaupt spüren und weiterverfolgen können, brauchen wir eine gewisse Offenheit für Anregungen von außen, aber wir müssen immer spüren, ob es für uns stimmt.

Viele Menschen sind gewohnt, vorschnell aufzugeben, sobald eine Kritik an ihnen geäußert wird, da sie als Kind gelernt haben, dass sie »erzogen werden müssen«. Wenn also der Partner etwas beanstandet, ergehen sie sich oft endlos in Entschuldigungen und bieten dadurch dem »inneren Vampir« im anderen Raum, eine Stelle zum Einhaken. Der eigentliche Zweck der vorschnellen Selbstaufgabe, nämlich Frieden zu schaffen, wird auf diese Weise aber nicht erreicht, sondern lediglich ein »Pseudofriede«. Dies merkt das »Opfer« spätestens dann, wenn das Spiel beim nächsten Mal von Neuem beginnt.

Übung: Das »Gerichtsverfahren«

Stellen Sie sich der Einfachheit halber einmal vor, Sie erscheinen – aus welchem Grund auch immer – mit einer fleckigen Jeans bei Ihrem Partner und dieser überzieht Sie deswegen mit einer Schimpftirade. Wie reagieren Sie? Trotzig? »Schlagen« Sie zurück? Oder beugen Sie sich in falscher Unterwürfigkeit und lassen sich nacherziehen? Finden Sie das für Sie optimale Verhalten.

Bei vielen Klienten, die anfällig für Übergriffe durch Kritik sind, hat sich hier das Bild eines »Gerichtssaals« bewährt. Stellen Sie sich vor, der Partner hätte an seiner Seite einen Ankläger, der diese Kritik, Reglementierungen, Urteile ausspricht. Imaginieren Sie zugleich, Sie als »Angeklagter« hätten an Ihrer Seite einen sehr klugen Rechtsanwalt, der Sie vertritt. Lassen Sie diesen Rechtsanwalt alle Argumente dafür vortragen, dass Sie im Recht sind. Lassen Sie ihn Ihren Standpunkt deutlich und je nach Situation klar und bestimmt oder mit Humor vertreten. Genießen Sie, wie Ihr innerer Rechtsanwalt sich für Sie einsetzt. Dann nehmen Sie die Position eines weisen Richters an und sprechen Ihr Urteil, so wie es für Ihre höchste Weisheit stimmt. Wenn Sie sich dann doch beugen sollten, ist dies nicht auf die Konfluenz Ihres Partners zurückzuführen, sondern auf die Einsicht Ihres inneren Richters – und Sie haben sich nicht zum Duckhansel gemacht. So lernen Sie immer mehr Kritikfähigkeit und schützen sich zugleich gegen Konfluenz.

Wann immer wir uns gegen einen Übergriff zur Wehr setzen, kommt es beim anderen zu einer unangenehmen Erstreaktion. Die müssen wir durchstehen, um wirklich frei zu sein. Eine sehr hilfreiche Technik dafür beschreiben Carol K. Anthony und Hanna Moog als die »Drei-Minuten-Regel«: Drei Minuten seien die maximale Zeit, während deren das Ego des Kritisierenden seine Energie bewahren werde, wenn es durch unsere konsequente Haltung vom Zufluss von Chi-Energie abgeschnitten sei. Wenn jemand darauf drängt, Sie müssten unbedingt etwas Bestimmtes tun, begegnen Sie seinem Ego mit einem dreimaligen »inneren Nein« (siehe den Abschnitt über die »Ehrlichkeit sich selbst und dem anderen gegenüber...« im Kapitel über die Liebe [sechste Perle]). Das Drängen des Egos komme gewöhnlich in drei Wellen: Die erste Welle sei die größte. Nachdem Sie das erste »innere Nein« gesagt haben, wird eine schwächere Welle folgen, zu der Sie ebenfalls nein sagen. Bevor dem Ego die Energie ausgeht, macht es noch einen letzten, schwachen Versuch, den Sie mit dem dritten »inneren Nein« beantworten. »Das Ego ist von tyrannischer Natur und versucht Sie dadurch zu beherrschen, dass es Ihnen weismacht, es sei allmächtig. Es unternimmt alles, um zu verbergen, dass es einem entschiedenen Nein nicht länger als drei Minuten standhalten kann.«*

Es kann sein, dass Sie als Kind niemals gegen das Ego Ihres Vaters, Ihrer Mutter und später als Erwachsener niemals gegen das Ego Ihres Vorgesetzten oder Partners angekommen sind. Wenn Sie dann erstmals drei Minuten standgehalten haben, ohne dem eigenen oder fremden Ego nachzugeben, fühlen Sie sich wie neugeboren. Denn Sie haben den größten Feind besiegt, den es gibt: Ihr eigenes Ego! Ihr wahres Selbst erhebt sich wie ein Phönix schillernd und leuchtend über der Asche des Egos.

---

* Vgl. Anthony/Moog: *I Ging – Das kosmische Orakel*, ebenda.

Es braucht den »Krieger« in uns, diese Erstreaktion zu ertragen. Halten wir das nicht durch, landen wir in einer »Vampirbeziehung«, die weder den einen noch den anderen glücklich macht. Aneinander heil zu werden ist auch eine Art gegenseitiger »Teufelsaustreibung« – im Sinne eines Standhaltens in der eigenen Position angesichts von Übergriffen. Und nicht nur der eine, sondern in der Regel beide Partner haben ihre »Dämonen«, die bei einer synergetischen Beziehung »Federn lassen« müssen.

Um gegen Übergriffe Grenzen setzen zu können, brauchen wir den Mut und die Courage, zu fühlen, was wir benötigen, was unsere wahren Bedürfnisse sind und was für uns stimmt – denn der konfluente Partner bzw. Elternteil wird es uns nicht sagen. Er ist zu sehr mit seiner Vorstellung vom Geben beschäftigt und damit, ein guter Mensch sein zu wollen. Natürlich kann ein konfluenter Partner nur dort landen, wo wir selbst dafür resonanzfähig sind, wo wir also mitspielen. Zeichen einer solchen Anfälligkeit sind:

- Ich kann unangenehme Gefühle schlecht ertragen.
- Ich kann mich gegen unangenehme Gefühle anderer, Zorn, Wut, Frust, schlecht abgrenzen.
- Ich habe eine geringe Frustrationstoleranz.
- Ich bin süchtig nach Bedingungen, die mich in Geborgenheit wiegen (statt die Geborgenheit in mir selbst zu finden).
- Ich verliere/verrate regelmäßig meinen Standpunkt »um des lieben Friedens willen« bzw. habe gar keinen.

- Ich heuchle.
- Ich habe Angst, die Wahrheit zu sagen, insbesondere wenn sie unangenehm ist.
- Ich habe Angst davor, den anderen zu enttäuschen bzw. nicht seinen Erwartungen zu entsprechen.
- Ich lebe mit einer Lüge.

Manchmal vermischen sich auch reine, unbedingte Liebe und Konfluenz (Geben aus eigener Bedürftigkeit). Dies ist im konsumorientierten Westen sogar oftmals der Fall. Dann gilt es, Unterscheidungskraft zu entwickeln und zu fühlen: »Hier fließt reine, unbedingte Liebe, der ich mich öffnen kann« bzw. »Hier erfolgt Übernahme, Konfluenz, und ich muss Grenzen setzen«. Hierfür müssen wir unsere Selbstwahrnehmung schulen. Dies bedeutet:

- Meditation, Stille, den Atem beobachten.
- Kann ich mich in der Beziehung selbst wahrnehmen?
- Was brauche ich wirklich? Bekomme ich das, was ich brauche?
- Was fühle ich wirklich? Hat mein wahres Gefühl Platz in dieser Beziehung oder muss ich heucheln bzw. die Gefühle des anderen übernehmen?
- Was strömt von meinem Partner auf mich ein? Macht es mich eng oder weit?
- Regelmäßige Zwiegespräche führen, von sich selbst reden und sich nicht durch »Fremdthemen« (»Wie geht es denn den Nachbarn?«) ablenken lassen.
- Auch das eigene Herz zu fühlen kann eine Hilfe sein.

Übung: Das eigene Herz fühlen und andere segnen

Atmen Sie in Ihr Herz, fühlen Sie hinein. Legen Sie gegebenenfalls die Hände auf Ihr Herz. Fühlen Sie, dass Ihr Herz geschützt ist, frei von den Emotionen und Zuströmungen anderer. Sprechen und handeln Sie stets aus dieser »Fühligkeit« mit der Kraft des eigenen Herzens.

Eine kleine Gebärde, hilfreich für Gespräche: Legen Sie, wenn Sie nicht wissen, ob Sie noch »bei sich selbst« sind, die Hand auf Ihr Herz und spüren Sie, wie es Ihrem Herzen geht. Erlauben Sie, dass die Kraft des Herzens sich durch Sie ausdrückt. Und dann sprechen Sie »aus dem Herzen«. Bleiben Sie in diesem Kontakt.

Eine weitere Hilfe liegt darin, den anderen Menschen, der sich konfluent verhält, zu segnen. Dadurch liegt Ihre Aufmerksamkeit nicht mehr in der Abwehr der Konfluenz, sondern in der Wiederherstellung der Autonomie im anderen. Sie wechseln also die Aufmerksamkeit und unterstützen ihn dadurch in seinem »Erwachen« zu sich selbst und seinem eigenen Potenzial. Hier verfahren Sie wie folgt:

● Erkennen Sie das Leiden des anderen, den Grund, warum er sich so konfluent verhält.

- Haben Sie Mitgefühl mit dem Leiden und bitten Sie darum, dass es von diesem Menschen genommen wird, aber auf eine Art und Weise, die ihm guttut.

- Sehen Sie den anderen in seinem heilen Zustand, wie immer dessen Seele Heilsein versteht, und segnen Sie ihn. Sie spüren den Segensfluss an der seelischen Berührtheit und Dankbarkeit, sobald die Wandlung geschehen ist.

Das Segnen ersetzt jedoch nicht die Erfordernis, sich im Alltag stimmig zu verhalten, zum Beispiel sich dort abzugrenzen, wo es angebracht ist. Das Heilen einer konfluenten Beziehung ist immer auch eine Verzichtsleistung. Sie verzichten hierbei nicht auf den Menschen, sondern auf die Pseudoharmonie, weil Ihnen an der »Wahrheit der Liebe« gelegen ist und nicht an einem »So tun, als ob«. Aus diesem Grund nehmen Sie, falls es sein muss, auch Schwierigkeiten auf sich, damit Sie Ihre eigene Integrität wiederfinden – und Ihr Partner die gleiche Chance hat.

Doch woher nehmen Sie die Kraft für diesen »Entzug«? Wie Anselm Grün in seinem bereits erwähnten Buch detailliert beschreibt, liegt der Weg zur Heilung darin, die Sucht wieder in Sehnsucht zu verwandeln. In der Konfluenz richten wir unsere Sehnsucht auf einen Menschen, also etwas Begrenztes, und überfordern ihn damit, saugen

397

ihn aus. Wenn wir jedoch unsere Sehnsucht auf Gott bzw. die »eine Kraft« richten und unseren Partner das sein lassen, was er ist, dann stellt sich im Umgang mit ihm automatisch Mäßigkeit ein. Konfluenz ist nichts anderes als die Krankheit, die eigenen Grenzen und die Grenzen des anderen nicht zu kennen, nicht wahrnehmen zu wollen und nicht zu respektieren. Grenzenlos ist aber nur das Göttliche, der andere darf begrenzt sein und wird stets meine Wünsche und Bedürfnisse nur begrenzt erfüllen können. Wenn ich dies einmal akzeptiert habe, bin ich bereits auf dem Weg zur Genesung.

Übung: Die Sehnsucht nach dem Göttlichen entwickeln

Spüren Sie einmal ganz bewusst Augenblicken nach, in denen Sie eine starke Sehnsucht nach etwas Begrenztem, zum Beispiel einer Einzelperson, wahrgenommen haben. Fühlen Sie diese Sehnsucht noch einmal. Fühlen Sie sie dann allein, ohne diese Person, und lassen Sie das Gefühl ganz stark werden, so stark, bis es nicht mehr weitergeht. Und dann richten Sie diese Sehnsucht auf Gott bzw. die »eine Kraft« und spüren Sie den Frieden, der in der Mitte dieser Sehnsucht liegt.

Nachdem wir erfahren haben, wie ungesund Grenzenlosigkeit ist, wenn sie nicht im Bewusstsein, sondern als
Ausuferung auf andere Menschen und Situationen, als
»Übergriffe«, gelebt wird, wollen wir uns im Folgenden
darum kümmern, wie wir auf gesunde Weise mit den unterschiedlichen Grenzen und Berührungspunkten umgehen.

Die einander zugewandten Facetten genießen

> Wollen wir uns nicht alle erdenkbare Liebe
> erweisen, solange wir noch leben? Wir wissen
> ja nicht, wie lange uns das noch vergönnt sein
> wird.
>
> *Theodor Storm*

Aus Sicht unserer Seele gehört es zu unseren Lebensaufgaben, Erfahrungen zu machen und daran zu wachsen
und zu reifen. Unsere Seele ist vieldimensional und hat
viele Facetten, die sich auch in Aspekten oder »Teilpersönlichkeiten« zeigen. Und sie hat einen Kern, unser
wahres Selbst.

Zur Vereinfachung können wir uns die Situation einmal bildlich vorstellen: Vergleichen wir die Wesensessenz

mit der Hauptstadt eines Landes, die Teilpersönlichkeiten mit den einzelnen Bundesländern und den Ausdruck unserer Persönlichkeit mit den Ländergrenzen. In dem Fall zeigt sich die Analogie einer Partnerschaft mit der Beziehung zweier Länder.

Wann immer wir mit einem Menschen in Beziehung treten, liegt das daran, dass es Berührungspunkte gibt. Nehmen wir einmal an, »Frankreich« und »Deutschland« schließen einen »Freundschaftsvertrag«. Natürlich gibt es da Berührungspunkte mit Teilaspekten (Bundesländern) von uns, etwa mit Baden-Württemberg und dem Saarland. Die Gemeinsamkeit mit dem französischen »Elsass« drückt sich unter anderem in der Freude an gutem Essen aus, weswegen wir beispielsweise großen Wert auf die Qualität des Lebensmittelangebots und der Restaurants legen.

Es gibt Staaten (eigenständige Persönlichkeiten), mit denen gemeinsame Grenzen bestehen, beispielsweise mit der Schweiz, Belgien oder Luxemburg. Wir können diese Länder als Symbol für gemeinsame Freunde oder Kinder sehen. Doch bereits hier erkennen wir, dass die Grenzlinien (Berührungspunkte) zwar einander nah, aber doch unterschiedlich sind. So hat jeder der beiden Partner zu den gemeinsamen Freunden eine etwas andere Beziehung.

Es gibt allerdings auch Berührungspunkte, die beide Länder nicht miteinander teilen. Frankreich grenzt an Spanien und Italien und hat mit ihnen Zugang zum schönen Mittelmeer und allem, was damit verbunden sein mag:

dunkle Weine und mediterrane Lebenskunst. Deutschland wiederum grenzt an Holland, Dänemark und Polen, mit denen es die Nord- bzw. Ostsee teilt, an Tschechien und Österreich – mit alldem ist Frankreich nicht direkt verbunden.

Früher einmal waren Österreich und Deutschland – wir sind immer noch in der bildlichen Darstellung – »ein Paar«. Das sind völlig andere Berührungspunkte. »Angesprochen« von der deutsch-österreichischen Verbindung war zwar auch Baden-Württemberg, aber nur an einem ganz kleinen Zipfel. Bayern allerdings, das keine direkte Verbindung mit Frankreich hat, bot damals den Löwenanteil an dem gemeinsamen Kontakt. Gemeinsam berührt wurden damals die Schweiz und Tschechien. Österreich hat Kontakt mit Ungarn, mit dem aber Deutschland keine direkten Berührungspunkte aufweist. Den inneren Kontakt, die »Verbindlichkeit« in der Länderbeziehung, wollen wir in unserem Beispiel mit der »Achse« Berlin–Paris bzw. Berlin–Wien vergleichen, der Zugewandtheit der beiden Regierungen.

Nehmen wir einmal an, Sie selbst (im Bild: Deutschland) waren früher mit Anna (Österreich) zusammen und sind jetzt mit Jeannette (Frankreich) liiert. Wenn wir wie in der Tabelle statt der einzelnen Bundesländer und Staaten »seelische Landschaften« einsetzen und durch sie verkörperte innere Personen bzw. innere Aspekte, erkennen wir, dass ein Wechsel der Beziehung Ihre Resonanz zu Ihrem Partner zwangsläufig verändert.

Staat bzw. Bundesland	Person
Deutschland	Sie selbst
Saarland	Ihr »innerer Genießer«
Baden-Württemberg	Ihr innerer Erfolgsmensch
Bayern	Ihr innerer Romantiker
Österreich	Anna (Einfühlsamkeit und wunderbare Gespräche)
Frankreich	Jeannette (zuverlässige Treue)
Spanien	Feurige Leidenschaft
Luxemburg	Schaffenskraft
Schweiz	Lebenskunst
Tschechien	Bezauberung
Ungarn	Kunstverständnis

Sie erkennen, um bei dem Beispiel zu bleiben: Solange Sie mit Anna zusammen waren, konnten Sie sich in »wunderbaren Gesprächen« ergehen (Berührungspunkt Deutschland–Österreich). Sie teilten miteinander auch »Bezauberung« (Kontakt zu Tschechien), wenngleich diese Qualität bei jedem von Ihnen etwas anders berührt wurde. Ihr »innerer Romantiker« (Bayern) wurde sehr angesprochen, während es zwischen Anna und Ihrem »inneren Erfolgsmenschen« (Baden-Württemberg) nur wenige Berührungspunkte gab. Anna (Österreich) wird den Austausch mit Ihnen sehr genossen haben, wenngleich sie möglicherweise darüber geklagt haben mag, dass Sie keinerlei »Kunstverständnis« (Ungarn) mit ihr teilen konnten.

Irgendwann wechselt dann Ihre Beziehung zu Jeannette (Frankreich), die früher mit »Spanien« liiert war, und es ergeben sich völlig neue Berührungspunkte. Ihr »innerer Romantiker« (Bayern) wird sich beschweren, dass er gar keinen gemeinsamen Raum mehr bekommt, aber Ihr »innerer Erfolgsmensch« (Baden-Württemberg) wird jubeln, dass er endlich angesprochen wird. Zusammen mit Jeannette (Frankreich) teilen Sie neuerdings die »Schaffenskraft« (Luxemburg), was beide erbaut, doch wird Jeannette vielleicht ein wenig wehmütig an die Zeit zurückdenken, als sie noch mit »feuriger Leidenschaft« verbunden war …

Wenn wir aufgrund eigener Defizite versuchen, unseren Partner umzumodeln, wird dies nicht funktionieren, sondern allenfalls Frustration erzeugen, in der Regel bei beiden, die bis hin zur Co-Abhängigkeit führen kann. Jeannette wird sich über »fehlende Leidenschaft« (nostalgische Erinnerung an den Kontakt mit »Spanien«) beschweren und Sie über »mangelnde Gesprächsbereitschaft« (nostalgische Erinnerung an den Kontakt mit »Österreich«). Sie selbst haben möglicherweise gar keine Ahnung davon, dass »feurige Leidenschaft« bei Jeannette ein Thema ist, weil Sie mit diesem Bereich (Grenze Frankreich–Spanien) vielleicht noch nicht in Berührung gekommen sind und dies vielleicht auch nie werden – und auch das ist in Ordnung.

Frieden in Ihrer aktuellen Partnerschaft finden Sie nur, wenn Sie die gegenwärtige Beziehung anerkennen, ohne sie mit früheren zu vergleichen. Ihr »innerer Aspekt«, der sich beispielsweise Erfolg wünscht (Baden-Württemberg), hat unbewusst dafür gesorgt, dass Sie sich mit Jeannette (sie steht in unserem Beispiel für zuverlässige Treue) liiert haben.

Wichtig ist es, dass Sie in solchen Fällen nicht mit sich selbst im Krieg liegen, sondern die aktuellen Berührungspunkte wertschätzen – das andere haben Sie ja bereits gehabt. Manchmal können positive Eigenschaften, die Sie in einer früheren Beziehung erlebt haben, in der neuen Beziehung weiter gepflegt werden. So, wie die Schweiz (versinnbildlicht Lebenskunst) sowohl mit Frankreich, Deutschland als auch Österreich in Verbindung steht, um bei unserem Beispiel zu bleiben, kann auch bei der neuen Partnerin die Pflege der Lebenskunst weiterhin erhalten bleiben.

Vielleicht können wir ein wenig von dem weitervermitteln, was wir in unseren früheren Beziehungen erfahren haben und dem neuen Partner noch fremd ist. Doch wir sollten nicht die früheren Maßstäbe an die neue Beziehung anlegen, sondern ihren gegenwärtigen Wert erkennen und leben.

Der Sinn von Synergie ist es nicht, alle Lebensbereiche gemeinsam »abzudecken«, sondern in der Liebe und damit in Kontakt mit dem Selbst zu bleiben – angesichts aller positiven, negativen und nicht vorhandenen Berührungspunkte, angesichts von Machbarem und Nichtmachbarem.

Die spirituelle Besonderheit jeder Beziehung liegt in der Verbindung zwischen den beiden Kernen und ihrer »Erinnerung«. Die Aufgabe ist es, durch die Verbindung zwischen den Kernen (im Beispiel Berlin–Paris) die Essenz, das Selbst, sichtbar zu machen, es in Erscheinung zu rufen. Aus diesem Grund gibt es auch keine bessere oder schlechtere Beziehung, sondern nur die gegenwärtige. Und in dieser sollten wir ehrlich sein, zumindest uns selbst gegenüber, und spüren, was wir fühlen und was wir brauchen. Indem Partner einander ihre Grenzen des Miteinanders respektvoll, ehrlich und offen bekennen, findet sich ein Weg, das Selbst zu berühren, während im Außen die bestmögliche Synergie gelebt wird.

Indem Sie das anerkennen und zugleich für sich selbst sorgen, helfen Sie einander bei der Verwirklichung (davon wird bei der achten Weisheitsperle die Rede sein): Sie können einen gemeinsamen Quantensprung in der Bewusstheit vollziehen, bei dem die unterschiedlichen Berührungspunkte an Bedeutung verlieren. Die Berührungspunkte sind also nur die Peripherie, die wesentliche Berührung liegt in der inneren Zuneigung und Wertschätzung für das »Sosein« des anderen. Und dies ist genau das Gegenteil von Obsession oder Konfluenz.

Indem Sie die gegenseitige Erwartungshaltung loslassen, Ihr Partner sollte alle Berührungspunkte abdecken, entsteht eine ungeheure Befreiung. Wenn Sie genau hinschauen, erkennen Sie auch, dass eine Beziehung ohne anderweitige Berührungspunkte einem »Eingekesseltsein« gleichkäme, also sinnbildlich dem Status, den Berlin vor der Wende hatte. Wenn das Beispiel auch hinken mag, soll damit gesagt werden: Beziehungen, in denen wenig Raum für den Zufluss von Außenstehenden ist, sondern beide Partner auf sich selbst fixiert sind, sind neurotisch, narzisstisch und ungesund. Besser ist es, sich gegenseitig die Freiheit für anderweitige Berührungspunkte zu geben, sodass die Beziehung »atmen« kann, stets ein frischer Wind weht und Sie im Selbst verbunden bleiben.

Das Märchen vom »idealen« Partner

> Partnerschaft und Verbindung ist jenseits von
> Abhängigkeit und Unabhängigkeit.
>
> *Chuck Spezzano*

Die Angst, an den Falschen bzw. die Falsche zu geraten und dann an diesen Menschen gebunden zu sein, ist oft größer als die Angst vor finanziellem Ruin oder vor Krankheit. Wer aus schwierigen Familienverhältnissen stammt, ist in der Regel besonders skeptisch und sucht nach dem »idealen Partner«, mit dem er eine bessere Beziehung führen kann als seine Eltern – oft tut er das jedoch ein Leben lang vergeblich.

Eine der Hauptschwierigkeiten ist, dass viele Menschen

so tief verwurzelte Idealvorstellungen davon haben, wie eine wirkliche Beziehung auszusehen hat und welche Voraussetzungen gegeben sein müssen, damit sie Bestand haben kann. Dabei ist die entscheidende Voraussetzung die Bereitschaft, die notwendigen Schritte zu tun, um diese Bedingungen für Sie zu schaffen. Das Märchen von der oder dem »Richtigen« steht zahlreichen guten und dauerhaften Partnerschaften im Weg, denn es führt uns immer wieder in eine Sackgasse: Man wartet sein Leben lang auf den »glücklichen Zufall«, ohne selbst etwas Hilfreiches dazu beizutragen. Und so kann es sein, dass man die Hände in den Schoß legt und hofft, dass bald etwas geschieht, während das Glück darauf wartet, dass wir es in die Hand nehmen und ihm eine wirkliche Chance geben, zum Beispiel auch bei dem Partner, mit dem wir schon zusammen sind.

Dem idealen Partner können Sie erst begegnen, wenn Sie selbst ein idealer Partner geworden sind. Würden Sie früher auf ihn treffen, wäre die Begegnung sinnlos und schmerzvoll, weil Sie ihm eben noch kein idealer Partner sein können. Und Ihrer großen Liebe können Sie erst begegnen, wenn Sie die große Liebe in sich selbst gefunden haben.

Der Sinn einer Partnerschaft ist es, dass der andere Sie mit Ihren Mängeln konfrontiert und Ihnen zeigt, wo Sie noch nicht befreit sind. Die Auseinandersetzung mit dem Partner, auch die Konfrontation mit der fehlenden »Passung«, ist also in Wirklichkeit gut für Sie, denn sie wird Sie immer wieder darauf hinweisen, wo Sie noch Ihre wunden Punkte haben. So ist der Partner, den Sie derzeit haben, auf jeden Fall der ideale Partner für Sie. Denn er ist so viel oder so wenig »ideal«, wie Sie es auch sind. Aber gemeinsam sind Sie auf dem Weg zu »sich selbst«.

Synergie finden Sie auch nicht allein dadurch, dass Sie viel Liebe von einem Partner erhalten, sondern dass Sie Ihre Fähigkeiten verbessern, um Liebe zu empfinden und zu verschenken. Dazu gehört es, sich selbst und den anderen »von der Essenz her« zu kennen und sich »optimal zum eigenen Partner zu positionieren«, damit die Synergie gelingt. Das Idealziel für Ihre Partnerschaft ist also nicht das Paar, das ohne einander nicht leben kann, sondern zwei Menschen, die miteinander und aneinander heil geworden sind, die einen Weg gefunden haben, in gelungener Symbiose zu leben, sich aber nicht mehr »(ge)brauchen«, weil jeder alle Aspekte des anderen in sich aufgenommen hat und dadurch selbst erfüllt ist.

Liebe wird dann zur Bedürftigkeit, wenn wir die Erfüllung der Liebe, die wir bekommen oder geben, von einem ganz bestimmten Umstand, von einer ganz bestimmten Person (und Form) abhängig machen. Dann geben wir die Macht für das Lieben an einen Menschen ab und leiden, wann immer der/die andere nicht bereit ist, Liebe zu empfangen oder auch zu geben.

Wenn wir jedoch davon ablassen, den Verlauf der Liebe lenken zu wollen, und erlauben, dass die Liebe unseren Lauf lenkt, dann finden wir immer eine Plattform, auf der Liebe geschehen kann. Dann führt die Liebe uns auf ihre Weise zu der Synergie, die wir suchen. Synergie ist also kein verstandesgesteuertes Produkt, sondern eine Belohnung, ein Ergebnis, wenn wir die wahre Liebe leben. Wir spüren, dass die Quelle aller Liebe in uns ist, und wir spüren die Quelle aller Liebe zugleich in der Kraft der Natur, dem Göttlichen in allen Menschen. Wir erleben unsere Partnerschaft als eine Möglichkeit der »einen Kraft«, mit der Liebe in uns in Resonanz zu treten.

Weil Liebe unsere wahre Natur ist, ist es für das Gelingen von Synergie so wichtig, die Liebe selbst die Form des Ausdrucks wählen zu lassen. Die Liebe zeigt sich in dieser Synergie als ein gemeinsamer Weg, auf dem Sie sich beide gegenseitig unterstützen, sich an sich selbst erinnern und immer wieder im individuellen »Sosein« bestärken. So kommen Sie statt zum lieblosen Gegeneinander oder zum gedanken- und gefühllosen Nebeneinander zu einem liebevollen Miteinander.

Unser ganzes Leben dreht sich um Liebe und Synergie. Durch die Liebe lassen Sie den anderen an sich so nah herankommen, dass er Sie berührt, bewegt. Gleichzeitig hilft Ihnen Ihr Partner gerade in unangenehmen Stunden unbewusst, die Liebe zu sich selbst wiederzufinden, indem er Sie mit seinen Eigenarten konfrontiert, Ihnen Ihre Mängel und Schattenseiten aufzeigt, um Sie an sich selbst zu erinnern, an den, der Sie wirklich sind.

Die Herausforderung der stimmigen Synergie dient also ein weiteres Mal als Unterstützung auf dem Weg zu sich selbst. Der Sinn Ihrer Beziehung sollte demnach nicht darin liegen, einen »idealen« Partner nach unseren Vorstellungen zu finden, um sich ein »schönes und bequemes

Leben« zu gestalten. Sondern der andere ist dann der ideale Partner für Sie, wenn Sie gerade durch die Seele, mit der Sie am engsten verbunden sind, am stärksten gefordert und damit gefördert werden.

Die Menschen fühlen sich zu jemandem hingezogen, wenn er ihnen gleicht. Sie finden dadurch Bestätigung ihrer Individualität. Allerdings ziehen sich auch Gegensätze an, wenn sie sich ergänzen. Wir brauchen und ziehen an, was uns vollkommen machen soll. Im Idealfall bilden die grundlegenden Ähnlichkeiten einer Beziehung das Fundament, die einander ergänzenden Unterschiede die Faszination.

Männer legen meist mehr Wert darauf, eine gutaussehende Frau zu bekommen, als Frauen umgekehrt nach einem schönen Mann Ausschau halten. Soziale Überlegenheit bei Frauen imponiert Männern dagegen wenig bis gar nicht, sie ist eher ein Hindernis. Schöne Menschen werden oft für wärmer und angenehmer gehalten, als sie in Wirklichkeit sind, auch für freundlicher und einfühlsamer, und man hat das Gefühl, man könne mit ihnen glücklicher werden. Die Enttäuschung ist da oft schon programmiert.

Der häufigste Fehler in der Partnerwahl besteht darin, ein größeres Augenmerk auf sexuelle Attraktion zu legen als auf die Übereinstimmung der Träume. Gerade in jungen Jahren suchen wir oftmals den Partner ausschließlich aufgrund der sinnlichen Faszination aus. Das mag in Zeiten, da »die Hormone sprudeln«, bedeutsamer sein, mit zunehmendem Alter verliert dies an Bedeutung.

Wenn allerdings einem oder gar beiden Partnern eine

erfüllte Sexualität sehr wichtig ist und es im Bett nicht klappt, stehen sie vor einer schwierigen Aufgabe. Beziehungen, die noch nicht lange bestehen, finden in diesem Fall häufig schnell ein Ende. Viele entschließen sich aber, entweder die Bedeutung des Eros zu relativieren oder auf diesem Gebiet einen Ausweg zu finden. Eine besondere Lösung bieten hier beispielsweise Tantrakurse und auch Yoni-und-Lingam-Massagegruppen*. Dort erfahren Sie eine Form der Sexualität, die nicht an Konditionierungen über die Attraktivität des Partners gebunden ist, sondern über den Eros den Kontakt zum wahren Selbst sucht.

Übung: Warum lieben Sie Ihren Partner?

Fragen Sie sich doch einmal: Warum liebe ich den anderen? Warum ist er für mich der ideale Partner? Legen Sie eine Liste mit den Gründen an. Hier ein paar Beispiele:

- weil Ihr Partner Ihnen vom Äußeren her gefällt,

- weil Ihr Partner so gut zu Ihnen ist,

---

* Yoni (Vulva) und Lingam (Phallus) sind in Indien als geheiligt geltende Symbole des weiblichen und des männlichen Geschlechts. Weitere Informationen bieten Ihnen etwa das Buch *Yoni-Massage* von Michaela Riedl, Nietsch 2006, die DVD *Yoni-&-Lingam-Massage* von Simon Busch und Dirk Liesenfeld, Alive-Vertrieb und Marketing 2007, sowie Pamela Behnke, Leiterin von Yoni-und-Lingam-Massagegruppen, www.taste-of-touch.de.

- weil Ihr Partner so fürsorglich ist,

- weil Ihr Partner Sie liebt,

- weil Ihr Partner Ihnen Sicherheit und Geborgenheit gibt,

- weil Sie sich im Bett gut verstehen ...

Legen Sie Ihre persönliche Liste an und bewahren Sie sie an einem Ort auf, an dem Sie schnellen Zugriff darauf haben. Ihre Liste ist wertvoll. Sie bietet nämlich eine gute Ressource für den Fall, dass Sie einmal frustriert wegen Ihres Partners sind. Ein Blick auf die Liste kann Ihnen dann helfen, weil sich die momentanen Schwierigkeiten dann sicher relativieren. Probleme können nun aus einer positiveren Grundstimmung heraus angegangen werden. Eine weitere Ressourcenliste könnte die »zehn schönsten Augenblicke mit meinem Partner« beschreiben ...

Ihr Partner sehnt sich danach, geliebt zu werden für das, was er ist, und nicht für das, was er tut, oder wegen seines vergänglichen Äußeren. Doch auf dem Weg zur bedingungslosen Liebe ist es eine gute Stütze, sich die besonderen Qualitäten Ihres Partners und Erinnerungen auf eine Liste zu setzen und diese Liste in »Notfällen« zu lesen. Sie kann letztendlich dann auch eine Hilfe auf dem Weg zur wahren Liebe sein.

Mit der Zeit lernen Sie die Erwartungen und Wünsche des anderen kennen. Immer wieder besteht die Versuchung, diese blind zu erfüllen, um dem Bild Ihres Partners zu entsprechen, dem, was er sich unter dem idealen Partner vorstellt. Wenn Sie dem ungeprüft nachgäben, würden Sie sich aber immer mehr von sich selbst entfernen. Und wenn Sie sich noch so viel Mühe geben: Sie spielen in diesem Fall nur eine Rolle und verhindern damit, dass Sie sich wirklich begegnen. Sie werden dadurch immer unzufriedener und suchen die Erfüllung möglicherweise bei einem anderen »idealen« Partner, und das Spiel beginnt von vorn.

Besser fahren Sie, wenn Sie die Bedürfnisse des Partners ernst nehmen, aber zugleich wissen, dass Sie gar nicht in der Lage sein können und auch nicht müssen, alle seine Erwartungen zu erfüllen.

Die hohe Scheidungsrate gibt Zeugnis davon, dass sich zwei Menschen in einer wirklichen Krise immer seltener wieder zusammensetzen, ehrlich Bilanz ziehen und noch einmal ganz von vorn anfangen. Dann, und nur dann, können sie einen gemeinsamen Weg finden und miteinander wachsen und reifen. Natürlich muss der Wille auf beiden Seiten da sein, um einen neuen gemeinsamen Weg zu finden. Hierzu sind Geduld, Offenheit, Toleranz und vor allem Ehrlichkeit dringend erforderlich. Gunstbezeugungen und Verhaltensweisen, die in solchen Situationen geheuchelt oder erpresst wurden, werden Sie später teuer bezahlen.

Partnerschaft ist gerade in der Krise eine große Herausforderung, der Sie sich stellen sollten. Um diese Aufgabe zu bewältigen und um ihr gewachsen zu sein, müssen Sie immer wieder Ihren Energiehaushalt auffüllen. Sie müssen (unabhängig vom anderen) Ihre äußeren und inneren Ressourcen kennen, gesund und in Ihrer Mitte sein. Ansonsten sind Sie angreifbar und verletzlich.

Was Sie bei dem einen Partner nicht gelernt haben, wird Ihnen mit dem nächsten garantiert wieder präsentiert. Darum nehmen Sie besser die Herausforderung an. Bearbeiten Sie die Themen, damit Sie weitergehen können. Denn der Weg ist noch lang, und das anstehende Problem wird nicht die letzte Herausforderung sein, vor der Sie stehen. Und Sie werden keinen besseren Trainer bekommen als Ihren Partner, denn er hat den besten Trainingsplan für Sie, den, den Sie sich – unbewusst – nach dem Gesetz der Resonanz ausgesucht haben. Meistern müssen Sie dabei immer nur den nächsten Schritt, einen nach dem anderen!

Spielregeln für eine gelungene Synergie bei Paaren

> Und stellt euch zusammen, jedoch nicht zu
> nah beieinander, denn auch die Säulen des
> Tempels stehen einzeln da, und Eiche und
> Zypresse wachsen nicht im gegenseitigen
> Schatten.
>
> *Khalil Gibran*

Nachfolgend sind zusammenfassend siebzehn »Spielregeln« aufgeführt, die Ihnen dabei helfen sollen, Ihre Partnerschaft zu optimieren, bzw. eine Synergie überhaupt erst möglich machen:

1. *Gehen Sie nicht mit einer ganz bestimmten Vorstellung in eine Partnerschaft:* Sonst laufen Sie Gefahr, allenfalls nur die Vortäuschung Ihrer Vorstellung zu finden und nicht die Wirklichkeit hinter dem Schein. Sie sind nicht offen, sondern suchen nur, was Ihrer Meinung nach zu sein hat, halten Ihre Ansichten für normal und alles andere für falsch.

2. *Lassen Sie alle Erwartungen los, wie der andere zu sein hat:* Sie sollten ihn weder (nach)erziehen noch ändern wollen und erkennen, dass Sie keinen Anspruch auf ihn haben, auch nicht auf ein ganz bestimmtes Verhalten. Indem ich loslasse, werde ich selbst zu einem immer idealeren Partner.

3. *Seien Sie achtsam und achtungsvoll:* Da der andere unmittelbar und spürbar auf mein »Sosein« reagiert, eignet sich jede Beziehung als Schulung für die Aufmerksamkeit.

4. *Achten Sie auf Gleichberechtigung:* Verzichten Sie darauf, sich mit aller Gewalt durchsetzen, recht haben oder »siegen« zu wollen. Wenn in einer Auseinandersetzung einer gewinnt und der andere verliert, haben beide (an Synergie) verloren. Dies bedeutet insbesondere, sich nicht über seinen Partner zu stellen und so zu tun, als wüsste man alles besser, wäre das Urmaß aller Dinge. Zur Gleichberechtigung gehört allerdings auch, nicht »um des lieben Friedens willen« zurückzustecken, sondern für die eigene Identität einzustehen, ohne den anderen und seinen Standpunkt »unterzubuttern«.

5. *Seien bzw. werden Sie autonom:* Lieben Sie Ihren Partner und wirken Sie optimal mit ihm zusammen, aber »(ge)brauchen« Sie ihn nicht.

6. *Seien Sie echt:* Spielen Sie keine Rolle. Sie sollten so ehrlich und authentisch sein wie möglich und einen Raum von Offenheit schaffen.

7. *Denken und fühlen Sie ganzheitlich:* Passen Sie sich an die Gegebenheiten an, ohne sich aufzugeben.

8. *Seien Sie »kausal«:* Sie sollten nicht reagieren, sondern agieren. Dies bedeutet insbesondere, dafür zu sorgen, dass Sie selbst die Ursache für Stimmigkeit und gelungene Synergie in der Beziehung sind, statt nur darauf zu warten, dass der andere etwas tut.

9. *Stellen Sie keine Bedingungen oder Forderungen für die Liebe:* Sie sollten keine bestimmten Voraussetzungen verlangen, etwa nach dem Motto »Ich liebe dich nur, wenn du ...« oder »Würdest du mich wirklich lieben, dann würdest du ...«.

10. *Verlangen Sie keine Versprechen:* Fragen wie »Wirst du mich immer lieben?« oder auch »Wirst du im nächsten Jahr mit mir wandern gehen?« und »Wirst du dich mehr bemühen, zärtlich zu mir zu sein?« setzen beide unnötig unter Druck.

11. *Bleiben Sie in ständiger Kommunikation mit dem anderen:* Führen Sie regelmäßige Zwiegespräche, in denen Sie sich respektieren, unterschiedliche Gefühle und Bedürfnisse klären und einen optimalen Weg finden, damit umzugehen.

12. *Bleiben Sie losgelöst:* Sie sollten den anderen nicht »besitzen« wollen, ihm insbesondere nicht vorschreiben, was er zu tun und was er zu lassen hat. Dazu gehört es auch, von ihm nicht krankhaft bedingungslose Treue zu fordern. Sie muss freiwillig geschehen. Eifersucht zerstört die Beziehung.

13. *Lieben Sie sich selbst:* Seien Sie sich selbst Ihr bester Freund. Ich kann den anderen nur in dem Maße lieben, wie ich mich selbst zu lieben vermag. Wenn ich meine Selbstliebe vom Verhalten des anderen abhängig mache, dann kann ich ihm auch nicht mehr viel geben.

14. *Nehmen Sie keine Schuldzuweisungen vor, sondern leben Sie die »Energie der Unschuld« in der Bezie-*

hung: Dies bedeutet insbesondere den Verzicht auf das »Du-Spiel«: »Du hast schon immer ...«, »Du solltest ...«, »Du verletzt mich immer ...«, »Deinetwegen ...« usw. Woran ich in einer Beziehung eventuell leide, hat nie ursächlich etwas mit dem anderen zu tun, sondern ist immer nur ein Spiegel für einen eigenen Mangel. Insbesondere dann, wenn ich die Emotion, das Problem, schon früher einmal erlebt habe. Der Partner als »Reflexionsfläche« hilft mir nur, meinen eigenen Mangel zu erkennen und zu beseitigen. Ob er seine Lektionen lernt bzw. das, was ich für seine Lektionen halte, ist nicht meine, sondern seine Angelegenheit.

15. *Üben Sie sich in Urteilsfreiheit:* Sie sollten nicht richten, sondern aufrichten und sich gemeinsam ausrichten.

16. *Haben Sie Verständnis:* auch dort, wo man etwas vom Verstand her nicht zu verstehen glauben kann.

17. *Streben Sie nach Synergie:* Ziel ist ein Leben im optimalen Zusammenspiel des großen Ganzen. Die Liebe, nicht der Eifer des Egos liefert dafür den Schlüssel. Wer erst eins mit dem Ganzen ist, hat sich selbst gewonnen und kann damit auch dem anderen helfen, zu sich selbst zu finden.

Die achte Perle: Verwirklichung

Ich erwarte nichts, ich fürchte nichts,
ich bin frei!

Nikos Kazantzakis

Was ist Verwirklichung?

Mit Verwirklichung meinen wir, sein wahres Selbst durch
sich wirken zu lassen. Dazu ist es nicht nötig, alles hinter
sich zu lassen und beispielsweise als »Aussteigerin in
Goa« zu leben. Authentisch bzw. »wirklich« leben können wir an jedem Ort, zu jeder Zeit und in jeder Situation,
also auch unter den Umständen, in denen wir uns gerade
befinden. Sergio Bambaren beispielsweise hat in seinem
Roman *Der träumende Delphin*** auf sehr anschauliche
Weise dargestellt, dass sich Verwirklichung natürlich auch
in der Zivilisation, in der wir leben, in »dieser Welt« manifestieren möchte. Vielleicht brauchen wir erst einmal
Abstand von den Pflichten des Alltags, doch spätestens
wenn wir das Erwachen bzw. erste Erleuchtungsimpulse

---

* Sergio Bambaren: *Der träumende Delphin. Eine magische Reise zu
dir selbst*, Piper 1999.

erlebt haben, führt uns unsere Reise wieder zurück an unseren Platz, um dort gemäß den neuen Erkenntnissen und Erfahrungen zu wirken. Damit beginnt für uns ein weiterer Weg des Lernens, denn die Erleuchtung ist nicht allein für unser Ego gedacht, sie ist dafür da, dass wir sie mit anderen teilen.

Zur Einstimmung auf das Thema möchte ich Sie bei einer geführten Meditation zur Öffnung des Kronenchakras* begleiten.

---

* Nach der indischen Philosophie das höchste der feinstofflichen Energiezentren (Chakras) über dem Scheitelpunkt des Kopfes, Sahasrara-Chakra genannt.

Übung: Das Kronenchakra öffnen

Machen Sie es sich ganz bequem und schließen Sie die Augen. Werden Sie sich bewusst, wer Sie sind: Sie sind nicht nur Körper, sondern Sie sind das Vollkommene, das ewige Bewusstsein. Sie sind immer und werden immer sein. Denn Sie sind ein Teil des allumfassenden Bewusstseins. Ihr Körper ist Ihr Werkzeug, das Ihnen dient und gehorcht, nehmen Sie Ihren Körper liebevoll in die Arme, und seien Sie sich dessen bewusst. Lassen Sie dieses Bewusstsein weit werden.

Öffnen Sie gedanklich Ihr Kronenchakra und lassen Sie Ihr Bewusstsein frei. Wachsen Sie über sich hinaus, treten Sie hervor als der, der Sie wirklich sind. Tauchen Sie ein in das kosmische Energiefeld und schließen Sie sich bewusst an dieses Feld an. Sie sind wieder zurückgekehrt in die »eine Kraft«, die Sie selber sind! Lassen Sie diese Heilkraft in Ihren Körper strömen. Heilung kann nun geschehen.

Erkennen Sie die Wirklichkeit hinter dem Schein. Alles ist in Ihnen, es war nur in Vergessenheit geraten. Erleben Sie, wie Sie es hiermit aufwecken! Und dann kommen Sie wieder zurück ins »Hier und Jetzt«.

Das Märchen vom Spiel des Lebens

Es war einmal vor langer Zeit, es muss wohl vor sehr langer Zeit gewesen sein, da schenkte Gott den Menschen das »Spiel des Lebens«. Und er sagte zu ihnen, dass sie dieses Spiel erst spielen können, wenn sie den Weg der Evolution gegangen seien. Und er erklärte ihnen die sieben Schritte dieses Weges.

Die Menschen bedankten sich bei Gott und bereiteten sich begeistert auf das Spiel des Lebens vor und gingen die sieben Schritte der Evolution.

Im ersten Schritt erlebten sie sich als Stein. Sie waren hilflos und angewiesen auf die Elemente, Wind, Sonne und Regen, und sie freuten sich auf die zweite Stufe. Hier erlebten sie sich als Pflanze. Sie wuchsen und gediehen, wandten sich immer mehr dem Licht zu, aber sie spürten schmerzhaft, dass sie ihren Standort nicht wechseln konnten, und so freuten sie sich schon auf die dritte Stufe. Hier erfuhren sie sich als Tier. Endlich konnten sie beliebig ihren Standort verändern, dort hingehen, wo es für sie am besten war. Aber irgendwann erkannten sie schmerzhaft, dass sie sich nicht mehr daran erinnern konnten, wer sie in Wirklichkeit waren, und so freuten sie sich schon auf die vierte Stufe. Hier erlebten sie sich als Mensch, hatten die Chance, sich wieder an ihre eigentliche Herkunft zu erinnern. Sie hatten die Möglichkeit, sich dem geistigen Licht zuzuwenden und das Licht in sich als ihr wahres Wesen zu entdecken.

Aber sie lebten in einem schweren Körper, und so freuten sie sich schon auf die fünfte Stufe. Hier erlebten die Menschen sich als Seele, waren frei von der Schwere des irdischen Körpers, frei von materiellen Wünschen, und lebten miteinander in der Glückseligkeit. Und doch spürten sie, dass da noch etwas fehlte, und so freuten sie sich auf die sechste Stufe. Hier erlebten sich die Menschen als reines Bewusstsein, in dem sich die Vollkommenheit ihrer Herkunft spiegeln konnte.

Jetzt fehlte lediglich noch ein Schritt, die siebte Stufe. Auf dieser Stufe mussten sie die Krone ihrer göttlichen Herkunft aufsetzen und durch das Tor in ihr Reich eintreten, und dann konnte endlich das Spiel des Lebens beginnen. Einige wenige Menschen setzten ihre Krone auf und traten durch das Tor in ihr Reich.

Die meisten aber waren müde geworden, und so baten sie Gott, eine kleine Pause machen zu dürfen, um sich für das große Spiel etwas auszuruhen. Und Gott, der voller Freude auf sie geblickt hatte, während sie den Weg der Evolution gegangen waren, gestattete ihnen diese Rast.

Die Menschen schliefen ein. Sie schliefen und vergaßen völlig, wer sie waren, vergaßen, dass nur noch ein Schritt zu tun war, ja, sie vergaßen sogar, die Pause zu beenden.

Nun blickte Gott sehr sorgenvoll auf die Menschen. Wenn sie inzwischen nicht alle »gestorben« sind, dann schlafen sie noch heute und träumen von der Vollkommenheit, anstatt aufzuwachen, den letzten Schritt zu tun, die Krone aufzusetzen und durch das Tor zu treten, damit es endlich beginnen kann, das große Spiel des Lebens!

Als wer lebe ich und wer bin ich wirklich?

> Es gibt einen Ort jenseits von Richtig und
> Falsch. Dort begegnen wir uns, da sehen wir
> uns wieder.
>
> *Dschalaluddin Rumi*

Leben in seiner ureigensten Form zeigt sich im Sein, Dasein, im Hiersein, im Sicherneuern, Wachsen, in Bewegung, Flexibilität, Freiheit, Fließen, aber auch im Geschehenlassen, Zulassen und vor allem darin, sich vollkommen auf das Lebendige einzulassen. Dies bedeutet, ganz bewusst im Hier und Jetzt zu sein. Aus Abermillionen Momenten fügt sich erst das zusammen, was man »das Leben« nennt.

Aus spiritueller Sicht ist Leben das Wirken der »einen Kraft«, die wir auch »Gott« nennen. Alle Existenz (vom lateinischen *ex[s]istere* [= »heraustreten«]) lebt durch sie. Wahrhaftig zu leben bedeutet, im Einklang mit dem Ganzen und somit auch mit sich selbst zu sein. Wenn Sie wirklich und bewusst leben, verfolgen und leben Sie auch konsequent, was durch Sie gelebt werden möchte.

Leben kann nur im Jetzt stattfinden, nicht vorher oder nachher. Gestern ist Vergangenheit, morgen ist Zukunft. Leben ist nur der kleine Moment genau jetzt, in dem Sie gerade denken und fühlen. Deshalb sind die sorgenvollen Gedankenketten, die um den nächsten Tag kreisen, im

Grunde sinnlos, denn der neue Tag hat eine neue Energie, alles ist anders als gestern. Und letzten Endes können wir vertrauen: »Sehet die Vögel unter dem Himmel. Sie säen nicht, sie ernten nicht, sie sammeln nicht in die Scheunen; und euer himmlischer Vater nährt sie doch!«*

Leben ist ständige Veränderung und Entwicklung. Nichts bleibt so, wie es ist. Alles ist im Wandel und im Fluss. Das einzig dauerhafte ist der Wechsel.

Leben bedeutet natürlich ebenso, sich mit dem Tod auseinanderzusetzen, denn nur wenn wir den Tod als unseren Freund sehen, können wir auch frei leben. Dann haben wir keine Angst vor dem Leben und davor, was es uns bringt, weil wir stets die Perspektive der Ewigkeit im Bewusstsein haben. Viele Menschen fragen sich, ob es ein Leben nach dem Tod gibt, dabei wäre die interessantere Frage eigentlich die, ob es ein Leben vor dem Tod gibt. Wer nicht gelebt hat, der kann auch nicht friedvoll sterben, denn er spürt in der Stunde des Todes, dass er im Leben etwas versäumt hat. Darum ist die beste Voraussetzung, um eines Tages friedvoll dahingehen zu können, die, wirklich bewusst zu leben.

Irgendwann lernen wir, alle Herausforderungen des Lebens zu schätzen, und nehmen sie gern an. Doch ganz gleich, worin die Aufgabe bestehen mag, das Ziel sind immer wir *selbst*! Haben wir dies verstanden, wissen wir, was Leben ist:

---

* Matth. 6,26.

425

»Das menschliche Dasein ist ein Gasthaus.
Jeden Morgen ein neuer Gast.
Freude, Depression und Niedertracht –
auch ein kurzer Moment von Achtsamkeit kommt
als unverhoffter Besucher.
Begrüße und bewirte sie alle!
Selbst wenn es eine Schar von Sorgen ist,
die gewaltsam dein Haus seiner Möbel entledigt,
selbst dann behandle jeden Gast ehrenvoll.
Vielleicht bereitet er dich vor auf ganz neue
Freuden.
Dem dunklen Gedanken, der Scham, der Bosheit –
begegne ihnen lachend an der Tür und lade sie zu
dir ein.
Sei dankbar für jeden, der kommt,
denn alle sind zu deiner Führung geschickt worden
aus einer anderen Welt.«*

Wenn wir unsere Bestimmung leben wollen, in allen Lebensbereichen, dann müssen wir uns anschauen, wo wir
stehen und wo unsere Lebensreise hingehen soll. Wir sind
wie Schiffe auf hoher See. Indem wir erkennen, wohin wir
reisen wollen, können wir den Kompass einstellen und
Kurs nehmen.

Wenn man uns fragt: »Wer bist du?«, dann antworten
wir meistens mit unserem Namen. Wenn wir gefragt werden: »Wie geht es dir?«, dann antworten wir meist, indem

---

* Dschalaluddin Rumi: »Das Gasthaus«, www.byregion.net/rumi/.

wir den Zustand unseres Körpers beschreiben. Wir sagen dann: »Mir geht es gut, denn ich bin gesund!« Wir identifizieren uns mit unserem Körper, eigentlich müssten wir sagen: »Mein Körper ist gesund!« Oder wir sagen: »Mir geht es schlecht, denn ich habe die Grippe!« Wer aber ist es, der die Grippe hat, ich? Wenn ich genau hinspüre, erkenne ich, dass nicht »ich« die Grippe habe, sondern dass der Körper von der Grippe betroffen ist.

Wir müssen sorgsam auf unseren Körper achten und ihn wie einen Tempel behandeln. Doch wir *sind* nicht der Körper, den wir tragen, sondern bewohnen ihn nur. Das, was »ich bin«, kann nicht altern, krank werden oder sterben. Es ist ewiges, in sich ruhendes Sein. Sie sind Bewusstsein. Sie waren immer und werden immer sein. Es gab keinen Augenblick, zu dem Sie nicht waren. Sie *sind*.

Wir haben uns in einem Gefährt namens »physischer Körper« reinkarniert, um auf diesem Planeten eine Erfahrung machen zu können. Unsere Seele tut dies schon seit sehr langer Zeit. Wir waren bereits viele Male auf der Erde. Sie ist nur ein kleiner Himmelskörper in einem großen belebten Universum. Und dieses Universum ist nur eines von vielen weiteren Universen. Es ist nichts anderes als Selbsterfahrung, die unsere Seele an diesem Ort machen möchte.

Übung: Der Körper als »Wohnung«

Um uns zu vergegenwärtigen, dass wir Gast in unserem Körper sind, können wir zur Einstimmung einmal über folgende Fragen meditieren:

● Wer sieht durch meine Augen?

● Wer sieht durch meine Ohren?

● Wer riecht durch meine Nase?

● Wer schmeckt mit meiner Zunge?

● Wer fühlt durch meine Haut?

Es ist ein »Ich«, das diese Welt durch unseren Körper wahrnimmt. Dafür bedient es sich der fünf »Sinnesströme«, die über das Sehen, Hören, Riechen, Schmecken und Fühlen zu uns gelangen. Augen, Ohren, Nase, Zunge und Haut sind die »Empfangsstationen« für diese Sinneseindrücke. Die daraus resultierenden Bilder, Geräusche, Gerüche, Geschmäcker und Empfindungen werden in unserem Denken und Gemüt konstruiert. Wir erleben sie aufgrund von Abbildungsprozessen, die in unserem Inneren stattfinden.

Wenn wir alle Empfindungen dem Göttlichen zum Geschenk machen, erfahren wir eine ganz neue Qualität von

428

Sinnlichkeit. Indem wir uns vorstellen, dass Gott bzw. die »eine Kraft« durch uns sieht, hört, riecht, schmeckt und fühlt, ermöglichen wir uns, bewusster zu essen, zu genießen, liebevoller mit uns und unseren Sinnen umzugehen. Wenn Paare gemeinsam ihr Sinneserleben der höchsten Kraft widmen, kann ein Erwachen bzw. die Erleuchtung durch den Liebesakt entstehen, wie es im Tantra praktiziert wird.

Nietzsche sagte, dass nicht das Abtöten oder die Askese der Sinne, sondern die Unschuld der Sinne frei mache. Wann aber sind die Sinne unschuldig? Wenn der Empfänger unserer Sinnesströme die höchste Kraft ist, die in uns lebt. Dann ist dort keine Ego-Verhaftung an die Sinnesempfindungen, keine Gier. Wir erleben Sinnesempfindungen, ohne an ihnen festzuhalten. Sie gehen über die herkömmliche Sinnenverhaftung hinaus, indem Sie erkennen, dass Sie weder der Körper noch die Sinne sind, diese aber sehr wohl der »einen Kraft« weihen können.

Wir identifizieren uns auch mit »unseren« Emotionen. Wir empfinden sie vielleicht als real. Doch auch diese Identifikation ist eine Illusion. Wir sind nicht die Emotionen, die wir wahrnehmen. Spüren Sie doch einmal hin, wenn Sie sagen: »Ich habe Angst« – indem Sie versuchen, einfach nur zu fühlen, »was ist«, erkennen Sie: Da ist Angst. Aber die Angst betrifft nicht das eigentliche »Ich«. Angst ist eine Reaktion aus unserem »Körper-Energiesystem«, die eigentlich seinem Schutz dienen soll. Es ist so alt wie die Menschheit selbst. Aber die Angst betrifft eigentlich gar nicht *Sie selbst*.

Übung: Wer hat Angst?

Stellen Sie sich eine Situation vor, in der Sie Angst verspüren. Dann fragen Sie sich einfach einmal: »Wer ist es denn überhaupt, der hier Angst hat?« Versuchen Sie, die Lücke zwischen der Angst und Ihrem wahren Selbst intuitiv zu entdecken.

Nehmen wir der Einfachheit halber wieder ein Beispiel aus dem Alltag: Stellen Sie sich vor, Sie müssen zum Zahnarzt, und er fängt an zu bohren. Dann kann es sein, dass Sie Angst vor Schmerzen bekommen. Schon das Geräusch des Bohrers belastet Ihre Nerven. Spüren Sie nun einmal genau hin. Spüren Sie, wo der Bohrer ansetzt. Fühlen Sie in Ihre Nerven hinein. Entfernen Sie sich gedanklich nicht vor dem Schmerz. Erlauben Sie ihn. Und dann spüren Sie diese Lücke zwischen dem Schmerz und Ihrem Selbst. Diese Lücke existiert. In Ihnen gibt es ein »Asyl«, das der Schmerz nicht erreichen kann. Dieser »Ort« führt Sie zu Ihrem wahren Selbst.

Viele Menschen identifizieren sich mit ihren Gedanken, doch auch das *sind* wir nicht. Bei dem, was wir für »wahr« halten, handelt es sich häufig um reine Illusionen. Wenn Sie im Bewusstsein dessen leben, was Sie sind, steuern Sie die Funktion des Denkens aus Ihrem Selbst heraus. Wir »sind« auch nicht unsere religiösen Vorstellungen.

Wir sind Bewusstsein. Bewusstsein ist in der Lage, sich mit jedem und allem zu identifizieren, doch wir *sind* dies nicht. Sobald wir die falschen Identifikationen loslassen, können wir uns mit unserer wahren Natur, unserem wahren Selbst identifizieren, es ist für uns präsent, spürbar, anwesend, wir leben aus ihm heraus. Wenn unser »wahres Selbst« nicht wahrnehmbar ist, weil wir uns mit etwas identifiziert haben, was wir nicht sind, dann ist es – bildlich gesprochen – so, als ob an einem Königshof der König fehlte: Jeder Bedienstete macht, was er will, oftmals ist ein heilloses Chaos die Folge – oder es entstehen heftige Machtkämpfe.

Solange unser wahres Selbst nicht im Fokus ist, sind wir in Zustände des Körpers geworfen, in Zustände der Emotionen, des Denkens oder der theoretischen religiösen Konzepte, wir fallen den Reaktionen unseres Körpers und unserer Sinne quasi zum Opfer. Es ist dann so, als ob der Schwanz mit dem Hund wedelt.

Viele Menschen sind so sehr darauf trainiert, sich mit ihren Vorstellungen, Erwartungen, Überzeugungen, Glaubenssätzen, Begrenzungen, Emotionen und Gedanken zu identifizieren, dass sie gar nicht bemerken, dass sie in Wahrheit mehr sind als dies. Sie sind mehr als der Körper, die Gefühle, die Gedanken. Sie sind etwas, was all dies umarmen und integrieren kann …

Übung: Vipassana-Meditation »Geatmet werden«

Nehmen Sie sich einmal ganz bewusst wahr. Atmen Sie gleichmäßig tief ein und aus und beobachten Sie Ihren Atem aufmerksam. Achten Sie auf das gleichmäßige Ein- und Ausströmen der Luft. Erleben Sie ganz bewusst, wie der Atem »Sie atmet«. Lassen Sie dies geschehen. Lassen Sie sich ganz los. Erlauben Sie ein Einsinken in die Tiefe des Unbegrenzten. Dabei treiben Sie den Atem weder voran, noch unterdrücken Sie ihn. Erleben Sie, dass Sie »geatmet werden«, und bleiben Sie einige Minuten dabei.

Am Ende der Meditation atmen Sie dreimal ganz bewusst ein und aus. Spüren Sie auch die Lücke zwischen zwei Atemzügen, wieder ganz bewusst. Kommen Sie dann langsam wieder in Ihr Tagesbewusstsein, zurück ins Hier und Jetzt.

Bei regelmäßiger Praxis werden Sie mit dieser Meditation immer mehr spüren, wer Sie wirklich sind. Nehmen Sie sich die Zeit dazu. Erinnern Sie sich auf dem Weg an Ihr wahres Selbst. Sie können nichts verlieren – aber sehr viel gewinnen: *sich selbst*!

Wenn wir »erwacht« sind, entwickeln wir Gelassenheit, was bedeutet, die vollen Widersprüche des Lebens durch sich hindurchzulassen, eine Durchlässigkeit positiv und negativ besetzten Dingen und Ereignissen des Lebens gegenüber.

Wir sind wach, bewegen uns aber nicht mehr ziellos. Wir erleben statt Rastlosigkeit Zentrierung, statt Suchen Finden. Wir werten, urteilen, strafen, »wollen« und »müssen« nicht mehr. Wir sind in allem, und alles ist in uns. Dies ist ein Zustand von innerem Frieden.

Erleuchtung – die Lichterfahrung

Freude, schöner Götterfunken,
Tochter aus Elysium,
wir betreten feuertrunken
Himmlische, dein Heiligtum.

Friedrich von Schiller

Unabhängig von der äußeren Welt gibt es innere Welten, die wir durchqueren, und Lichterfahrungen, die letztendlich die Erleuchtung in uns aktivieren können. »Mystiker und Seher geben seit Menschengedenken ihr Bestes, um uns darauf hinzuweisen, dass es das Geburtsrecht jeder Seele ist, diese inneren Regionen zu erforschen, zu durchqueren und bis zum Ursprung unseres Seelenlichts, zur schöpferischen göttlichen Quelle zu reisen.«*

Erleuchtung und innere Welten hängen unmittelbar miteinander zusammen, da die Quelle allen Lichtes uns näher als alles andere ist. Sie ist in uns. Wir können durch Meditation, Gebet und spirituelle Bewusstheit Lichterfahrungen bereits zu Lebzeiten machen. Spätestens jedoch mit dem Tod werden wir mit der Qualität an Lichtbewusstsein konfrontiert, das wir entwickelt haben. Der spirituelle Meister Kirpal Singh sagt:

---

* Wulfing von Rohr: *Das magische Tor. Einweihung in innere Welten*, Kailash 2000 (vergriffen).

»Während unseres Aufenthaltes auf Erden arbeiten wir unser Schicksal oder unsere Bestimmung ab... So schafft sich jeder seinen eigenen Aufenthaltsort, und dies nicht nur hier auf der Erde, sondern auch danach in astralen und mentalen Welten, in denen man... die angesammelten Eindrücke speichert!«*

Diese Erlebnisse in den inneren Welten sind abhängig von dem Glauben und der Ausrichtung der Seele. Der Buddhist wird möglicherweise buddhistischen Meistern begegnen, der Christ Engeln und Heiligen, weil er sie in seinem Bewusstsein gespeichert hat.

Die Theosophin Annie Besant schrieb in ihren zahlreichen Werken, dass die Seele nach dem Tod in das Reich eingeht, das ihrem Bewusstseinszustand entspreche. Sie sagte, die unterste Ebene sei die der Menschen ohne jegliche Werte, die im Jenseits dazu getrieben seien, ihren unerfüllten Begierden zu huldigen. In der zweituntersten Ebene befänden sich die Seelen, die unter großen Ängsten gestorben seien, und solche, die ein unstillbares Bedürfnis nach Vergnügungen hätten. In der dritten und der vierten Ebene seien Wesen, die nachdenklich bzw. kulturell gebildet gelebt hätten, in der fünften religiöse und philosophische Eiferer, die oft irrtümlicherweise glauben, bereits im Himmel zu sein. In der sechsten Unterebene finden wir die Künstler, die ihrem Auftrag gerecht geworden sind, ihre erhabenen Inspirationen in der

---

* Kirpal Singh: *Mysterium des Todes*, Edition Naam 2000.

Welt zu manifestieren, sei es durch Dichtkunst, Malerei oder Komposition. In der siebten die Wissenden und großen Führer, die im Dienste des Ganzen gewirkt hätten.*

Im Surat-Shabd-Yoga, einer Yoga-Art, die sich mit der Meditation auf Licht und Klang und den inneren Welten befasst, werden diese sieben Unterebenen als Reiche der Sinne bezeichnet. Ein spirituell hochentwickelter Mensch wird sie nach dem Tode schnell durchqueren, ohne ihnen große Aufmerksamkeit zukommen zu lassen. Kirpal Singh schrieb, jenseits der sinnlichen Welt begegneten wir der mentalen Welt. Hier fänden wir all die Seelen, die sich zu Lebzeiten ihrer mentalen Qualitäten bewusst geworden seien und bereits gelernt hätten, die Verhaftung an ihre Gedanken zu überschreiten. Wer auf Erden gewaltige intellektuelle Leistungen erbringt, zu denen er inspiriert ist, beziehe seine Inspiration aus dieser Ebene. Doch wer auf diese Leistungen stolz sei und sie »sein Eigen« nenne, der gelange nicht über diese Ebene hinaus. Jenseits der mentalen Welt befinde sich die »Welt der Götter«. Es handele sich hierbei um eine »Welt der guten Gesetze«, die jedem angemessenen Lohn zuteilwerden lasse. In ihr seien sehr offene und fromme Menschen beheimatet – und doch handele es sich auch bei dieser Ebene noch nicht um das letztendliche Paradies. Diese Ebene sei wie alle anderen wiederum in sieben Unterebenen aufgeteilt. In der höchsten davon, der siebten, fänden wir die Schüler großer

---

* Annie Besant: *Death and After*, Hesperides Press 2006.

Meister, die Eingeweihte in die Geheimnisse des Jenseits seien.*

Nicht nur im Surat-Shabd-Yoga, sondern auch in vielen heiligen Schriften werden Licht und Ton als Erleuchtungserfahrung gepriesen. Tatsächlich sprechen zahlreiche spirituelle Sucher von Lichterfahrungen, die sie in verschiedenen Qualitäten auf ihrer inneren Reise erleben. Reiki, Deeksha, Channeling, Gebete, Lichtmeditation und eben auch Surat-Shabd-Yoga können die erste Erfahrung einer Helligkeit im Kopf ermöglichen, eines Lichtes, in Ikonen und anderen Gemälden oftmals als Heiligenschein dargestellt. Alte tantrische Schriften sprechen auch von der Vereinigung der weißen und der goldenen Schlange. Tom Kenyon hat in seinem Buch *Das Manuskript der Magdalena*** eine Methode dargestellt, Erleuchtungserfahrung über die Veredelung des Eros zu erreichen, und verschiedene Übungs-CDs dafür entwickelt, doch erst im Überschreiten des Sinnlichen und des Übersinnlichen kann Soma, der »Wein des Göttlichen«, uns durchdringen. Erleuchtung ist ein Weg, eine Initiation, die einen neuen Anfang setzt. Und es gibt viele Grade von Erleuchtung und viele Methoden und Möglichkeiten, um mit ersten Lichterfahrungen in Kontakt zu kommen.

Eine altbewährte Methode ist es, in die Stille zu gehen, zu meditieren. Indem Sie die Gedanken beobachten, ohne

---

* Vgl. Kirpal Singh, ebenda.
** Tom Kenyon: *Das Manuskript der Magdalena. Die Alchemie des Horus und die Sexualmagie der Isis*, Koha 2003.

auf sie zu reagieren, erleben Sie die Freiheit, sich von Gedanken nicht vereinnahmen zu lassen. Die Gedanken sind wie Züge, die am Bahnhof ein- und ausfahren – und Sie stehen neben den Gleisen, steigen aber nicht ein.

Wenn Sie in dieser Stille über eine längere Zeit, etwa ein bis drei Stunden, verbleiben, öffnet sich Ihr innerer Raum. Mit fortwährendem Üben kann die Öffnung des inneren Raumes auch in wesentlich kürzerer Zeit erreicht werden.

Das Erste, was auf dem Weg erwacht, ist Ihre Fähigkeit, Gedanken zu fühlen, statt sie zu denken. Ihr Verstand, der ansonsten rührig damit beschäftigt ist, zu analysieren und zu abstrahieren, ist nämlich zugleich auch ein »Fühlorgan«. Fühlen kann er allerdings erst dann, wenn sein »Rad« stillsteht, also wenn er nicht mehr mit dem »Gedankenkarussell« identifiziert ist, wenn die Identifikation schweigt. Da ist ein kurzes Zurücktreten, ein kleiner Abstand, und sobald der erspürt wird, beginnt das »Gedankenfühlen«. Während Sie länger in der Stille sitzen, erleben Sie also, dass Sie Gedanken mit dem Kopf »fühlen« können. Dies entspricht dem alten mystischen Gedanken des »Mit dem Kopf fühlen, mit dem Herzen denken«. Wenn Sie Gedanken fühlen, ohne sie zu denken, verlieren diese automatisch ihre Ladung und die Macht über Sie.

Je länger Sie den Fokus des reinen Fühlens in der Stille halten, umso mehr erleben Sie, dass die Schwingung feiner wird, dass tiefer Frieden in Ihr Denken einkehrt. Wenn Sie in diesem Frieden verbleiben, erleben Sie früher oder später im Kopf, genauer gesagt im »Dritten Auge« (dem feinenergetischen Zentrum zwischen den Augenbrauen), ein Überströmtwerden von einer inneren Glückseligkeit. Sie spüren Gedankenformen einer höheren Qualität, die nichts mehr mit linearem Denken zu tun haben, sondern einer höheren Quelle entstammen. Alle Anrufungen, heiligen Mantren etc. entstammen dieser Ebene. Während sich die herkömmlichen Gedankenformen anfühlen mögen wie Steinchen, die kleine Krater ins Bewusstsein schlagen, fühlen sich die Gedankenformen der höheren Realität an wie süßer goldener Wein, der in den Kopf einströmt. Diese Süße führt zu einem Zustand »göttlicher Berauschung« und zugleich zu einem Kontakt mit »höheren Welten«. Es handelt sich hierbei genau um die Ebenen, in die wir nach dem Tod einkehren werden.

Wir haben auf dem Weg zur Erleuchtung also insgesamt drei große Ebenen zu durchwandern:

1. die Identifikation mit den erdgebundenen Gedanken,
2. das Reich der Stille und
3. die Wahrnehmung der himmlischen Gedanken (»Wein des Mystikers«).

Solange wir an erdgebundene Gedanken verhaftet sind, drücken wir quasi gegen die Tür zur Erleuchtung, wir leisten ihr Widerstand. Wer in diesem Stadium lebt und stirbt, der ist an das Rad der Wiedergeburten gefesselt und kann keine Befreiung erfahren.

In der Stille (der zweiten Phase) geben wir die Identifikation mit dem linearen Denken auf, aber die Tür öffnet sich noch nicht. Die Leere, das Nichts, ist eine Brücke zur Erleuchtung, aber nicht identisch mit ihr. Eine Brücke ist wertvoll, aber wer darauf stehen bleibt, hat ihren Zweck nicht erkannt. Die Leere ist nur ein Zwischenraum. Viele spirituelle Sucher, die die Leere erfahren haben, beenden ihre spirituelle Suche an dieser Stelle. Sie glauben, »mit dem Kosmos verschmolzen zu sein«, können aber nicht darüber hinausgehen, ja, manche ahnen nicht einmal, dass es da »*noch* etwas« gibt.

Tauchen wir weiter nach innen ein (dritte Phase), drücken wir nicht mehr gegen die Tür, sondern wir erlauben, dass sie sich nach innen öffnet. Es sind Lichtpulsationen unterschiedlicher Qualität, die von selbst zu uns finden, uns berühren. Wir fühlen die angenehme Beschaffenheit, die nicht mehr auf uns »einschlägt«, sondern uns sanft umschmeichelt und alle Depressionen und weltlichen Sorgen vertreibt.

Mystiker berichten uns, dass wir zuerst wunderschöne kaskadenartige Farben sehen, wir baden in blauem oder orangerotem Licht und sind von der Kraft dieser Farben überwältigt. Doch ist dies erst der Anfang der Lichterfahrung. Den Beschreibungen vieler Mystiker gemäß folgen dann noch mehrere Stufen.*

Wenn wir weiter in die Tiefe unseres Inneren dringen, sehen wir zuerst einmal den Sternenhimmel. Wir erken-

---

* Vgl. Kirpal Singh, ebenda, von Rohr, ebenda, Rajinder Singh: *Die Weisheit der erwachten Seele*, Urania 2000.

nen, dass unser Kopf von innen wie der Kosmos ist, und hören dabei den schweren Klang von Glocken oder den feinen Klang von Glöckchen. Alle Glockenklänge, wie wir sie beispielsweise von der christlichen Kirche, aber auch von Hare-Krishna-Jüngern kennen, sind Symbole dieser Ebene.

Wenn wir noch tiefer in die kosmischen Weiten vordringen, sehen wir dort einen Stern. Konzentrieren wir uns auf diesen Stern, wird er größer. Durchdringen wir ihn, öffnet sich uns eine völlig neue Landschaft: Wir sehen die orangerote Farbe der Morgensonne, alles ist in dieses wunderbare Rot getaucht, und wir hören dabei den Klang von Trommeln. Möglicherweise nehmen wir auf dieser Ebene auch das Gayatri-Mantra wahr, einen der heiligsten Verse des Rigveda. Er wendet sich an die Sonne als den Erzeuger (Savitri) und lautet in der Übersetzung: »Mögen wir über das leuchtende Licht dessen meditieren, der anbetungswürdig ist und alle Welten geschaffen hat! Möge er unsere Intelligenz auf die Wahrheit lenken!«[*] Alle Gegenstände auf dieser Ebene leuchten von innen heraus, und die orangerote Farbe hat starke Nährkraft. Die orangeroten Kleider der Mönche und die Meditationen zu Sonnenauf- und -untergang, bei denen die Sonne ihre orangerote Farbe verbreitet, haben ihre Wurzeln in dieser Ebene. Ihre Temperatur ist warm, und die Qualität ist die Liebe.

Viele Sucher denken, sie seien jetzt bereits am Ende

---

[*] Vgl. *Lexikon der östlichen Weisheitslehren*, ebenda.

der Reise angelangt. Doch sie geht auch hier noch weiter.

Konzentrieren wir uns auf die Mitte der orangeroten Sonne und gehen durch sie hindurch (die Qualität, die wir dafür brauchen, ist Mut), öffnet sich uns eine völlig neue Landschaft, die diesmal in Blau gehalten ist. Wir sehen das Licht des Vollmonds und hören den Klang von Saiteninstrumenten. Violine, Harfe, Zither sind Ausdruck dieser Ebene. Es handelt sich hierbei um die Ebene, in der wir die Purifikation von jeglicher emotionalen Verhaftung, spirituelle Reinheit erleben. Die Temperatur dieser Ebene ist eher kühl, die Farbe Blauweiß, die Qualität ist Losgelöstheit.

Wenn wir uns auf die Mitte des Mondes konzentrieren, er uns den Weg freigibt und wir durch den Mond »hindurchgehen« (diese Symbolik ist auch in der XVIII. Karte des Rider-Tarot »Der Mond« dargestellt), öffnet sich uns eine Ebene in strahlendem Weiß, so strahlend und hell, dass ein unentwickeltes Bewusstsein vor ihrer Kraft zurückweicht. Immer wieder wird berichtet, dass Menschen von dem Licht der Engel und Götter geblendet waren, weil es so gleißend war. Und das Tibetanische Totenbuch weist die Seele darauf hin, im Jenseits dieser Kraft standzuhalten und sich nicht zu den niederen Lichtern der unteren Reiche zu flüchten. Die Erfahrung des gleißenden Lichtes hängt mit dieser Ebene zusammen. Das Licht entspricht Zehntausenden Sonnen, doch es verbrennt nicht, es ist einfach nur strahlend, durchdringend. Die Farbe ist ein strahlendes Weiß, die Qualität absolute Reinheit, und der Klang entspricht dem der Flöte. Aus dieser Ebene heraus stammt die Tradition vieler spiritueller Meister, sich weiß zu kleiden.

Konzentrieren wir uns auf das strahlende Licht der Mittagssonne, das wir dort sehen, öffnet sich eine weitere Ebene, die bisher nur sehr wenigen Menschen zugänglich war: Es soll sich um eine Ebene des Lichtes so hell wie eine Million Sonnen handeln. Eingetaucht in dieser Ebene, erleben wir Erleuchtung als die höchste Form menschlicher Verwirklichung.

Die Pfade auf der inneren Reise hin zu diesem Urlicht werden in den einzelnen Weltreligionen und von den verschiedenen Mystikern unterschiedlich beschrieben, doch stets ist die Durchdrungenheit vom höchsten Licht die Erfahrung, die wir gemeinhin als »Erleuchtung« bezeichnen.

Wir sollten uns in einem erweiterten spirituellen Verständnis über den Wert von Erleuchtung und Erwachen austauschen und bereichern, statt andere Religionen und Auffassungen abzulehnen oder gar zu bekämpfen. Und gehen wir diesen Weg in Liebe, wie es der Dichterheilige Sant Darshan Singh beschreibt:

»Von Dämmerung zu Dämmerung lasst uns von Frieden sprechen und der Botschaft der Liebe lauschen. Die regenschweren Wolken der Gnade haben die Taverne der Zeit umhüllt, o Mundschenk, lass den Kelch der Liebe kreisen und kreisen und kreisen. In der Morgendämmerung begann ich meinen

Weg, und nun gehe ich in die Abenddämmerung der Sonne hinein. Dieses Leben ist zu kurz, doch meine Reise der Liebe ist lang gewesen. Allein begann ich die Reise der Liebe, erfüllt von Vertrauen und Hingabe. Bei jedem Schritt schlossen sich Mitreisende mir an, und bald waren wir eine Karawane. Reisende, die nach mir kommen, werden keinen Grund zur Klage haben, dass sie weder Licht noch Spuren auf dem Pfad der Liebe gefunden haben.«*

Es gibt viele Wege zur Verwirklichung, sinnliche und übersinnliche und Wege jenseits aller Sinne, eigentlich so viele, wie es Menschen gibt. Gehen Sie *Ihren* Weg so bewusst und stimmig, wie es Ihnen möglich ist!

---

* Darshan Singh: *Spirituelles Erwachen. Bewusstsein im neuen Jahrtausend*, Droemer Knaur 2002.

Zum Weiterlesen

Anthony, Carol K. und Moog, Hanna: *I Ging – Das kosmische Orakel*, AT Verlag 2004

Bambaren, Sergio: *Der träumende Delphin. Eine magische Reise zu dir selbst*, Piper 1999

Bays, Brandon: *The Journey. Der Highway zur Seele*, Ullstein 2004

Besant, Annie: *Death and After*, Hesperides Press 2006

Boerner, Moritz: *Byron Katies The Work. Der einfache Weg zum befreiten Leben*, Arkana 1999

Byrne, Rhonda: *The Secret. Das Geheimnis*, Arkana 2007

Capra, Fritjof: *Das Tao der Physik. Die Konvergenz von westlicher Wissenschaft und östlicher Philosophie*, O.W. Barth/ Scherz 2000

Chapman, Gary: *Die fünf Sprachen der Liebe. Wie Kommunikation in der Ehe gelingt*, Francke 1994

Csikszentmihalyi, Mihaly: *Flow. Das Geheimnis des Glücks*, Klett-Cotta 1992

Dalichow, Irene: *Krafttiere – Boten der Göttin. Mit Krafttieren zu Energie und Heilung*, Arkana 2007

Delp, Alfred: *Im Angesicht des Todes*, Echter 2007

Doubek, Katja: *Was uns nicht umbringt, macht uns stark. Wie man eine schwierige Vergangenheit überwindet*, Rowohlt 2003

Feinstein, David/Eden, Donna/Craig, Gary: *Klopf die Sorgen weg! Emotionale Befreiung durch EFT und Energetische Psychologie*, Rowohlt 2007

Fensterheim, Herbert und Jean Baer: *Sag nicht ja, wenn du nein sagen willst. Wie man seine Persönlichkeit wahrt und durchsetzt*, Goldmann 2006

Fromm, Erich: *Die Kunst des Liebens*, Ullstein 2005

Grün, Anselm und Ramona Robben: *Grenzen setzen – Grenzen achten. Damit Beziehungen gelingen – Spirituelle Impulse*, Herder 2007

Höglinger, August: *Grenzen setzen bei Erwachsenen*, Höglinger 2003

Hühn, Susanne: *Loslassen und die ideale Beziehung finden. Erfüllende Partnerschaft in 12 Schritten*, Schirner 2005

Hwoschinsky, Carol: *Mit dem Herzen zuhören*, Junferman 2007

Kenyon, Tom: *Das Manuskript der Magdalena. Die Alchemie des Horus und die Sexualmagie der Isis*, Koha 2003

Krech, Gregg: *Die Kraft der Dankbarkeit. Die spirituelle Praxis des Naikan im Alltag*, Theseus 2003

Laotse: *Tao Te King. Eine zeitgemäße Version für westliche Leser*, Arkana 2003

Lexikon der östlichen Weisheitslehren, O. W. Barth 1986

Nydahl, Lama Ole: *Buddha und die Liebe*, Droemer Knaur 2007

Onken, Julia: *Wenn Du mich wirklich liebst. Die häufigsten Beziehungsfallen und wie wir sie vermeiden*, C. H. Beck 2001

Orban, Peter: *Drehbuch Partnerschaft. Der Partner im Spiegel Deines Horoskopes*, Schirner 2004

Orban, Peter: *Pluto. Über den Dämon im Innern der Seele*, Schirner 2004

Orban, Peter: *Saturn und die Macht des Schicksals*, Kailash 2000

Osho: *Freiheit. Der Mut, Du selbst zu sein*, Ullstein 2005

Palmer, Harry: *ReSurfacing. Wiederauftauchen. Techniken zur Erforschung des Bewusstseins*, J. Kamphausen 1995

Puchner, Christel und Leibnitz, Barbara: *Gute Geschichten machen uns gut*, Edition Naam 1996

Reddemann, Luise/Engl, Veronika/Lücke, Susanne: *Imagina-*

tion als heilsame Kraft. Zur Behandlung von Traumafolgen mit ressourcenorientierten Verfahren, Klett-Cotta 2007

Reiland, Christian: *EFT. Klopfakupressur für Körper, Seele und Geist von Christian Reiland* (mit DVD), Arkana 2006

Ricard Matthieu und Trinh Xuan Thuan: *Quantum und Lotus. Vom Urknall zur Erleuchtung*, Arkana 2001,

Ricard, Matthieu: *Glück*, Nymphenburger 2007

Rohr, Wulfing von: *Das magische Tor. Einweihung in innere Welten*, Hugendubel 2000.

Rosenberg, Marshall B: *Gewaltfreie Kommunikation. Die Sprache des Lebens*, Junfermann 2007

Rust, Serena: *Wenn die Giraffe mit dem Wolf tanzt. Geleitete Selbsteinfühlung angelehnt an die vier Schritte der Gewaltfreien Kommunikation nach Dr. M. B. Rosenberg*, Koha 2007

Simonton, O. C.: *Wieder gesund werden*, Rowohlt 2001

Singh, Darshan: *Spirituelles Erwachen. Bewusstsein im neuen Jahrtausend*, Droemer Knaur 2002

Singh, Kirpal: *Mysterium des Todes*, Edition Naam 2000

Singh, Rajinder: *Die Weisheit der erwachten Seele*, Urania 2000

Tepperwein, Kurt: *Die Botschaft deines Körpers. Die Sprache der Organe*, mvg 2004

Tepperwein, Kurt: *Du machst mich krank*, mvg 1996

Tepperwein, Kurt: *Werden Sie Ihr eigener Lebensarchitekt*, mvg 2006

Tipping, Colin C.: *Ich vergebe. Der radikale Abschied vom Opferdasein*, Kamphausen 2004

Watzlawick, Paul: *Wenn du mich wirklich liebtest, würdest du gern Knoblauch essen. Über das Glück und die Konstruktion der Wirklichkeit*, Piper 2008

LESERSERVICE

Kurt Tepperwein persönlich oder in einem Heimseminar erleben!

Wünschen Sie tiefer in das Thema dieses Buches einzusteigen, dann empfehlen wir Ihnen, die folgende Chance zu nutzen:

Gewünschtes bitte ankreuzen!

Seminare/Ausbildung:
☐ Motivationsseminare mit verschiedenen Themen (Tagesseminare)
☐ Ausbildung zum Dipl. Lebensberater/in

Ausbildungen mit Felix Aeschbacher (Lehrbeauftragter v. K. Tepperwein):
☐ Dipl. Mental-Trainer/in
☐ Dipl. Bewusstseins-Trainer/in
☐ Dipl. Intuitions-Trainer/in
☐ Dipl. Seminarleiter/in
☐ Meditations-Trainer/in (Zertifikat)

Heimstudienlehrgänge:
☐ Einführungslehrgang »Die 7 Schritte zur Erfolgspersönlichkeit«
☐ Dipl. Lebensberater/in
☐ Dipl. Mental-Trainer/in
☐ Dipl. Intuitions-Trainer/in
☐ Dipl. Seminar-Leiter/in
☐ Dipl. Erfolgs-Coach/in
☐ Dipl. Gesundheits- + Ernährungs-Berater/in
☐ Dipl. Partnerschafts-Mentor/in

Gesamtprogramme:
☐ Gesamtseminar- und Ausbildungsprogramm IAW
☐ Neuheiten der Bücher, CD und DVD-Programme von Kurt Tepperwein
☐ Gesundheitsprodukte-Programm

Dazu ein persönliches Geschenk:
☐ Die 20-seitige Broschüre »Praktisches Wissen kurz gefasst« von Kurt Tepperwein

Sie erhalten Ihre gewünschten Informationen selbstverständlich kostenlos und unverbindlich

Internationale Akademie der Wissenschaften (IAW)
St. Markusgasse 11, FL-9490 Vaduz
Tel. 0 04 23 2 33 12   Fax 0 04 23 2 33 12 14
Deutschland Tel. + Fax 09 11 69 92 47 (Beratungssekretariat)
E-Mail: go@iadw.com   Internet: www.iadw.com